사고발화법을 통해 나타난

TAP : Think-Aloud protocol

일–한 번역과정 연구

내일을여는지식 어문 1

사고발화법을 통해 나타난

TAP : Think-Aloud protocol

일–한 번역과정 연구

조상은 지음

KSI 한국학술정보[주]

책머리에

본서는 2004년 8월에 취득한 박사학위논문을 바탕으로 하고 있다. 통역번역학이라는 용어조차 생소하던 2000년 9월에 한국 최초로 한국외대 통역번역대학원에 통역번역학 박사과정이 개설되었고, 필자가 2000년 3월에 통역번역대학원을 졸업하자마자 1기생으로 입학하여 통역번역학 연구를 향한 첫걸음을 내딛은 후 벌써 10년 가까운 세월이 흘렀다.

지난 10년 동안 한국의 통역번역학 연구는 괄목할 만한 성장을 이루었다. 현재 박사과정에는 9기생이 입학하여 연구에 힘쓰고 있고, 이미 영어, 일본어, 러시아어, 불어 등 다양한 전공언어별 박사학위자를 배출하고 있다. 또한, 이러한 연구자들의 성과를 바탕으로 통역번역 관련 학회들이 활발한 활동을 펼치고 있으며 매년 우수한 논문들이 발표되고 있다. 하지만 유독 일본어 전공자의 박사학위 취득 실적이 저조한 점은 아쉬운 대목이 아닐 수 없다.

본서의 바탕이 된 연구는 전문 통번역사로서의 필자의 경험을 바탕으로 일본어와 한국어의 유사성에서 야기되는 번역 문제, 즉 독자의 '가독성(readability)' 저하 문제에 주목하여 시작되었다. 즉, 일본어와 한국어는 언어적으로나 문화적으로 매우 가까운 언어이기 때문에, 제2외국어 습득 단계에서는 다른 언어에 비해 습득하기 용이한 언어라는 인식이 일반적이다. 그러나 일한 번역에 대한 독자의 만족도를 보면 다른 언어 배합보다 결코 높지 않으며 오히려 가독성이 떨어지는 경우가 많은 현장 경험에 착안하여, 그 원인을 탐구하고자 한 것이 연구의 출발점이 되었다. 연구방법론으로서는 'TAP'이라고 불리는 '사고발화법(Think – Aloud Protocol)'을 채택하여, 'black box'라고도 하는 번역사의 번역 과정을 분석하여 일한 번역의 가독성 저하 문제에 대해 '번역 단위(translation unit)'와의 관련성을 중심으로 연구를 진행하였다.

본 연구의 진행 과정은 결코 쉽지 않았다. 필자가 수업을 했던 통역번역대학원 재학생뿐 아니라 실제 전문 번역사로서 활동하는 동기 및 선후배들의 적극적인 협조가 있었기에 가능했다. 본 지면을 빌려 다시 한번 감사의 뜻을 전하고자 한다. 또한 부족하기만 한 제자를 믿고 이끌어 주신 최정화 지도교수님을 비롯해, 김종덕 교수님, 그리고 힘든 시기를 동고동락했던 동학, 곁에서 응원해 준 가족에게 다시 한번 깊은 감사의 뜻을 전한다.

목차

약어표

약어	철자	한국어 뜻
ST	Source Text	출발어 텍스트, 원문
TT	Target Text	도착어 텍스트, 번역문
SL	Source Language	출발어
TL	Target Language	도착어
A언어		통번역사의 모국어
B언어		통번역사의 제2외국어
AB 번역		모국어에서 외국어로의 번역
BA 번역		외국어에서 모국어로의 번역

사고발화법(TAP : Think-Aloud protocol)을 통해 나타난

일-한 번역과정 연구

Ⅰ. 머리말

본 연구는 일한 전문 번역사의 번역 과정에서 나타난 번역 단위에 주목하여 번역 단위와 독자의 가독성과의 관계를 규명하는 것을 목적으로 한다. 번역 단위에 주목을 하게 된 동기는 일한 전문 번역사로서 활동하면서 경험한 일한 번역의 현실에서 비롯되었는데, 일본어에서 한국어로의 번역은 다른 언어 배합보다 쉽다는 일반적인 통념이 있기 때문에 일한 번역의 위상 자체에 대한 상대적인 폄하나, 그 결과물에 대한 막연한 기대치에도 불구하고, 실제 번역 결과물에 대한 독자의 가독성이 다른 언어 배합의 번역보다 높지 않으며, 오히려 떨어지는 경우도 있는 현상에 주목하여 연구를 시작하게 되었다.

서구에서는 70년대 이후 다양한 배경을 지닌 학자들에 의해 번역이 학문으로서 연구되어 왔으며 매년 세계 곳곳에서 번역학을 논의하는 장이 열리고 있다. 그러나 25년의 역사를 자랑하는 통역

번역대학원에서 수많은 통번역사를 배출해 온 통역번역 교육의 역사가 오랜 한국에서 번역학의 논의가 시작된 것은 불과 몇 년 전의 일이며, 일본어를 번역 언어로 하는 번역학 연구의 역사는 이제 겨우 태동되려 하는 단계에 있을 뿐이다. 현재 한국의 번역 시장의 현황을 보면 단연 영어가 대부분을 차지하고 있으며 그 다음을 차지하는 것이 일본어이다. 그러나 일본어의 경우 본격적으로 번역에 대한 연구가 이루어지지 않았으며 일부 시도된 연구의 경우에도 대조언어학적 연구방법론에서 벗어나지 못하고 있는 실정이다. 번역학이 한국에서 정립되기 위해서는 우선 현상에 대한 정확한 인식 및 여전히 추측의 영역에 머물러 있는 번역 과정에 대한 규명 및 일반화가 선행되어야 할 것이다. 번역학이 다루는 영역은 번역 결과물, 번역 행위, 번역 과정, 번역사 등 다양하겠지만, 번역학 연구는 번역이 이루어지는 실제 상황을 바탕으로 하여야 한다. Neubert & Shreve(1992)는 번역학자들이 번역의 실제에 대해 관찰해야 할 필요성에도 불구하고 번역의 실제가 거의 연구되지 않았음을 지적하고 있다. "그 대신 우리들은 안락의자에 앉아 번역의 개념화를 연구해 왔다."(1992, p.5)면서 "실제에 대한 관찰"(1992, p.10)이 번역학의 바탕이 되어야 한다고 강조한다. 이러한 실제 현상에 대한 연구의 필요성을 인식하게 된 것은, 전문 번역사로 활동하면서 일한 번역은 다른 언어보다 '쉬운' 번역이라는 뿌리 깊은 인식에 부딪치게 되는 일이 반복되었기 때문이다.

이러한 일한 번역에 대한 일반의 잘못된 인식 및 번역에 대한 몰이해는 열악한 번역 여건으로 이어지고, 또 이는 번역의 질 저하 및 번역사의 지위 향상의 걸림돌로 이어지는 악순환을 낳고 있다. 또 한 가지 지적해야 할 것은 만약 일한 번역이 다른 언어 배합의 번역보다 쉬운 작업이라면 일한 번역의 결과물의 질도 높아야 하겠지만 최종 독자의 만족도는 높지 않다는 점이다. 본 연구를 시작하기에 앞서 번역 수주 관련 전문가를 인터뷰한 결과, 일한 번역의 경우 기타 언어권의 번역과 비교할 때 만족도가 높지 않으며 오히려 '번역투'로 인해 이해하기 어려운 경우가 있다는 점을 지적하였다. 외국어로의 번역, 즉 AB[1] 번역의 경우에는 외국인 감수자의 감수라는 최종 안전장치가 있는 반면, 모국어로 번역되는 경우는 출판 번역과 같이 전문 편집자의 최종 윤문 과정을 거치는 경우를 제외하면 번역사의 번역 능력을 전제로 이루어질 뿐, 번역문에 대한 번역 발주자의 적극적인 피드백이 없는 한 BA 번역의 질을 평가하거나 점검되는 경우가 거의 없는 것이 현실이다. 일본어가 한국어와 상당수 한자어를 공유하고 어순이 동일하며 문화적 · 지리적 거리가 가깝다는 이유 등으로 기타 언어에 비해 학습이 용이하다는 점이 일본어 학습자의 저변 확대에는 기여하였지만 전문 번역 교육을 받지 않은 학습자가 일한 번역을 맡는 경우가 많아 실용 텍스트의 일한 번역의 경우 수준 미달의 번역문 양산의 원인이 되는 현실을 감안할 때, 실제로 번역이 이루어지는 과정 및 번역사에 초점을 맞추어 번역사의 번역 과정이 밝혀진다면, 일한 번역은 막연히 쉽다는 일반의 통념이 지배하는 현상에 대해 의문점을 제기하는 동시에 번역 과정 자체에 대한 이해 제고 및 번역 교육에 대한 시사점을 얻을 수 있을 것으로 생각하였다.

1) AIIC의 정의에 따라 통역번역계에서 A언어는 모국어, B언어는 통번역사의 제2외국어를 지칭한다. 따라서 AB 번역은 모국어에서 외국어로의 번역, BA 번역은 외국어에서 모국어로의 번역을 말한다.

사실, 일한 번역의 번역 과정이나 가독성과 관련된 선행 연구는 물론, '번역'에 초점을 맞춘 연구도 거의 이루어지고 있지 않다. 일부 이루어진 연구의 내용도 대조언어학적 연구방법론을 바탕으로 하는 경우가 대부분이었다. 그러나 세계화 추세와 IT 기술의 발전은 타 문화에 대한 접근을 더욱 용이하게 만들고 있으며, 문화의 전달 매체로서의 번역에 대한 수요는 더욱 증대하고 있을 뿐만 아니라, 그 내용 또한 다채로워지고 있는 현실은 번역의 이론적 바탕 및 발전을 더욱 요구하고 있다고 본다. 이러한 현실적 요구와 맞물려 최근 한국 교육 현장에서도 통역・번역에 대한 높은 관심을 반영하여 대학원뿐 아니라 학부 과정에도 잇달아 통역번역 과정이 생기고 있지만, 정작 이론적 배경 및 지도의 방향은 정립되지 않은 채 통번역과 관련이 있는 것으로 '간주'되는 분야, 즉 어문학이나 응용언어학 분야의 한 가지로서 교육이 이루어지고 있다. 현재의 한국의 번역 상황은 이론이 실제에 훨씬 뒤떨어져 있는 만큼, 이론과 실제 사이의 '간극'을 좁히는 것이 시급한 과제가 아닐 수 없다.

이에 일한 번역에 대한 본격적인 연구의 시도 및 번역 과정에 대한 연구는 번역에 대한 일반의 인식 제고 및 실제 번역 여건의 향상에도 기여할 수 있을 것으로 기대하며, 본 연구의 수행으로 번역의 질 향상을 위한 제언 및 번역 교육에 대한 시사점을 얻을 수 있을 것으로 기대한다. 지금까지도 학습자를 대상으로 번역 과정을 관찰한 연구 결과는 보고되고 있으나, 전문 번역사의 번역 과정을 본격적으로 연구한 예는 드물다. 그러나 학습 단계의 번역이 아닌 전문 번역사의 번역 과정을 철저하게 분석하는 것이 일한 번역의 실제 현상에 가장 근접할 수 있는 방법으로 선행되어야 한다고 본다.

또한 이번 연구에서는 전문 번역사와 함께 통역번역대학원에 재학 중인 재학생 및 학습자를 대상으로 실시함으로써 현재 활발히 이루어지고 있는 번역 교육에도 시사점을 줄 수 있을 것으로 기대되며, "번역사는 다른 문화에 대해서뿐 아니라 언어와 언어학에도 통찰력을 준다."(Newmark, 1999, p.41)는 지적과 같이 번역사의 실제 번역 과정을 밝힘으로써 번역에 대한 일반의 인식을 제고하는 한편, 엄청난 규모로 이루어지면서도 그 학문적 가치를 제대로 인정받지 못했던 일한 실용번역 연구에도 일조할 수 있을 것으로 기대하는 바이다.

본 연구는 일본어 실용 텍스트를 연구 대상으로 하며, 문학 텍스트는 연구의 대상에서 제외한다.[2] 문학 텍스트가 아닌 실용 텍스트를 연구 대상 텍스트로 선택한 이유는, 문학 번역을 위해서는 별도의 교육 프로그램 및 번역사로서의 능력 함양을 위한 교육 과정이 필요하다고 판단되는바, 현재 통역번역대학원에 개설되어 있지 않은 문학 텍스트를 실험 대상으로 한다면, 동 대학원을 졸업한 전문 번역사나 재학생을 대상으로 실시하는 실험에 문제가 있을 것으로 판단되었기 때문이며, 또한 이 논문의 연구 범위를 초월하기 때문이다.

번역사의 번역 과정을 연구하기 위해 '사고발화법(TAP, Think-Aloud Protocol)'을 채택하였다. 번역 과정의 탐구는 번역사의 머릿속에서 일어나는 과정에 대한 접근이므로 그 주관성의 한계를 극복하기 위해 TAP 실험 결과 수집된 데이터에 대해 정량적 분석과 정

2) 현재 한국외국어대학교 통역번역대학원의 커리큘럼에는 문학 번역 수업이 개설되어 있지 않으며, 프랑스의 통역번역 교육기관인 ESIT에서도 문학작품 번역은 커리큘럼에 포함되어 있지 않다.

성적 분석을 함께 실시하였다. 본 연구는 일한 번역이 기타 언어 배합의 번역에 비해 결코 용이하지 않으며 오히려 언어 간섭의 영향을 받아 독자의 가독성을 저해할 수 있다는 가설에서 출발하였기 때문에, 전문 번역사의 실제 번역 과정을 탐구하는 것이 필수적이다. 따라서 TAP의 실험 대상자, 즉 피험자는 통역번역대학원을 졸업한 전문 번역사 13명을 대상으로 하였고, 이들 전문 번역사의 번역 과정과의 비교를 위해 현재 통역번역대학원에 재학 중인 학생 7명 및 학습자 6명을 피험자로 선정하여 TAP을 실시하였다.

TAP에서 생산된 번역문의 가독성을 평가하기 위해 편집전문가, 국어전문가, 번역교육전문가 각 3명 등, 총 9명으로 구성된 평가단을 선정하여 '가독성 평가 실험'을 실시하여, TAP의 데이터 분석 결과와 가독성 평가 결과를 비교 분석하여, 그 상관관계를 규명하도록 하였다.

이상과 같은 연구방법을 통해 이하의 가설을 증명하도록 할 것이다.

① 일한 번역은 일본어와 한국어의 언어적 유사성으로 인해 언어 간섭 현상의 영향을 받기 쉬우며, 그 결과 번역투(translationese)의 문제점을 내포하고 있다.

② 일한 번역에 내재된 번역투의 문제점으로 독자의 가독성이 떨어질 수 있다.

③ 번역사의 번역 과정을 TAP을 통해 규명하도록 하고, 번역단위(translation unit or unit of translation)를 분석하여 가독성과의 관계를 규명하도록 한다.

Ⅱ. 번역 관련 개념의 고찰

1. 등가 개념

일한 번역에서 등가 개념의 고찰이 필요한 이유는 우선 원문에 대한 절대적인 충실성이 단어 차원의 대응으로 귀결되는 경향이 있고, 그에 따른 번역투로 인해 번역문의 가독성이 저하되는 현상이 관찰되는바, 등가 개념에 대한 명확한 이해가 우선되어야 하기 때문이다. 따라서 이하에서는 최근까지 논의되어 온 등가 개념을 살펴봄으로써 일한 번역에 대한 시사점을 찾도록 하겠다.

번역학에서 등가 개념은 새삼 재론의 여지가 없는 진부한 개념으로 인식되고 있다. Snell－Hornby(1990)는 등가 개념이 논란의 여지가 많은 개념이며, 지난 20년 동안의 열띤 논쟁에도 불구하고 번역의 등가 개념이 만족스럽게 정의된 적이 없었다고 비판한 바 있다. 하지만 번역 이론에서 등가를 둘러싼 문제는 끊임없이 제기되고 있으며, Fawcett(1997)는 번역 이론가들의 등가 개념 비판이 기존 이론에 대한 정교한 검토가 결여된 채 이루어지는 경우가 많다는 점을 지적하며 새로운 각도에서 등가 개념을 재고해야 할 필요성을 제기하고 있다.

번역학에서 등가 개념을 처음으로 도입하여 연구하기 시작한 단계에서 Catford나 Kade, Koller와 같은 학자들은 언어학적 관점 및 방법론을 번역 연구에 이용하여 초기 등가 개념을 수립하였다. 초기 등가 개념의 주창자라 할 수 있는 Catford의 등가 개념을 보면 언어적 차원의 치환 단계에서 등가를 성취하는 것을 목표로 하고 있다. 즉, Catford(1965)는 번역 이론의 중심에는 '번역 등가의 속성과 조건을 정의하는 일'(1976, p.52, Hatim, 2001, p.14에서 재인용)이 있어야 할 것이라며, 등가는 SL의 텍스트적 성분이 TL의 텍스트적 성분으로 대체되는 것으로 이해했다. Catford는 번역을 '언어 수행 행위로서 한 텍스트 내의 언어를 다른 것으로 대체하는 것'(1965, p.1, Hatim, 2001, p.14에서 재인용)이라 정의하였고, 번역의 목적은 형식적 대응이나 텍스트적 등가를 통해 성취될 수 있다고 보았다(ibid, p.14). Catford의 등가 개념은 언어 이론을 위한 번역 이론이었다고 할 수 있다(ibid, p15). 이러한 언어적 차원의 등가 개념에서 도착어 독자의 문화로 초점의 전환을 가져온 것이 Nida의 '역동적 등가 개념(dynamic equivalence)'이다. Nida의 등가 개념은 언어, 문화, 사회 간 관계와 언어학적 분석에 의해 나왔으며 보다 실제적인 관점이 번역학에 적용될 수 있을지에 초점이 맞추어져 있다(Hatim, 2001). Hatim(2001)은 Nida의 연구의 기본 관점에 대해, '보편주의자(universalist)'로서의 관점과 번역 프로세스에 대한 '의사소통적' 관점이 채택되었다고 평가하였다. 즉, Nida의 관점은 원 메시지 생산자에 대한 배려를 잃지 않으면서 그 초점이 수용자(receptor)의 역할로 옮겨 간 것이다. 그 유명한 성경 구절 'Lamb of God'을 에스키모어로 옮길 때 'Seal of God'으로 한 예는 Nida의 번역 방법이 지닌 사회문화적 관점을 여실히 드러내는 예라 하겠다. Nida의 등가 개념은 번역학에 뿌리 깊게 남아 있던 기존의 언어학적 관점을 수용자 중심(언어사회학적 관점에서)으로 전환하는 계기가 되었다는 점에 그 의의가 있다. 한편, Otoo-Kade(1986, Snell-Hornby, 1990에서 재인용)의 4가지 등가 타입을 보면,

① 전체의 등가(total equivalence),

② 일 대 다수 등가(one-to-many equivalence),

③ 일 대 부분 등가(one-to=part-of-one equivalence),

④ 등가어 부재(nil-equivalence)로 정의되어 있으며 여전히 단어 차원의 등가를 추구하고 있음을 알 수 있다. 그러나 번역에는 개개 단어들이 느슨하게 연결된 것 이상이 관련되어 있다는 사실이 증명되기 시작하였고, '번역 단위(translation unit)' 개념은 번역을 과학적으로 연구하게 만드는 바탕으로 발전되었다(Snell-Hornby, 1990). 처음에 그 단위는 단어나 문장 차원에서 구나 관용구로 파악되었으나, 점차 번역에서 비교를 할 수 있는 유일한 바탕은 텍스트 자체라는 사실이 설득력을 얻게 되었다. 또한 Reiss(1971, Snell-Hornby, 1990에서 인용)는 텍스트 수준과 개개 번역 단위

등 두 가지 수준에서 등가를 요구한다(1971, pp.11 – 12). 즉 언어 체계 안에 고립된 어휘 수준에 맞춰져 있던 초점이 번역 행위 내에서 각각 다른 텍스트를 다루는 쪽으로 옮겨진 것이다(Snell – Hornby, 1990). 번역 단위에 대해서는 후술할 간섭 현상 및 번역투와 함께 자세히 살펴보도록 하겠다.

한편, 독일 번역학의 전통은 응용언어학의 방법론과 목적을 수용하여 이루어져 왔고, Koller의 정의에 와서는 기본적으로 번역을 언어적 치환이라고 보고 있다(Snell – Hornby, 1990, p.79). 이 관점에 따르면 언어를 보편적 시스템과 관련된 코드로 보며 두 언어 사이의 서로 다른 요소들은 소위 '등가'로 묘사될 수 있는 가치를 통해 공통의 중간언어적 부분에서 연결되어 있는 것으로 보았다(Snell – Hornby, 1990, p.80). 물론 두 텍스트가 언어적으로 동일하지 않으므로 두 텍스트는 등가를 이루지 않는다고 하는 사람들도 있을 수 있다. 그러나 표면 대 표면 대응은 좋은 번역에서는 있을 수 없는 현상으로서, 첫 번째 전이 단계에서 동일성은 사라지고 원문과 번역문 사이에 매핑(mapping)관계가 형성된다. 이런 매핑은 번역사에 의해 창조된다(Neubert & Shreve, 1992).

번역 단위와 관련하여 등가 개념은 개개 단어 수준에서 더 안정적인 것으로 증명되었고, 텍스트 차원에서는 대조언어학 분야에서 가장 많이 적용되었다(Snell – Hornby, 1990). 그러나 번역이란 개개 단어에 대해 다른 언어에서 등가를 이루는 단어를 찾는 작업이 아니며, 등가를 이루는 번역은 원문의 의미와 완전히 같은 의미를 갖는다(Seleskovitch, 1977). 물론 등가를 문장 단위로 보는 개념은 번역 교육에서는 유용할 수 있지만, 등가 개념에 대한 진지한 고려는 개개 발화나 문장 차원 이상에서만 있을 수 있다(Neubert, 1972; Neubert, 1973; Jäger and Müller, 1982, pp.45 – 46; Neubert & Shreve, 1992에서 재인용). 이에 독일의 경우 번역학의 관점이

① 언어 변환에서 문화적인 것으로 중심이 옮겨졌다.

② 번역을 단순한 치환이 아닌 커뮤니케이션 행위로 본다.

③ 원문에 대한 규범보다는 번역문의 기능 중심으로 가고 있다.

④ 텍스트를 언어를 이용한 고립된 하나의 견본으로 보는 것이 아니라 세계를 구성하는 필수적인 한 부분으로 본다(Snell – Hornby, 1990, pp.81 – 82)고 한 것을 보면, 번역학에서의 등가 개념이 어떤 방향으로 나아가고 있는지 알 수 있다. Vermeer(1986, Snell – Hornby, 1990에서 인용) 또한 오랫동안 번역을 단순히 언어의 문제로 보는 관점에 반대하여 왔다. 그는 번역을 오직 문화의 전이이자 근본적으로 행위의 한 형태로 본다. 결국 번역은 한 언어에서 다른 언어로 단어나 문장을 치환하는 것이 아닌 복잡한 행위의 한 형태로서, "이제 번역을 단순히 대체나 치환으로 보는 언어학적 개념은 거의 포기되었다."(Snell – Hornby, 1990, p.85)고 선언하기에 이르렀다.

그렇다면 현재 우리가 모색해야 할 등가 개념은 과연 무엇인가 하는 문제가 남는다. Larson(1984)은 등가를 원문 저자가 의도한 의미와 '같은 의미'와 '역동성' 유지를 의미한다고 보았고, 커뮤니케이션 과정에서 화행(speech act)의 배경과 메시지의 목적을 의미

한다고 하였다(Sager, 1993에서 재인용). Turk(1990)는 등가의 개념을 분석하고 등가에 대한 결정이 적절성(adequacy)의 개념에 기초한다는 점에 주목하였는데, 이는 절대적인 가치에 대한 근사치를 의미한다고 하였고, 이러한 가치들을 기능에 따라 구분하였다. Lévy(1961)는 등가에 대한 세 가지 상반된 가치 즉, '일반적－특수(general－individual)', '전체－부분(whole－part)', '내용－형식(content－form)'을 주장하고, 좋은 번역은 일반적·전체적·내용을 강조하여야 한다고 하였다.

이에 대해 Neubert는 '텍스트적 등가(textual equivalence)'를 제안한다. Neubert는 Shreve와의 공저(1992)에서 만약 번역학자들이 등가가 완전한 동일함을 의미한다는 주장을 포기한다면 등가는 여전히 번역학에서 유용한 개념으로 남을 수 있을 것이라 하였다. 등가에 대한 대부분의 비판은 등가를 언어적·어휘적 해석으로만 보는 관점에서 비롯한다. 그러나 L1 단어와 L2 단어들은 거의 등가를 이룰 수 없다는 점은 분명하다. 이제 언어적 등가를 옹호하는 견해는 찾아볼 수 없으며 '텍스트 전체로서의 등가(textual equivalence)'(Neubert & Shreve, 1992, p.142)를 생각할 수 있다. Neubert는 이 개념을 원형(prototype) 개념에서 나올 수 있는 것으로 보고, 텍스트의 프로필이 상황적·기능적으로 등가의 원형에 기인할 때 등가를 이룬다고 보았다. 또한 그는 '의사소통적 등가(communicative equivalence)'(Neubert & Shreve, 1992, p.143)를 주장하였다. 즉, 잘된 번역의 경우 도착어 독자는 번역 텍스트를 유용한 텍스트 상황으로 수용하고 자신의 필요에 따라 되살려 낼 수 있다. 그 텍스트는 번역사가 원문의 의미를 도착어 문화의 원형(prototype)에 적합하게 연결시킴으로써 의사소통적인 가치를 생산하게 된다. 이 새 텍스트는 결국 원 텍스트의 '자리에 위치한' 것이라 할 수 있고 원문의 재텍스트화된 대용물인 셈이다. 원문과 번역문은 표면상으론 일치하지 않더라도 의미론적 구조가 변형되어 기본적으로 유사한 상황에서 유사한 독자에게 유사한 정보를 제공한다. 결국 등가는 텍스트 표면 간의 관계가 아니며 텍스트 효과와의 관계 즉, 의사소통적 가치와의 관계이다. 번역학자들은 언어적 대응을 측정해서는 등가가 존재하는지 결정할 수 없다. 번역을 필요로 하는 사람들은 번역을 자신들의 의사소통적 가치에 근거하여 수용 또는 거부를 측정한다. 여기서 문제가 되는 것은 L2에 있는 구성 성분들의 언어적 의미가 L1에 정확히 등가를 이루는가가 아니라, 지식의 활성체로서 텍스트의 중요성이 등가를 이루는가이다. 번역의 목적과 기능이야말로 의사소통적 등가의 창조와 평가를 결정짓는 가장 중요한 요인이다. "텍스트에는 변화 지식이 관련된 복잡한 문제 해결 전략이 관여하며, 의사소통적 등가와 텍스트 차원의 등가는 번역의 목적 중심적 행위 내에서만 이해될 수 있다."(Neubert & Shreve, 1992, p.145)는 주장도 번역의 목적을 강조한 견해이다.

이상의 등가 개념을 통해 알 수 있듯이 번역에서 달성해야 하는 것은 단순한 언어 차원의 등가가 아니라, '전체 텍스트로서의 등가'이며, 여기에는 어순 및 단어 차원의 언어적 등가의 달성뿐 아니라 공손전략(politeness) 등의 사회언어학적 차원의 등가가 포함되어야 한다.

(1) 등가 개념 비판 및 새로운 시각

등가 개념에 대해 번역학자들은 번역학 연구의 발전과 함께 새로운 해석을 시도하여 왔는데, 이미 De Beaugrande(1978)는 형식상 유사성에 기초한 등가 개념에 의문을 던지며 화용론적 등가로의 전환을 시도하고 있다. 즉, 기존의 권위 있는 번역 이론들은 모두 번역은 원문과 비슷해야 한다는 점에 의견이 일치하면서도 어떤 유사성이 가장 중요한지 알 수 있게 하는 신뢰할 만한 수단이 없었음을 지적하면서, 이러한 형식상 유사성과 화용론적 유사성, 즉 커뮤니케이션 기능의 유사성 사이에서 끝없는 논쟁이 이어졌고, 이론가들은 전자 쪽으로 번역사들은 후자 쪽으로 기울어졌다고 하였다. De Beaugrand의 지적은 1970년대 후반으로 거슬러 올라가지만, 이미 번역의 실제를 다루는 번역사들은 경험을 통해 형식상 등가 추구는 결코 달성될 수 없는 목표라는 점을 인식하고 번역의 목적이라 할 수 있는 커뮤니케이션의 달성이 등가의 기준이 되어야 함을 인식하고 있었음을 알 수 있다. 또한 번역학에서 등가 개념에 대한 논의가 형식 대 내용의 이분법으로 흐르기 쉬운 점을 경계해야 하며, 현재는 이러한 단순한 이분법적 논리가 포기되었음을 지적해야 할 것이다. 즉 번역학자들은 항상 형식(form)과 내용(content)과의 함수관계를 찾는 노력 없이 형식중시와 내용중시 등가 중 하나를 선택해야 하는 것으로 믿는 경향이 있다(Beaugrande, 1978). 그러나 이러한 이분법과 같은 등가 개념에 대한 오해는 자칫 형식중시 등가는 '정확성(accuracy)'의 기준으로 오해되기도 하고, 형식중시 번역이 '직역'이나 '충실한 번역'의 속성으로 잘못 이해되기도 한다는 점에서 문제점을 내포하고 있다(De Beaugrande, 1978). 그러나 Viggo(1999)는 "원문의 단어를 잊어서는 안 되겠지만 계산대에서 교환해서 자신의 통화와 같은 양으로 교환만 해서는 안 되는 것"(1999, p.47)으로, 어떻게 정확히 들어맞게 하느냐는 그 번역 상황에 달려 있다고 지적한 바 있다. 즉, 번역은 일반적이고 추상적인 개념에 의해 접근해서는 안 되며, 항상 특정 상황에서 생각해야 한다고 하였다. Sager(1993)은 등가 개념에 대한 인식의 혼재를 우선 지적한다. 현재까지도 등가 개념에 대한 해석은 너무도 다양하여, 출발어와 도착어 텍스트의 관계는 인지적, 화용론적, 언어적 등가의 관계로 인식되지만, 이런 등가를 어떻게 성취하고 또 등가가 어떻게 기능하는지는 확실하지 않다는 것이다. 나아가 번역과 관련하여 등가는 서로 상이한 수준에서 규정될 수 있으며 성공적인 등가에 대한 평가는 더 다양하다는 점을 지적한다.

이상, 초기 등가 개념에서 현재에 이르기까지 보다 발전되고 구체화된 등가 개념을 다음과 같이 요약할 수 있다. 언어학적 개념이 번역학에 도입된 초기의 등가 개념에서 강조되었던 언어 형태의 등가보다 '의미의 등가'에 중점을 두고 있으며, Nida의 '역동성'에 기초한 개념보다 더 넓은 의미의 등가를 추구하면서도 해석에 있어서는 미시적인 차이점을 드러낸다. Sager(1993)도 지적하고 있지만 현재의 등가 개념의 초점은 절대적, 언어적 형태에 초점을 맞춘 전통적인 개념에서 상대적이고 상황의존적 개념으로서, 커뮤니케이션 상황에 의존하고 적절성을 고려하는 쪽으로 그 중심이 이동하고 있음을 알 수 있다. Reiss와 Vermeer(1984)와 같은 학자는 아예 등가라는 개념을 거부하고, '목적(purpose)'과 연계하여 일반적인 개념인 '적절성(adequacy)'을 선호하였고, Gutt(1991)는 텍스트 타입과 기능에 의한 '적절성(appropriateness)'에 관해서만 논하기도 하였다.

Farghal(1992)은 '이상적 등가(ideational equivalence)'를 주장한다. 그의 등가 개념은 '아이디어' 간 대응을 말한다. Farghal은 등가를 주로 효과의 대응을 가리키는 것으로 이해하고 있어 전술한 학자들의 상대적 등가와 맥을 같이한다고 볼 수 있다. 즉 완전한 달성을 목표로 하기보다는 상대적인 등가 달성을 희망하는 경우가 많음을 지적하고 있다. 그 이유는 역시 번역에 정보성, 창조성, 표현성, 두 언어·문화 간 상대적 거리 등과 같이 상당히 광범위한 요인이 관여하기 때문이다. 이러한 등가 개념에 대한 새로운 해석의 시도와 개념의 변화를 살펴보면, 번역 상황 및 커뮤니케이션으로서의 번역을 중시한 결과, 번역에 관련된 여러 요인들에 의한 '상대적 등가'의 추구임을 확인할 수 있다. Farghal의 지적에서 언어·문화 간 거리가 가까운 경우 비교적 등가의 달성이 용이할 수 있다는 가능성이 시사되었지만, 여기서 중요한 점은, Longacre(1958)가 "문맥 안에서 아이템들을 번역해야 하며, 번역사들은 그러한 사실을 모두 알고 있다."(De Beaugrande, 1978, p.95에서 재인용)고 한 말처럼 두 언어의 거리가 짧다 하더라도, 두 언어가 공통의 문화와 사회환경을 공유하든 하지 않든 연사들의 그룹에서 수용된 현실에 대한 모델은 대개 큰 상이점을 갖고 있으며, 이러한 현실 속의 모델이 언어 속에 분할되어 있는 만큼(Vinay & darbelnet, 1958, p.261; Kade, 1968, p.66; Levy, 1969, p.57; Wolf, 1974, p.51; De Beaugrande, 1978에서 재인용), 번역은 결국 문맥에 의존해야 하는 작업임을 알 수 있다.

이렇듯 번역학자들은 실제 번역을 하는 번역사들의 경험에 근거하여 커뮤니케이션 행위로서의 번역의 실제 상황을 설명할 수 있는 등가 개념을 확립하기 위해 노력해 왔지만, 번역사들은 형식중심의 등가 원칙에서 벗어나는 것을 꺼리는 경향이 있다. De Beaugrande(1978)의 말처럼 번역사들은 텍스트에서 가장 두드러진 자질(features)에서 벗어나기를 주저하는데, 그것은 번역사들이 보통 형식 경시에 대해 비판을 받을지도 모른다는 두려움을 지니고 있기 때문이다. 이렇듯 내용중시 등가는 이론적으로는 쉽게 접근할 수 있는 개념이지만, 실제 번역물의 평가와 관련될 때는 그 측정 및 검증이 어렵다는 문제점을 내포하고 있는 것도 사실이다.

(2) 등가 개념과 일한 번역에 주는 시사점

'등가'라는 용어는 '가치'에 대한 '평가' 개념을 내포하고 있는 용어이다.

일한 번역에서 정확성에 대한 잘못된 인식이 진정한 의미에서의 등가 달성을 방해할 수 있다고 가정할 때, 직역에 의한 등가 달성과 의역이라는 이분법적 사고의 함정에 빠지지 않도록 주의해야 할 것이다. De Beaugrande(1978)는 형식중시(form-based) 번역과 내용중시(content-based) 번역에 대해 고찰하면서 이런 이분법은 각 개념에 대한 정확한 이해나 조화를 위한 노력이 없이 상호 대립적 혹은 상호 배타적인 경향을 보이고 있다고 지적하고, 이런 이분법과 계층 분류가 혼재된다면 형식중시 등가는 정확성(accuracy)

의 기준으로 오해되기도 하고, 형식중시 번역이 '직역'이나(방법론적 요구조건으로서) '충실한 번역'의 속성으로 잘못 이해되기도 한다고 지적하였다. 그렇기 때문에 '직역' 옹호자들 중에 내용중시 번역을 치밀하지 못하고 부정확하다고 폄하하거나 그 가치를 과소평가하는 경우가 많은 것이 놀랄 일이 아니라고 하였다. 이미 30년 전의 지적이지만 현재 일한 번역의 문제점에 그대로 적용할 수 있는 지적이다.

일한 번역의 경우 자연스러운 TL의 필요성을 인식하면서도 형식중시 번역으로 흐르기 쉬운 이유는 형식중시 번역을 정확성이나 충실성을 달성하는 방법으로 착각하고 있기 때문이며, 이는 De Beugrande(1978)도 지적하고 있다. 즉 형식중시 번역사는 마치 자신을 텍스트를 중시하는 번역사로 착각하게 만들고 어떤 문제가 생겨도 정확성이나 충실성으로 인해 발생한 불가피한 결과로 생각한다는 것이다. 또한 형식중시 번역은 특히 그 언어가 문법상 여러 부분에서 비슷할 때 유혹적이라고도 하였는데, 역시 일본어나 한국어처럼 어순 내지 어휘 수준에서 유사점이 많은 경우 번역사가 형식중시와 정확성을 혼동할 가능성이 크다는 점을 시사해 주는 부분이다.

이처럼 기존의 언어적 등가는 이미 번역학자들에 의해 수많은 비판과 분석의 대상이 되었고 현재 새로운 관점에서의 등가 이론이 제시되고 있다. 이미 등가 이론은 번역학의 논의의 대상이 될 수 없다고 단언하는 학자들이 있는 반면, 번역학의 영원한 과제로서 논의의 궁극적인 지향점으로 그 가치를 인정하는 학자들도 여전히 많다. Neubert는 "번역에서 등가는 고립되거나 외견상으로 객관적인 품질(quality)을 지닌 것이 아니며, 기능적 개념으로서 어떤 번역 상황에도 해당된다."(2000, p.11)고 하였다. 그렇기 때문에 번역에서 등가에 대해 단순한 언어적 차원의 접근방식은 문제가 있다고 보고 실제 언어적 등가가 번역의 관점에서 볼 때는 전혀 등가를 이루지 않는 경우도 많다고 하였다(Neubert, 2000). 번역의 질이 결국 번역사의 능력에 크게 좌우된다고 하면 Neubert가 가장 중요한 번역사의 능력 중 하나로 보는 '전달 능력'이야말로 문화적 배경에서 언어적 등가와 텍스트적 등가의 결합을 가능하게 한다(Neubert, 2000)는 판단이 옳은 것이다. 또한 기존의 등가에 대한 연구 및 논의가 그 중요성에 비해 과소평가된 이유 중 하나가 언어적 대응과 관련된 등가에 대해 좁고 비합리적인 해석들이 내려진 때문이라고도 지적하고 있다.

Sager는 여전히 "번역학의 모든 이론의 기초는 등가 개념"이라고 주장한다(1993, p.142). 다만 그 개념이 무엇을 의미하는지에 대한 해석이 다양할 뿐이라며, SL과 TL 텍스트의 관계는 인지적, 화용론적, 언어적 등가의 관계로 인식되면서도 이런 등가들을 어떻게 성취하고 어떻게 기능하는지 확실하지 않다고 보았다. Sager에게 등가는 결정적이고 확정적인 개념이 아니라 상대적인 개념이었는데 Turk(1990)의 말을 빌리면, 등가에 관한 결정이 적절성(adequacy)의 개념에 기초한다는 점에 주목하였는데 이는 절대적인 가치에 대한 근사치를 나타낸다는 것이다(Sager, 1993). 즉, Sager의 등가는 의미의 등가이며, '역동성'의 개념보다 넓은 의미의 등가이면서 해석에 있어서 미시적인 차이가 있을 수 있는 것으로 요약될 수 있다.

2. 언어 간섭

한국어와 일본어의 통사적 구조의 유사성 및 동일 한자어 문화권의 역영향 중 하나로 생각할 수 있는 것이 언어 간섭 현상이다. 이는 제2언어 습득 과정에서 발견되는 현상일 뿐 아니라, 숙련된 통번역사의 통역·번역 행위에서도 발견되는 현상으로서 외국어 습득 연구 분야에서는 이에 대한 연구가 오래전부터 이루어져 왔다. 본 절에서는 우선 제2언어 습득 연구의 관점에 입각한 언어 간섭 현상을 살펴보고, 번역에서의 간섭 현상에 대해 번역학자들의 이론을 소개함으로써 일한 번역에서의 일본어 간섭 현상에 대한 시사점을 얻도록 한다.

1960년대가 되자 외국어 학습에 관하여 하나의 강력한 가정이 나타나게 되었는데 그것은 바로 L2 학습자가 맨 처음부터 외국어를 접하는 것이 아니라 먼저 모국어를 접하게 되는 것이 문제라는 것이었다. 이런 가정에는 모국어(L1)와 외국어(L2) 간에 차이점이 많을 경우, L1에 관한 지식이 L2와 간섭 현상을 일으키게 되고, L1과 L2 간에 유사점이 많을 경우, L1의 지식이 L2 습득에 매우 큰 도움을 줄 것이라고 추정했던 것이다. 이와 같은 가정을 전제로 하여 언어습득 과정을 보는 견해를 언어전이론(language transfer)이라고 불렀다. 이와 같은 가정을 전제로 한다면, 외국어 습득에 있어서 L1과 L2가 서로 유사점이 많을 경우는 긍정적인 현상(긍정적 전이 효과)이 있을 것이고, 다른 점이 많을 경우는 부정적인 현상(부정적 전이 효과)이 있을 것이다(Hamers & Blanc 1987, 이혜란 등 역

1995, p.13). 이와 관련하여 다음 실험 결과는 흥미롭다. 2개 언어 상용과 관련하여 Hamers와 Bertrand가 실시한 '언어 이름 말하기 실험(language – named task)'[3]에서 번역 상응어가 비슷한 경우에 번역 상응어가 상이한 경우보다 더 많은 간섭이 일어난다는 사실이 발견되었다. 또한 Biederman과 Tsao가 서로 다른 중국어 표의문자를 사용하여 시행한 원문 roop실험[4]에서도 동일한 결과가 나왔으며, Fang, Tzeng, Alva가 시행한 실험에서도(스페인어 – 영어같이) 두 언어가 같은 문자를 갖는 경우에(중국어 – 영어, 일본어 – 영어같이) 서로 다른 문자를 갖는 경우보다 언어 간 간섭이 더 높게 나타난다는 것이 발견된 것이다(Hamers & Blanc 1987, 이혜란 등 역 1995). 이런 언어실험 결과로 유추해 볼 때 언어적으로 거리가 가까운 일본어와 한국어의 언어 배합에서 언어 간섭 현상이 발견될 가능성이 높음을 알 수 있다. 이러한 간섭 현상은 한 언어 안에서나 두 언어 사이에 형식적 성분들(대개 기호)의 유사성에 기인하며 이러한 유사성은 모호함을 유발하는 연상관계를 이루는 성분이며, 동철성, 유음성, 구성성분으로 환원 가능하나 혼동하기 쉬운 경우,

---

3) 이 실험은 언어 간 간섭과 언어 내부의 간섭과의 차이점을 연구하기 위해 Hamers & Bertrand(1973)가 실시한 실험으로 피실험자가 다른 언어 이름으로 말하여지고 있는 언어에 주목해야 하는 실험으로(francais와 frans같이) 번역 상응어가 비슷한 경우에(Dutch와 nederlands같이) 번역상응어가 다른 경우보다 더 많은 간섭이 일어난다는 사실이 발견되었다(Hamers & Blanc 1987, 이혜란 등 역 1995, pp.128 – 129).

4) 원문 roop 기법은 자극낱말의 의미적인 속성과 물리적인 속성 간에 있을 법한 간섭을 검증하기 위해 최초로 개발된 것이다. 이 기법의 기본적인 형식은 피실험자에게 여러 색깔의 잉크로 쓰인 단어들, 가령, 빨강, 녹색과 같이 일련의 색깔을 나타내는 단어들을 제시하면서 낱말의 의미와는 상관없이 잉크 색깔만을 말하도록 하는 것이다. 예를 들면, 녹색 잉크로 쓰인 빨강(red)이라는 단어에 대한 적합한 반응은 녹색(Green)이 된다. 피실험자는 자극낱말이 빨강(red)같이 색깔의 이름인 경우에 자극낱말의 의미가 의자(chair)라는 낱말같이 색깔과 관련이 없는 경우보다 색깔 이름을 말하는 데 보다 많은 오류를 범하게 되고 보다 많은 시간이 걸리는 경향이 있다(Hamers & Blanc 1987, 이혜란 등 역 1995, p.126).

다의성 등의 요인들에 의해 발생하기 쉽다(Ballard 2002, 김종규, 김정연 역).

(1) 번역과 간섭[5)]

제2언어 습득 이론에서 언어 간 유사성으로 인한 부정적 전이 효과인 간섭 현상이 확인되었다. 그러나 이러한 간섭 현상은 외국어 습득에만 국한된 현상이 아니며, 번역에 있어서도 다양한 간섭 현상이 일어나고 있다. 일본어와 어순이 같고 동일한 한자어가 많은 한국어는 일본어 원문의 간섭으로 인한 영향으로 인해 번역에 어려움을 겪을 수 있으며, 그 결과 독자의 가독성을 저해할 개연성이 있다는 것이 본 연구의 가설이다. 이에 이하에서는 번역에서의 간섭 현상을 다룬 다양한 번역 이론을 소개하고, 일한 번역에서 발생할 수 있는 간섭 현상에 대해 고찰해 보도록 하겠다.

Newmark(1991, 2001)는 번역에서의 간섭[6)]을 좁은 의미와 넓은 의미의 간섭으로 분류하고, 전자는 제3의 언어의 통사 구조, 어휘, 관용구, 은유, 어순 등의 특질이 매우 부적절하게 옮겨지거나 직역될 때 나타나며, 후자의 경우는 문장 길이, 구두점, 고유명사, 신조

---

5) 제2언어 학습 이론에 따르면 간섭과 과잉 일반화는 각각 전이와 일반화라는 촉진적 과정에 대응되는 부정적인 개념으로 이를 통칭하여 '부정적 전이'라고 한다(H. Douglas Brown 저, 이흥수 외 공역, 2001, p.108-110 참조, 김혜림, 2003, p.11에서 재인용).

6) Newmark는 간섭이 통사적(syntactical), 어휘적(lexical), 비유적(figurative), 어순(word order), 문화(culture), 제3의 언어(third language) 차원에서 일어난다고 하였다. 이 중 문법적 간섭보다 특히 어휘적 간섭이 문제가 된다고 보았는데, 그 이유는 통사적 간섭은 스타일과 관련되지만 어휘 간섭은 문장의 의미 자체를 왜곡시킬 수 있기 때문이라고 하였다(1991, 2001, pp.83-85).

어, 문화적 어휘가 그대로 옮겨진 경우까지를 포함하는 것으로 보았다. 또한 어떤 언어 배합에서건 정도 차이는 있지만 SL의 영향을 받게 되며 이러한 의미에서 간섭은 번역이 갖고 있는 고유의 요소라고 하였다. 그러나 그는 간섭을 부정적으로만 보는 일반적인 견해와는 달리 간섭 현상에 대한 두 가지 관점을 제시하고 있다. 즉, 간섭 현상이 시대·문화적 상황에 따라 때로는 긍정적인 요인으로 작용할 수도 있으며 이에 대한 통합적인 관점이 요구된다는 견해를 제시하고 있는 것이다. Newmark는 간섭의 득과 실에 대해, 특히 문학의 경우 개인어적(idiolectal)·문화적 간섭은 종종 번역을 풍요롭게 만든다고 하였다(1991, 2001). 특히 긍정적 간섭은 번역사가 출발어의 보편성, 문화적·개인적·언어적 가치를 소개하려 할 때 이루어지며, 통째로 어휘를 수입하는 것보다 도착어를 더 풍요롭게 하는 데 있어서 더 낳은 방법이라고 보고 있다. 일본의 근대화 시기에 서양의 텍스트를 번역하는 과정에서 생긴 수많은 신조어(번역어)의 경우가 Newmark가 말하는 간섭의 득(virtue)에 해당된다고 볼 수 있으며, 한국의 경우는 이러한 한자어를 그대로 수입함으로써 언어적 유사성을 이점으로 활용한 예라 하겠다. 이렇듯 "간섭의 해와 득이 수용될 때, 좋은 번역에 대한 평가 방법에 보다 가까워질 것"(Newmark, 1991; 2001, p.86)이라고 하였다.

그러나 이러한 간섭 현상의 일부 긍정적인 측면에도 불구하고, 번역 이론에서 간섭 현상의 문제를 지적하는 견해가 여전히 압도적인 것으로 나타나 있다. Lörscher(1986: 290f)와 Königs(1991: 1134ff)는 모국어 텍스트의 일부분을 바꿔 쓴 것이 도착어의 형태로 남기도 한다고 하면서, 이러한 사실이 놀랄 일이 아닌 것은 출발어

요소라는 족쇄에서 자유로울 수 있는 능력이야말로 번역의 가장 기본적인 테크닉 중 하나이기 때문이라고 하였다(Kussmaul, 1995).

문제는 이러한 간섭 현상이 통번역사의 언어 능력에 그대로 영향을 미칠 수 있다는 점이다. 제2외국어로서 습득한 언어는 끊임없는 훈련과 부가적인 지식 습득을 요구하게 되며 숙련된 번역가라 할지라도 B언어 능력 유지를 위한 부단한 노력이 요구된다. Dejean(1991)은 통역사들의 경우 보다 안정적이고 탄탄한 언어적 토대가 요구되는데, 그 이유는 실제 통역을 수행해 나가면서 언어 기술(skills)을 자동적으로 잃어 갈 수 있으며, 그것은 2개 이상의 언어를 구사하는 통역사들에게 각기 다른 언어적 구조의 잔상이 동시에 자극이 되는 것이 원인이며 이는 외국어뿐 아니라 모국어에서도 발견되는 현상이라고 하였다. Lederer(1994)도 간섭의 영향에 대해 모국어 화자는 자신의 잘못된 언어 수행을 기억하는 경향이 있으며, 이러한 간섭은 훌륭한 번역을 하는 데에 가장 큰 장애물이라는 점이 잘 알려져 있으며, 주로 모국어로 번역하는 번역사는 번역 표현에서 외국어 형태의 잔상을 떨쳐 버려야 한다는 사실을 인식하고 있다고 하였다.[7] 이처럼 간섭은 대부분의 전문 번역사에게 공포의 원인이며 번역을 공부하는 학생들을 괴롭히는 공포로 항상 존재하는 덫과 같은 것이다(Newmark, 1991, 2001). 또한 간섭 현상은 대개 언어 능력이 불완전한 학습자에게서만 발생할

7) 김혜림(2001)은 한국어와 중국어 간 통역번역에서 나타나는 한자어 간섭 현상에 대해 말하고 있다. 즉 일반적으로 언어 간섭은 B언어의 통역번역 과정에서 모국어 즉 A언어의 간섭을 차단하기 어렵다는 점에 초점이 맞춰지지만 한국어와 중국어 간에는 한국어 속에 한자어가 녹아 있기 때문에 도착어가 A언어인 경우와 B언어인 경우 모두 간섭 현상이 나타나고 있다(2001, p.89)고 했는데, 이는 한자어 간섭 현상이 일본어와 한국어에만 국한되는 현상이 아니라, 동일 한자 문화권에서 발생할 수 있는 현상임을 보여 준다.

것이라는 일반적인 예상과는 달리 신참 번역사뿐 아니라 때로는 숙련된 번역사의 경우에도 발견되는 현상이라는 점에 주목하여야 한다. 이에 대해 Kussmaul(1995)은 번역사가 언어적으로 민감하지 못한 경우, 각 언어가 가진 공기제약(collocation)의 특성을 자각하지 못하는 것이 문제라고 지적하고, 이에 대해 모국어와 외국어 능력을 향상시켜야 한다고 조언한다. 흔히 언어 간섭은 외국어 능력이 충분히 발달하지 못하여 나타나는 현상이라고 생각할 수 있지만, 번역문에서 간섭을 배제하기 위한 모국어 능력[8]을 전제로 한 주장으로서 주목할 만하다.

언어 간섭을 배제하기 위해 번역사의 창조성 혹은 유연성을 강조하는 주장도 제기되고 있다. 번역에서 창조성은 '무(無)에서 유(有)로의 창조'와는 다른 의미의 창조성이다. 번역은 원문의 존재를 전제로 한 일종의 재생산으로서 그런 의미에서 번역사의 창조성은 제한적이고 제약이 따르는 만큼 획득하기 어려운 목적일 수 있다. Neubert는 "번역에서 창조성은 언제나 얻기 어려운 것이며, 원문의 의미론에 구속된다. 원문은 통번역사에게 끊임없이 영향을 주며, 통번역사는 이를 항상 자각하고 있다. 원문은 의미론적으로 구속하는 영향을 주지만, 도착어의 텍스트 세계와 번역 상황은 창조성을 필요로 한다. 번역에는 창조적인 것과 파생된 부분과의 균형을 맞추기 위한 다양한 창조적 전략이 연관된다."(1997, p.17)고 하였다. 일한 번역의 경우 원문의 간섭의 영향을 받을 가능성이 큰 만큼 번역사의 창조성이 필요할 것으로 보인다.

간섭을 배제하기 위한 수단으로서 창조성을 명시하고 있는 학자

---

8) 번역사의 모국어 능력에 대해서는 4.4.3에서 자세히 다루기로 한다.

들도 있다. Schmidt(1989)는 SL이나 원문이 원인인 언어적 또는 텍스트적 간섭을 배제하기 위해서 (파생된) 창조성이 필요하다고 하였다. 또한 Neubert(1997)는 적절한 번역문을 얻기 위해서는 L1과 L2 사이에 종종 확립되어 있는 대응 원칙을 창조적으로 확장해야 한다며, 번역사의 창조성을 강조하고 있다.

나아가 Kussamul[9](2000)은 이렇게 번역사의 창조성이 발휘되었을 때, 소위 '성공적인 번역'이 가능하다고 보고 있어, 단순한 간섭 현상의 배제가 아닌 '좋은 번역'의 전제 조건으로 중시하고 있다. Kussamul(2000)에 따르면, 경험적 번역 연구에서 전문 번역사들의 성공적인 번역 과정을 주목한 결과, 성공적으로 문제를 해결한 경우, 창조성과 관련되는 경우가 많았다고 하였다. 마찬가지로 Lörscher(1992)는 프로와 아마 번역사가 번역하는 것을 비교하면서, 아마 번역사들의 행동을 설명할 때 외국어 교수법에서 사용하는 'interlanguage'라는 용어를 사용하였다(Lörscher, 1992, p.155). 이 개념은 Könings가 학습자들이 보이는 일대일 대응(Könings, 1987, p.168f)과 성공적이지 못한 번역 과정을 설명할 때에도 사용되었다(Kussmaul & Tirkkonen－Condit, 1995, p.184에서 재인용).

이상의 연구 결과를 종합해 보면, 번역에서 간섭 현상을 배제하기 위해서는 우선 원문의 간섭에 대한 번역사의 '자각' 및 '인식'이 선행되어야 하며, 나아가 '창조성'도 필요한 것이다. 본고에서는 번역사의 번역 행위를 과정지향적 관점에서 관찰하고 그 데이터를 분석하여, 번역사의 '인지', '인식', 그리고 '창조성'의 자질이 번역

9) Kussmaul은 번역을 "번역은 우리가 읽은 다른 언어로 된 텍스트의 '자유로운 재생산'이라고 생각할 수 있다."고 정의하였다(Kussamul, 2000, p.69).

과정에서 어떻게 나타나고 번역문의 품질 및 가독성과 어떤 연관성이 있는지 고찰하게 된다.

(2) 'false friends(faux amis)(포자미)'[10)]

번역 이론에서 간섭 현상의 대표적인 것이 바로 'false friends(faux amis)'[11)]이다. 이는 SL과 TL에 있는 문 구성요소들이 형태상으로 매우 흡사하지만 다른 의미를 가지는 경우를 가리키는 용어로, 번역상 문제를 일으키는 현상이다(Shuttleworth & Cowie, 1997). Wandruszka(1978)에 따르면 'false friends'는 역사적 연유가 원인이 되며, 매우 밀접한 언어 사이에서 동일 어원의 단어가 각각 다르게 발전한 것으로서, 어떤 것은 두 언어에서 완전히 다른 의미로 사용되기도 한다는 것이다. 또한 Kussmaul(1995)은 특별한 에러를 간섭으로 규정하고 그 대표적인 예로 'false friends'를 들고 있는데, 여기에도 두 가지 타입이 있어서 항상 'false friends'로 나타나는 경우와 가끔 그렇지 않은 것으로 나타나는 경우로 분류하였다. 또한 번역을 언어적 반사작용으로 보고 기계적인 반영이 아닌 주의

---

10) 한국어에서 false friends나 faux amis에 대한 확실한 번역어가 없으므로 본 연구에서는 '포자미'라고 하기로 한다.

11) false friends(faux amis)에 대해 번역사 개인의 관점을 강조한 Maxime Koessler의 개념은 독특하다. Koessler는 말하기를 " 'faux amis'라는 개념은 상대적이고도 탄력적인 개념이다. 상대적이라 함은, faux amis의 개념 자체가 일차적으로는 번역사의 의식 상태에 달려 있는 것이기 때문이다. 그릇된 의식을 가지고 있는 번역사에게 모든 단어들, 심지어는 모국어의 단어들까지도 faux amis에 속하는 것이 될 수 있다. 탄력적이라 함은, faux amis의 개념이 번역사의 언어적 지식 및 기타 제반 지식의 양에 따라 그 범위가 달라지기 때문이다. 어떤 이상한 영어식 단어도 anglicisme에 잔뜩 물들어 있는 번역사에게는 faux amis로 여겨지지 않을 것이다."라고 하였다(Maxime Koessler, Michel Ballard, 1999에서 재인용).

깊은 반사작용으로 전환해야 한다는 사실을 모르는 번역사들에게 특히 이 현상이 잘 나타난다(cf. Hönig, 1986)는 점을 지적하고 있다. 또한 이 현상의 원인에 대해 주제에 대한 불충분한 지식이 'false friends'에 대한 공포의 근원이란 가설을 세우고, 이 현상이 번역사가 텍스트를 전체적으로 보지 않고 텍스트의 일부분에 대한 태도가 앞설 때 일어난다고 보았다. 따라서 일본어 텍스트에 나타난 한자어나 어순에만 집착하는 번역사는 필연적으로 일본어의 간섭을 받기 쉽다는 사실을 알 수 있다. 한국어와 일본어의 경우와 마찬가지로 언어적으로 가까운 유럽의 언어를 보면 이렇게 신뢰할 수 없는 단어들이 상당히 많으며 이런 단어들은 대개 라틴어나 그리스어를 그 어원으로 둔다. 따라서 어떤 단어의 의미를 결정할 때 그 단어가 문맥에서 어떤 의미를 가지는지 자세히 분석할 필요가 있다(Kussmaul, 1995)는 것이다.

번역 교육과 관련해서 말하자면 L1과 L2가 언어적으로 가깝고 동일 어원이라는 사실이 드러나 있지 않은 경우, 대부분의 외국어 교육에서 이 현상이 제대로 다루어지지 않은 채 방치되어 있는 것으로 보인다(Meara 1993, p.282, Anderman 1998에서 인용). 그러나 번역에서 간섭 현상이 일어난다는 것은 분명한 사실이다. 이중화자(bilingual)는 어떤 수준에 있든 다양한 간섭 현상을 경험하며, 번역 연습은 간섭 현상을 자각하고 조절할 수 있도록 독려한다. 이러한 '자각(awareness)과 조절(control)'이야말로 번역 기술에서 중요한 요소인 것이다(Malmkjær, 1998, p.8). 이와 관련하여 Koller(1979/1992)는 번역사를 훈련하는 과정에서 언어 간 간섭 현상에 대해 학생들의 자각을 키워 주는 내용이 포함되어야 하며 'false friends'는 그중에서도 중요한 예라 하였다. 그러나 교육의 부작용으로 인해 'false friends' 현상이 더욱 심각해지는 경우도 있다. Kussmaul(1995)은 형태상 대응(formal corresponding)에 대한 과민 반응이 낳을 수 있는 부작용을 경고한다. 그에 따르면 외국어 교육과 번역 교육에서 학생들에게 'false friends'와 간섭 현상에 대해 경고하는 것은 오랜 전통이지만, 교육자들이 간섭 현상이 오역을 일으키는 전형적인 원인이라고 경고함으로써 학생들은 단어라는 장벽을 감히 뛰어넘으려 하지 않는 부작용을 낳기도 한다. 따라서 이러한 경고는 항상 주어진 맥락을 고려하여 균형 잡힌 교육 방법을 통해 이루어져야 할 것이라고 주장한다.

실제 번역 과정에서 나타나는 'false friends'에 대해 Nida(1998)는 문맥에 의해 항상 피해야 하며, 역시 문맥에 의해 주의 깊게 조정되어야 한다고 하였다. Nida는 번역 타입에 크게 영향을 주는 4가지 부가요소로 첫째, 의도된 독자에 적합한 어휘나 어역, 둘째, 의도된 독자의 기대에 맞는 번역, 셋째, 원문의 두드러진 사회언어학적 자질들, 넷째, 번역된 텍스트가 이용한 전달매체(medium)의 4가지이다.

일한 번역에서 특히 'false friends'의 문제가 제기되는 것은, 한국어와 일본어가 한국어의 70%를 차지하는 '한자어'를 공유하는 경우가 많으며, 또한 어순이 같아 번역사의 세심한 주의와 자각이 없는 경우, 언어 간섭 현상이 일어날 여지가 많으며, 그중에서도 안이한 한자어 직역, 즉 'false friends'를 선택할 가능성이 높기 때문이다. 나아가 이 현상은 원문의 정보성을 확보하는 데는 문제가 없을 수 있지만, 번역문의 한국어 표현에서 '번역투(translationese)'로 이어질 우려가 있다.

(3) 번역 과정에 나타난 간섭 현상

Toury(1995)는 대부분의 형태에서 간섭의 법칙을 발견할 수 있으며, 번역에서 원문의 구조와 관련된 현상이 번역문으로 그대로 옮겨지는 경향이 있다고 주장한다. 즉, 간섭은 무언가가 부족해서 발생하는 것으로, 간섭에서 자유로운 결과물(또는 간섭이 배제된 결과물)을 도출하기 위해서 번역사는 특별한 조건이나 노력이 필요하다고 하였다.

한국의 일본문화 및 어휘 수입 과정에서 나타난 '번역을 통한 문화 수용'이나 Newmark가 말한 '도착어 문화권을 풍요롭게 해 주는' 간섭 현상과 마찬가지로, Toury도 "모든 문화는 그 발전단계에 상관없이, 동일한 방식과 정도로 문화 간섭을 수용해 왔고, 간섭 현상과 투쟁한 흔적은 거의 찾아볼 수 없다."(Toury, 1995, p.275)고 하였다.

급속도로 세계화가 진행되는 현재, 전 세계 문화의 획일화 현상을 지적하는 목소리가 높고, 인터넷과 같은 뉴미디어의 등장으로 개인 차원에서도 외국의 문물을 받아들이기 쉬워진 만큼 긍정적이든 부정적이든 번역을 포함한 광범위한 차원의 문화의 간섭 현상은 피해 갈 수 없는 시대의 흐름이다. 문제는 번역사가 자국의 문화를 풍요롭게 하는 간섭 현상의 '순기능'을 살리고, '역기능'은 극력 배제할 수 있는 문화 수용의 '필터'로서의 역할을 해낼 수 있느냐 하는 점이다.

번역에서의 간섭 현상에 대해 Toury(1995)는 번역을 할 때, 텍스트의 구조가 번역을 결정짓는 요소로 작용되면 될수록 번역문은 간섭의 흔적을 더 많이 보이게 된다고 하였다. 역시 번역사가 원문의 구조에 과도한 주의를 기울일 때 간섭의 영향을 더 받기 쉬움을 알 수 있다. 또한 일반의 통념 즉, 문화 간, 언어 간 거리가 가까우면 간섭의 정도가 심할 수 있다는 가정에도 주의가 필요하다는 점을 지적하고 있는데, 언어 간 거리, 텍스트의 전통이나 전체 문화가 간섭의 정도를 자동적으로 결정짓지는 않는다는 것이다(Toury, 1995). 상술하였지만, 프로 번역사와 언어학습자, 또 숙련된 번역사와 신참 번역사의 간섭 현상에 대한 차이점에서도 나타났듯이, 숙련된 번역사는 원문의 구조에 영향을 덜 받는다고도 하였다.[12] 이와 같은 번역학자들의 주장은 TAP[13] 등을 이용한 실험을 통해 검증되어야 할 부분이다. Toury의 주장을 따르자면, 일한 번역이 언어적 유사성으로 인해 상대적으로 간섭 현상 및 번역투의 문제를 드러낼 소지가 많지만, 다른 언어 배합보다 그 가능성이 현저히 높아진다고 결론을 내리는 것은 성급한 판단일 수 있다. 이는 번역사의 번역 능력과 연계하여 보다 심도 있게 고찰하여야 할 문제이다.

과정중심 연구인 TAP의 데이터에서도 간섭 현상은 확인되고 있다. TAP의 피험자가 전문 번역사가 아닌 학습자들을 대상으로 한 경우가 많은 만큼 한계가 있기는 하지만, 번역 능력을 학습을 통해 발전할 수 있는 개념으로 보는 입장에서 전문적인 번역 교육을 받지 않는 번역사나 경력이 짧은 전문 번역사의 실험 결과는 충분

---

12) Neubert는 숙련된 번역사와 신참 번역사의 차이점 중 하나가 기존의 대응어를 거부하고 텍스트와 상황적 맥락에 적합한 다른 대응어를 선택할 수 있는 능력의 여부라는 사실은 의심할 여지가 없다고 하였다(1997, p.11).

13) TAP에 대해서는 Ⅲ장에서 자세히 다루기로 한다.

히 참고할 만하다.

Kussmaul & Tirkkonen－Condit(1995)은 TAP 실험을 통해 비전문 번역사는 전형적으로 간섭에 대한 두려움을 드러낸다는 사실을 밝혀냈다. 즉, 자신감의 결여로 인해 지나친 번역이 되지 않을까 하는 우려를 드러낸 것이다. 그 결과, 축어역으로 일관하는 간섭 현상을 보인 것으로 판단된다. 준전문 번역사를 대상으로 한 실험 결과를 분석하여 내린 결론은 번역사의 '태도'라는 요소가 관여하는 한, 비전문 번역사들의 바꿔 쓰기(paraphrase)에 대한 이중적 태도와 포자미에 대한 두려움은 자신감 결여가 원인인 것으로 해석된다는 것이다. 이러한 자신감의 결여는 결국 성공적인 번역물의 생산에 걸림돌이 될 수밖에 없다. 결국 번역 과정에서 "신선한 시도가 필요한 경우에도 진부하고 판에 박힌 방법을 사용하는 유연성 부족은 덜 성공적인 번역의 특징"(Kussmaul & Tirkkonen－Condit, 1995, p.190)으로 결론을 내리고 있다.

3. 번역 단위(Unit of Translation or Translation Unit)

일한 번역 과정을 살펴본 결과, 번역사가 원문을 이해하는 데 문제가 없었는데도 불구하고 번역문 독자의 가독성(readability)이 떨어지는 결과를 확인할 수 있었다. 실험 결과에 근거하여 가설을 세울 수 있는데, 번역사의 원문 이해능력과는 별개로 번역사가 SL 즉, 일본어의 간섭을 받아 번역문 독자의 예상이나 기대에 부합하는 번역문 생산에 실패하였거나, 간섭 현상에 대한 인식이나 자각이 있었음에도 불구하고 모국어 능력이나 번역 전략에 문제가 있어 자연스러운 번역문 생산에 실패하였을 가능성이다.

일본어와 한국어의 유사성은 특히 어순과 한자어 등 공유하는 어휘가

많다는 사실을 상기할 때, 번역사가 언어 간섭 현상에 대한 자각과 인식이 부족한 경우, ST의 어휘에 집중하여 번역결정을 내린 번역문의 가독성이 상대적으로 더 떨어질 수 있는 가능성이 있다고 본다. 그렇다면, 번역사가 번역을 할 때, '번역 단위'도 번역문의 품질 및 가독성에 영향을 미칠 수 있는 개연성을 생각할 수 있다.

번역 단위에 대한 정의는 다양한데, Baker(2000)는 "과정지향적 관점에서 볼 때, 번역 단위는 번역사가 TL에서 전체적으로 나타내기 위해 초점을 맞추는 원문의 길이."(2000, p.286)라고 정의하고 있다. 번역학자들은 번역 단위에 대해 논할 때 번역문의 품질과 관련해서 생각하는 경향을 보인다. 역시 번역사가 어떤 단위에 의해 번역을 하는가 하는 점은 번역의 품질에 영향을 줄 수 있다고 보는 것이다. 일단 번역학자들은 어휘 수준이나 단어 수준을 번역 단위로 하는 것에 회의적이다. 역시 언어학습자들의 번역 단위는 한 단어인 경우가 많고, 반면에 숙련된 번역사는 대개 단락이나 절 혹은 문장을 의미의 번역 단위로 하는 경향이 있으며(Baker et al, 2000), 번역을 공부하기 시작한 학생들이 어휘 정보에 지나치게 집중함을 알 수 있다(Séguinot, 1991). 이처럼 선행 연구 결과를 보면, 번역의 단위는 적어도 어휘나 단어 수준보다 큰 단위를 기준으로 하는 것이 번역문의 품질을 보증할 수 있다고 할 수 있다.

또한 이와 관련하여 번역문에서 나타난 전형적인 예를 보면, 단위가 길수록 작은 단위보다 더 잘 수용된다는 사실(Baker, 2000)과 "텍스트가 궁극적인 지향점으로 번역행위의 기본 단위"(Newmark, 1991, p.66, Séguinot, 1999에서 재인용)이고, "가능한 한 짧게 필요한 만큼 길게"(Hass, Séguinot, 1999에서 재인용)에서 우리가 지향해야 할 번역 단위를 유추할 수 있다.

번역학자들에 따라 문장 단위나, 절 단위, 혹은 텍스트 단위를 번역 단위로서 주장하지만, 이 또한 번역 텍스트나 번역 상황, 문맥 등을 고려할 때 절대적인 단위로서의 의미는 지니지 못할 것이다. Séguinot(1999)도 번역의 정보처리 과정에서 문장이 중요한 부분을 차지한다고 볼 수 있지만 의미가 문장 수준에만 한정되는 것을 의미하지는 않는다고 하였다. '절' 단위를 주장한 학자들도 다른 단위를 번역 단위로서 배제하는 것을 의미하지는 않으며, 특별한 목적을 위해서는 다른 단위가 더 적합한 경우도 있다. 번역사는 텍스트에 대한 친숙도, 언어와 문화, 장르, 관습, 원문 저자의 다른 작품 등이 번역하는 동안에 번역 단위의 등가를 결정하는 데 영향을 미치며, 실제 번역 과정에서 이런 단위들은 동시에 고려된다(Baker et al, 2000). 따라서 번역 단위에는 결코 고정된 단위나 기준이 있을 수 없으며, 번역사의 번역 과정 속에서 결정되고 변경될 수 있는 것이다. 이와 같은 선행 연구 결과를 바탕으로 번역사의 번역 과정에서 나타난 번역 단위와 번역문의 가독성과의 관계를 규명하도록 하겠다.

(1) 번역 단위와 등가

일한 번역에서 등가 달성에 문제점이 발생하는 이유 중 하나로서 언어 간 유사성으로 인한 언어 간섭 및 포자미의 문제점들을 제기한 바 있다. 이런 현상들이 가장 단적으로 드러나는 것이 어휘 수준이다. 번역투나 간섭 같은 번역상의 문제점을 인식하지 못하거나 민감하지 못한 번역사는 화용론적 차원 및 텍스트 차원의 등가 달성을 목표로 하지 않고 어휘 수준의 등가 달성을 최종목표로 삼기 쉬울 것으로 판단된다. 이는 언어 학습자들이 보이는 가장 전형적인 학습 패턴임을 지적한 바 있다. 이와 관련하여 Séguinot(1991, pp.84－5)는 번역교사들은 번역공부를 시작한 학생들이 어휘 정보에 지나치게 집중한다는 점을 알고 있고, 또 이것이 도움이 되지 않는 전략이라는 점을 인식하고 있다고 지적하고, 전문 번역사들의 경우 경험과 배우는 능력을 갖고 있고 문장은 번역을 하는 데 적절한 단위가 아닐 수 있다는 사실을 인식하고 있다고도 하였다.

그러나 번역 단위와 관련한 기존의 연구에 따르면 어휘 수준에 집중하는 경우 텍스트 차원의 등가 달성을 이룰 수 없다는 주장이 제기되고 있다.

즉, 두 언어가 문법적으로 유사성을 보인다고 해서 번역에 그러한 유사성이 등가를 담보할 수 없다는 사실은 Séguinot의 두 언어 사이의 의미의 등가에 대한 의문점은 그 언어가 문법 구조상 공통점을 가지고 있을 때 해결되는 것은 아니라는 지적에서도 확인할 수 있다. 즉 각 언어들은 특정 문법과 수사적 기능에 있어서 각각 그 비중이 다르며, 그렇기 때문에 한 텍스트의 의미론적 관계는 내적 관계의 해석에 의해 결정되며, 내부의 관계는 각 문장 수준에서는 일치하는 것으로 보이지만 특정 주제에 따라 그 텍스트가 발전할 수 있는 가능성을 덮어 버린다(Li and Thomson, 1976; vam Oosten, 1986; Lambrecht, 1994)는 기존 연구를 재인용하고 있는데 문장 수준도 더 이상 등가 달성의 절대적 단위로 규정될 수 없는 이상, 어휘 수준은 더 이상 논의의 대상이 될 수 없는 것은 확실하다.

번역 단위에 대해 W. Hass는 '가능한 한 짧게 필요한 만큼 길게'로 요약되고 자유-직역 번역에 대한 오랜 논쟁을 반영한다고 하며 의역일수록 번역 단위는 길어지고 직역일수록 번역 단위는 짧아진다고도 하였다(Séguinot, 1997, p.89에서 재인용).[14] 하지만 이 주장은 실제 번역에서 충분한 데이터로 검증된 결과라기보다 일반적인 번역 현상을 말한 데 지나지 않는다고 본다. 다만, 일한 번역에서도 어휘가 주된 번역 단위가 될 때, 직역으로 인한 번역투의 문제가 있을 수 있음을 시사해 주는 주장이라 할 수 있다.

Sager(1993)는 번역 단위가 등가 개념과 함께 주목을 받았으며,

14) Barkhudarov는 번역 단위를 "TL과 등가인 SL의 가장 작은 단위"라고 정의하였고, 번역 단위는 그 자체가 "복잡한 구조를 가졌고", "그 부분을 각각 번역하는 것은 불가능하며 번역문에서 등가를 이룰 수는 없다."라고 하였다(1969: 3). 따라서 예를 들어 generally뿐 아니라 by and large와 같은 표현도 비록 세 단어로 이루어지기 했지만 하나의 단위로 다루어야 한다는 것이다. Barkhudarov는 가능한 번역 단위로서 음소, 형태소, 단어, 구, 문장, 전체 텍스트로 보았다. 원문의 한 단어(wording)는 가장 적합한 번역 단위를 결정하며 텍스트 전체를 통해 혹은 한 문장만이거나 매우 다양할 수 있다. 나아가 원문의 단위는 번역 후 번역문에서 다른 크기가 되는 경우가 많다. 예를 들면, 한 단어가 구가 되기도 하고 반대의 경우가 되기도 한다. 만약 번역사가 원문의 기본적인 의미 전달에 필요한 것보다 큰 번역 단위를 사용한다면 자유로운 번역(FREE TRANSLATION)이 될 것이고, 필요보다 작은 단위로 번역하면 직역(LITERAL TRANSLATION)이 된다. 그러나 Koller는 가깝지 않은 언어들 사이에서는 가까운 SL과 TL보다 더 큰 단위가 관련된다고 주장하였다(1979/1992: 100, Shuttleworth & Cowie, 1997, pp.192-193에서 재인용).

등가가 언어학과 화용론 분야에서 설명될 수 있는 반면, 번역 단위는 심리학적 질문과 번역에서 선택하는 테크닉과도 관련이 있다고 보았다. 번역 단위는 두 가지 관점에서 분석되어야 한다고 보았는데, 하나는 번역사가 번역 과정을 위해 언제나 선택하는 실용적인 단위와 등가를 찾기 위해 선택된 단위이다. Sager의 논의에 따르면 번역사의 번역 과정에 대한 관찰 및 분석 작업 없이 원문 - 번역문의 대조 분석만으로 번역 단위 혹은 등가 단위를 유추하는 것에는 무리가 있다고 본다.

Sager(1993)는 번역사가 번역 과정에서 등가 개념을 인식하는 과정을 다음과 같이 설명한다. 번역사는 문서를 읽을 때 먼저 메시지와 텍스트 타입 차원에서 화용론적 등가를 파악하고, 번역에서 추구해야 할 대응의 인지 단위를 파악할 수 있도록 특별한 방법으로 글을 이해한다고 보고, 경험 있는 번역사는 언어적, 수사적 구조에 대해 항상 충분히 인식하는데, 그것은 경제적으로 번역을 하기 위해서 가능한 한 가까운 문법 차원에서 등가를 찾기 위해서라고 하였다.

텍스트 언어학적 관점에서는 번역사가 텍스트를 해독하기 위한 근거로서 가지고 있는 구성요소와 구조를 번역 단위로 본다(Diller and Kornelius, 1978, 지광신 등 옮김, 2003).[15)]

15) 따라서 번역이란 이론적으로 볼 때 순수한 해석 과정으로서 출발언어의 구성요소와 구조가 목적언어의 구성요소와 구조로 대체되는 것이라고 할 수 있지만, 이는 단지 이론적일 뿐이며 실제로는 거의 모든 번역 단위에 대해 여러 개의 목적언어 등가물이 존재하며, 다수의 목적언어 등가물 중에서 번역사는 자신의 목적언어 능력을 바탕으로 선택을 해야 한다고 본다(Diller and Kornelius, 1978, 지광신 등 역, 2003, p.24).

(2) 번역사와 번역 단위

"번역사의 능력은 다양한 크기의 텍스트 단위에서 이루어진다."(Neubert, 2000, p.13)[16]는 말처럼 번역사가 실제 번역 작업에서 어떤 단위에 집중하는지 단언하기는 어렵다. 인간의 번역 과정이 아직 충분히 규명되어 있지 않기 때문에, 일반적으로 번역사들이 SL에서 인지 단위를 밝혀내고 등가인 TL의 표현을 찾아가는 것으로 유추된다. 단위의 인식은 그 문서의 주제에 대한 지식에 도움을 받는다. 단위는 대개 SL에서 절이나 문장 범위로 한정되지만 항상 그런 것은 아니며, SL텍스트의 구조에 따라 많이 달라진다. 번역사가 그 주제의 전문가이면 단위가 커질 수 있으며 전문가가 아니면 대개 단위는 작아진다. 왜냐하면 의미론적으로 '맞는' 어휘와 전문용어의 단위를 찾기 위해 원문을 정확히 나누었다고 확신해야 하기 때문이다(Sager, 1993, p.211). 전문 번역사의 번역 과정에 대해 Krings(1987)와 Lörscher가 연구한 결과를 보면, 전문 번역사들의 번역 단위가 외국어 학습자들보다 컸다고 보고된 바 있다(Kussmaul & Tirkkonen－Condit, 1995, p.187). 이는 번역사의 문제 해결방법과 연결시켜 생각할 수 있다. 즉, 번역사가 번역을 하는 과정에서 부딪치는 번역의 문제가 번역 단위[17]이기도 한 것이

16) Neubert는 나아가 번역사의 능력이 나타나는 번역 단위를 "소위 번역의 단위에 계층적으로 대응되는 행위의 단계이다. 이는 작거나 크고, 간단하거나 복잡하며, 전방조응과 후방조응으로, 체계적이고 텍스트적인 의미/형태의 연속체로 정의되며, 그 구조는 문화적으로 결정된다."(2000, p.13)고 하였다.

17) Dechert and Sandrock(1984)는 다음과 같은 결과를 보고하였다. 즉, (1) 문장이 기본적인 번역 단위이다. (2) ST 단위의 번역에 대한 해결방안을 찾게 되면, 피험자들은 초기의 해결방법으로 간직하는 경향이 있다. (3) TL의 규범적인 사용법에서 벗어난다 하더라도, ST의 통사적 구조를 유지하려는 강한 경향이 있다. (4) 최하위 (단어) 수준에서 시작해서

다. 즉, 번역 과정에서 문제없이 번역이 진행되는 동안에는 자동적으로 번역이 이루어지고 따라서 TAP의 실험 결과를 보면 발화가 현저히 줄어들었음을 확인할 수 있다.

Königs(1987)는 두 가지 종류의 번역 단위를 밝혀냈다. ① 동시에 번역된 단위(즉, 번역사가 번역문에서 일대일 대응어를 찾아낸 경우), ② 번역의 문제가 되는 단위이다. Königs는 두 번째 단위가 문제가 된다고 보았는데, 그 이유를 ① 번역사의 L2 능력의 부족, ② 번역사의 번역 능력의 부족, ③ 특수한 언어적 번역의 어려움, ④ 번역 행위의 어려움 때문으로 보았다(Kiraly, 1995, p.41).

전문 번역사의 번역 단위에 대한 연구로서 Séguinot(1996)은 2명의 프로 번역사의 공동 번역 과정에 대해 연구하여, 프로 번역사의 전형적인 4가지 타입의 번역 전략을 밝혀내었다. 그 결과에 따르면 타인과의 전략(브레인스토밍, 교정, 사교적 기능), 탐색 전략(사전, 세계지식, 어휘), 추론 전략(원문과 번역문 다시 읽기, 조언 구하기, 단위 비교하기) 등이 있는 것으로 나타났다. 이런 번역 과정은 '반복적' 처리 과정으로 나타났고, 문장 수준의 '번역 단위'를 바탕으로 처리되었다. 그러나 이 단위도 휴지(休止)나 주저함 등으로 방해를 받는 것으로 나타났다(Bernardini, 2001, p.240).

또한 번역사의 창조성과 번역 단위와의 관계를 생각해 볼 수 있다. 일반적으로 외국어 학습자들이 단어 수준의 언어적 대응에 집중하는 성향을 보인다고 볼 때 단순한 언어적 등가를 추구하는 단계에서 벗어나야 하는 텍스트가 번역의 대상인 프로 번역사들은 훨씬 다양한 차원의 문제 해결이 필요하게 될 것으로 쉽게 유추할

첫 시도가 실패하면 다음 번역 단위로 옮겨 가는 경향이 있다(Kiraly, 1995, p.43).

수 있다. Newmark(1991)는 창조성과 관련해서 번역 과정에서 선택(질적 · 양적으로)이 넓고 많아질수록 창조성이 더욱 요구된다고 주장한다. 만약 번역사가 역동적 등가를 추구하고, 하부 텍스트와 숨겨진 주제를 발굴하기 위해서는 더 큰 번역 단위를 선택한다면, 이는 TL 지향적이며, 번역사가 덜 제약을 받으며 보다 창조적이고 자유롭고 파격적이게 된다고 주장한다.

(3) 전문 번역사와 아마추어 번역사의 번역 단위

전문가와 신참 번역사의 차이점 중 하나로 보고된 것이 바로 번역 단위의 범위에 대한 내용이다. 초기 해결방법의 보류와 포기, 원문의 통사적 구조의 유지 대 변형, 텍스트를 통한 동심 대 선상 진척 등등이다. 경험상 차이점은 번역을 하는 데 관련된 지식의 구성에 질적 차이가 있음을 보여 주며, 이는 A텍스트의 형태/기능의 복잡성이 B언어/텍스트의 복잡성으로 재구상(remapping)되는 것과 관련이 있음을 나타낸다(Shreve, 1997, p.133).

그러나 번역사의 번역 단위의 크기를 일률적으로 정의할 수 없는 것은 실험 결과를 통해 전문 번역사들은 실제로는 매우 다양한 크기의 번역 단위로 번역을 하고 있는 것으로 나타났기 때문이다.

프로 번역사와 번역 교육을 받지 않고 외국어를 구사할 수 있는 피험자를 대상으로 한 TAP을 분석한 결과 일반적인 예상과는 정반대의 결과가 나온 것을 주목할 필요가 있다. 즉, Shreve, Schäffner, Danks(1993)가 번역사의 읽기 행위를 관찰하기 위한 목적으로 실시한 TAP 실험에서 번역사들이 학습자[18)]들보다 오히려 하위 언어 수준의 문제에 집중하는 것으로 나타났다. 보통 번역사들은 문맥에 더 의존하고 더 큰 단위의 문제를 찾을 것으로 예상되었기 때문에, 이는 전혀 예상치 못했던 결과였다. 이미 번역사의 개인적 성향이나 특성을 반영한 연구의 필요성이 제기된 바 있지만, 전문 번역사들의 번역 패턴을 일률적으로 묶어서 일반화하려는 시도는 바람직하지 않고, 가능하지도 않다는 주장이 뒷받침하는 결과라 할 수 있다. 또한 이는 일반적으로 모든 번역사에게 공통된 하나의 번역 과정은 없다는 명제를 뒷받침한다(Shreve, Schäffner, Danks, 1993, p.35).

결국 번역사들이 번역을 해 나가면서 문장 수준에서 특수한 텍스트 성분에 집중하는 것은 분명하지만, 그 수준에서만 번역하는 제약을 받는 것은 아니다. "전문 번역사들도 문장 수준에서만 번역할 수는 없다."(Kiraly, 1995, p.53)는 주장을 확인할 수 있다. Hönig의 연구 결과를 보면, 프로들이 텍스트를 통해 동심적으로 처리해 가는 것은 언어적 처리 과정의 수준 사이에서 움직임을 가리킨다. 번역사는 독립된 단어들에서 단어와 문장 사이에서 일어나는 커뮤니케이션 사건까지로 확장된 넓은 범위에서 번역을 한다(Kiraly, 1995, p.53).

본 연구에서는 전문 번역사들의 TAP을 통해 번역사의 발화 내용을 분석하여, 번역사들이 번역 과정에서 어떤 번역 단위에 따라 번역을 하는지 규명하게 된다. 또, 프로와 학습자 간의 번역 단위

---

18) Shreve, Schäffner, Danks(1993)는 학습자들이 번역을 할 때 주로 바꿔 쓰기(paraphrase) 행위를 보이기 때문에 실험에 참가한 학습자들을 'paraphraser'라고 명명하였다.

의 출현 양상 및 빈도 등을 대조 분석하여 성공적인 번역의 경우와 그렇지 못한 번역에 나타난 번역 단위를 분석하여 번역문의 품질 및 가독성과의 상관관계를 규명할 것이다.

4. 번역투(translationese)

(1) 번역투의 정의

'번역투(translationese)'는 번역된 언어의 질을 논할 때 자주 쓰이는 용어로서, 신문투(jounalese)나 관청용어투(officialese), 난해한 법률용어(legalese)와 같은 단어들처럼 경멸적인 느낌을 갖는 말이다(Tirkkonen－Condit, 2002). 또한 Shäffner는 번역투를 TL이 SL의 특질에 지나치게 의존함으로써 TL이 부자연스럽거나 이해할 수 없고 우습기까지 할 경우를 가리키는 말로서, 이런 현상은 지나친 직역이나 TL에 대한 지식이 부족할 때 나타난다고 하였다.

Duff는 제3의 언어(the third language)라는 용어를 사용하면서, 텍스트는 전체로 보아 그 응집성의 완결체로서 보존될 수 있는데, 이는 번역사가 문체나 언어를 뒤섞어 재표현하거나 SL과 TL의 요소들을 "짜깁기(patch work)"(1981, p.12)해서는 안 된다고 하였다. 그러나 이 현상은 단순히 '나쁜 번역의 일회적 현상'이 아니며, "(SL의 TL에 대한) 체계적인 영향"(Gellerstam, 1986, p.88)으로 나타난다. 또한 번역투를 언어 배합과 번역 품질과 관련하여 생각할 수 있을 것이다. Robison(1991)이나 Venuti(1995)는 번역투를 '나쁜' 번역과 필연적으로 관련되어야 한다고 본다. 한편 Anderman(1998)은 Gellerstam(1986)의 연구 결과를 인용하여 번역투의 문제를 언어 간 단어 출현 빈도와 연관 지어 생각하고 있다. 즉, 영어에서 스웨덴어로 번역된 소설에 나타난 어휘를 대조 분석한 결과를 보면 스웨덴어 tillbringa와 영어 'spend'의 사용상 차이점에도 불구하고 영어 단어 'spend'를 기계적으로 tillbringa으로 바꿔 버렸음을 알 수 있었는데, 이는 문맥상 완전히 부적절한 번역이었다. Gellerstam(1986, p.92)의 용어를 빌리자면, 이런 종류의 기계적 번역이 되기 쉬운 단어들은 대개 동일 구조가 아닌 단어로서, 도착어에 딱 맞는 등가어가 없다는 공통점을 갖고 있다. 또한 이런 현상은 유사언어 사이에도 관찰되는데, 같은 동작 동사라 해도 그 쓰임새에 있어서 중요한 차이점을 보일 수 있다. 일본어와 한국어의 경우 동일한 한자어가 사용되고 어순이 같기 때문에 특히 이러한 기계적 번역이 나타날 가능성이 크다고 보며, 번역사가 일본어 SL의 TL 표현에 민감하지 않으면 SL에 비해 사용 빈도가 떨어지는 단어를 사용하여 독자의 가독성을 떨어뜨리게 될 것이다. Neubert(1997)는 "독자는 시스템상 혹은 사전적 등가를 이해할 수는 있겠지만 효과 면에서 어색한 텍스트를 만들어 내기 쉽다. 상대방과의 거리를 없애 주는 것을 통번역사의 역할이라고 요약할 수 있으며, 경험 있는 중개자라면 번역문을 생산하는 과정에서 몇 단계에 걸쳐 대응어를 선택한다. 적절한 번역은 결코 어휘 대응만으로는 설명할 수 없다."(1997, p.11)라고 하였다. 단순한 텍스트 정보의 이해만이 목적이 아니라면, 어휘 대응만을 추구할 경우, 번역문의 가독성이 확보되지 않을 수 있다는 경고로 받아들일 수 있다.

번역투에 대한 이상의 정의 및 기존의 연구 결과를 살펴보면 결국 여러 원인들로 인해 도착어의 품질이 저하되고 그 결과 번역문의 독자들의 가독성 및 이해를 방해하게 됨을 알 수 있다. 일한 번역의 경우 독자들이 번역문의 가독성을 문제로 제기하는 경우가 많은데, 이를 단순히 번역사의 능력부족으로 인한 결과로 볼 수 없는 것은 번역을 공부하는 학생들과 신참 번역사의 경우뿐만 아니라 전문 번역사로서 숙련된 번역사의 경우에도 이 같은 현상이 발생하고 있기 때문이다. 이때 SL과 TL의 유사성으로 인한 언어 간섭의 영향으로 번역문의 품질이 저하되거나, 번역사가 이런 유사성에 대해 민감하지 못해 번역문의 번역의 질이 떨어질 수 있는 것으로 추측된다. 문제는 AB 번역의 경우 최종 독자에게 가기 전 원어민의 감수를 통해 번역문의 최종 점검이 가능하지만 BA의 경우는 이런 필터가 없이 번역사의 번역 능력[19]을 전제로 품질을 보증할 수 없는 체계라는 점이다. 따라서 독자의 번역문에 대한 평가를 확인하지 않는 한 번역문의 번역의 질을 점검할 방법은 없다. 결국 BA 번역은 전적으로 번역사의 능력을 전제로 이루어지고 있는 실정이다. 그러나 이미 BA 번역이 가지고 있는 잠재적 문제점은 여러 번역학자들이 지적한 바 있다.

여기에서 과연 번역투의 문제가 일한 번역에서 특히 두드러지게 나타나는 현상인가 하는 문제를 제기해 볼 수 있다. 그렇다면 언어 간 유사성으로 인해 발생하는 언어 간섭과의 연관성을 생각해

---

19) 한편 번역투에 대한 연구에서 그 형태에 대한 구분의 필요성을 Tirkkonen－Condit는 지적하고 있는데, 능력부족으로 인한 번역조와 번역된 텍스트의 언어적 또는 텍스트적 특징으로 인해 피할 수 없었던 경우를 구분해야 한다는 것이다(Tirkkonen－Condit, 2002).

볼 수 있다. 하지만 번역투의 문제가 번역사의 능력부족이 원인인 문제로 귀결된다면 번역 언어 배합에 관계없는 일반적 현상이라 할 수 있다. 본고에서는 일한 번역에서 번역의 완성도 내지 정보성에 문제가 없는 경우에도 번역투가 지적되는 현상에 주목하여 그 원인을 탐구하고자 한다.

(2) 번역투와 가독성

가독성(readability)[20]은 번역문의 '정확성(accuracy)' 혹은 언어적 등가와 양립하지 못하는 개념으로 이해되기 쉽지만, 이들 개념은 완전히 다른 관점에서 접근해야 할 것이다. 가독성은 번역 텍스트(번역문)와 번역문 독자와의 관계에서 나온 개념으로서 번역의 정확성과 항상 연관시킬 수는 없는 것이다. 정확성과 번역투에 대해 Perderson(1999)은 문학 번역에 대한 예를 들어, 번역사가 정확한 번역과 가독성을 추구한다면 원문에 있는 메시지를 변형시킬 수 있는 정도의 자유가 필요하겠지만, 동시에 가능한 한 원문에 충실하여 세세한 부분까지 번역할 것이라고 주장한다. 그의 주장은 문학 번역뿐 아니라 텍스트 타입에 상관없이 번역사가 가장 기본적으로 지녀야 할 번역 원칙으로서 당연한 것으로 받아들일 수 있으나, 정확하고도 가독성이 보장된 번역을 추구하기란 그만큼 지난한 일이 아닐 수 없다. 번역사의 정확성에 대한 그릇된 인식이 가독

20) Seleskovitch(1994, p120)는 청중에게 듣는 즉시 쉽게 이해될 수 있도록 표현하는 정도를 '이해용이성'(intelligibility)이란 용어로 설명한다. 이는 번역에서의 '가독성(readability)'과 일치되는 개념으로 사용된다(김혜림, 2003, p.9에서 재인용).

성 저하로 이어질 가능성이 많기 때문이다.

좋은 번역의 요건에 대해서 말하기 위해서는 번역물에 대한 평가기준의 확립이 선행되어야 할 것이다. 그러나 번역 비평이나 평가 분야는 번역학에서도 연구가 활발하지 않은 분야로서, 각 학자들이 단편적으로 언급하고 있는 경우가 많다.

번역문 독자의 관점에서 좋은 번역으로 수용되기 위해서는 여러 가지 조건을 생각할 수 있겠지만, 그중 하나로 '가독성(readability)'을 들 수 있다. 번역된 텍스트를 읽는 목적은 단순한 정보 입수부터 감동을 얻기 위한 것에 이르기까지 실로 다양하겠지만, 우선 그 목적을 이루기 위해서 독자가 번역 텍스트에 쉽게 접근하여 읽을 수 있는 조건이 충족되어야 할 것이다. 즉, '가독성'은 독자 중심의 개념이라 할 수 있다. 그렇다면 가독성이 있는 텍스트는 어떤 특성을 갖고 있는 것일까. Newmark는 '자연스러움(naturalness)[21]'(Newmark, 1989, p.25)을 중요한 요소로 꼽는다. 그는 번역사에 대해 요구하기를 첫째, 번역의 뜻이 정확해야 하며, 둘째, 보통 언어, 일반적인 문법, 이디엄, 단어로 쓰이고 그 상황을 만족시킴으로써 자연스럽게 읽혀야 한다고 주장한다(Newmark, 1992).[22] 또한 모든 'communicative

---

21) Newmark(1989, p.125)는 '자연스러움(naturalness)'에 영향을 미치는 요인을 나음과 같이 정리하고 있다.
① 어순, 모든 언어에서 형용사와 부사는 문장에서 가장 기동성이 있는 성분이며, 그 위치에 따라 자연스러움뿐 아니라 새로운 정보에 대한 강조의 정도를 나타낸다. 이 두 성분은 자연스러움을 가장 드러내는 미묘한 지표이다.
② 일대일 대응으로 인한 번역으로 평범한 구조가 부자연스러울 수 있다.
③ 비슷한 단어들, 즉 포자미(faux aims). 언뜻 자연스러워 보여도 실제로는 틀린 의미인 경우가 많다.
④ 동명사, 부정사, 동사-명사의 적절성
⑤ 어휘적으로 부자연스러움의 가장 흔한 현상은 약간 유행이 지난 단어와 이디엄의 사용

22) Seleskovitch(2002, 정호정 역)는 도착어 표현의 기본 요건으로 첫째, 도착어의 언어특징과 언어사용 관습에 맞는 방식으로 표현되어야 한다는 것. 둘째, 출발어가 갖고 있는 커뮤

translation'에서 '자연스러움'이 필수적이며, 부자연스러운 번역은 주로 출발어 텍스트에 의한 간섭으로 표시가 드러난다고 보았다. 즉, BA 번역에서 간섭으로 인해 부자연스럽게 번역된 번역투를 경계하고 있음을 알 수 있다.

Nida는 번역투에 대해 "내용에 대한 불성실함과 메시지의 영향으로 나타나는 '번역투' 즉, 형식상 충실성을 적극 피해야 한다."(Nida, 1969, 1982, p.13)라고 주장한다. 또한 때로는 번역투가 TL 독자들에 의해 쉽게 받아들여지는 현상에 대해서도 경고하고 있다. 현실적인 필요에 의해 수용되는 번역투인 경우에도, 진부하고 부자연스러운 언어 형태로 인해, 수용 언어의 풍요로운 자산을 정당하게 다루는 데 완전히 실패할 수 있음을 인식하지 못하는 일이라고 경고한다(1969, 1982, p.100).[23] Nida는 성경 번역을 예로 들어 설명하고 있지만, 번역을 수용하는 독자의 안이한 태도가 번역투를 조장할 수 있음을 지적한 것이라고 할 수 있다. "모국어의 정확한 사용에 익숙하지 않거나 전문적이지 않으면 번역투의 희생이 되기 쉽다."(1969, 1982, p.100)는 말은 모국어 능력이 번역투의

니케이션 효과와 동등한 커뮤니케이션 효과를 전달할 수 있는 방식으로 재구성되어야 한다는 것. 셋째, 원문의 정보를 불필요한 누락이나 추가 없이 모두 전달해야 한다는 것. 넷째, 도착어로 표현된 텍스트는 즉각적 '이해용이성(intelligibility)'이 보장되어야 한다는 점을 들고 있다.

23) 일본의 근대화 과정에서 서구 문명의 흡수가 방대한 번역 작업을 통해 이루어졌다는 사실은 전술한 바와 같다. 그러나 일본은 그 훨씬 이전부터 '번역'을 통해 외부와 소통해 왔다. 일본에서 히라가나가 만들어지기 전에는 중국의 한자를 들여와 사용하였는데, 이 과정에서 한문 훈독을 위한 넓은 의미의 번역이 이루어졌던 것이다. 이에 대해 Wakabayashi(2003)는 한문 훈독을 교육받은 일본인들이 중국의 텍스트를 '정신적 번역(metal translation)' 과정을 통해 바로 읽을 수 있도록 해 주었다고 한다. 이 방법은 9세기부터 19세기까지 널리 쓰였는데, 그 다음 세대에 서구 언어에 대한 번역의 기초를 마련했다. 이 과정에서 번역문을 읽을 때, 이상한 통사구조와 단어들이 일본에 널리 수용되게 되었고, 일본어 특유의 다양성의 하나로서 '번역투'가 수용되었다. 즉, 일본은 문화의 진화 및 앞선 문화를 수용하는 독특한 방법의 하나로 '번역투' 현상도 수용하였던 것이다.

위험성을 회피할 수 있는 전제 조건임을 알려 준다.

이와 관련하여 Newmark(1991)는 최악의 번역투는 외국어에서 모국어로 번역할 경우에 나타난다고 본다. BA 번역에 대해 일반인들이 기대하는 정확성과 가독성이 항상 양립하는 개념이 아닐 수 있음을 보여 준다. 즉, "번역투는 사실을 잘못 나타내기 때문에 나쁜 것이 아니라 오히려 정확하다. 또 '부정확한' 문법을 보이기 때문이 아니라 반대로 문법책처럼 딱딱한 경우가 많다."(Newmark, 1991, pp.21－22)는 지적처럼, 잘못된 정확성의 추구가 오히려 가독성이 저하된 번역문을 생산해 낼 위험성이 있음을 지적하고 있다. 정확성만을 추구한 결과, 번역사는 SL의 이디엄과 구문을 그대로 재생산하기 때문에 번역투는 어색하거나 무겁고 원문의 어조와 분위기를 전달하는 데 실패한다. 그 결과 번역문의 문체는 메시지로부터 독자를 멀어지게 만든다(Newmark, 1991).

실용 텍스트의 번역에서 종종 전문용어나 내용 자체의 전달에만 치중하는 결과, 번역투의 위험성을 간과하는 결과를 초래하게 되기도 한다. 또한 원문에 충실한 번역, 소위 정확한 번역이 좋은 번역이자 번역의 목표라고 생각하는 일반적인 편견으로 인해 번역투가 조장되기도 한다. 이에 대해 Newmark(1991)는 포자미(faux amis), 절, 구문, 전문 용어, 은유, 어순 결합에 이르기까지 번역사들이 경험이 부족하고 출발어의 간섭을 인식하지 못하기 때문에 번역투가 생긴다고 지적하고, 그런 번역투의 글은 읽었을 때 차갑게 느껴지고, 독자들은 번역사가 센스가 없다고 생각하게 된다고 하였다.

독자의 입장에서 보았을 때, 내용의 정확성 내지 정보성의 확보와는 별개로 가독성이 우선되는 번역이 좋은 번역이라는 주장이

제기되기도 한다. Newmark(1991)는 이에 대해 원문이 사실에 대한 오류나 문체상 결점이 없는 한, 두 언어의 독자들에게 놀라울 정도로 원문처럼 읽히는 번역이 좋은 번역이라고 주장한다. 즉, 능숙하고 표현이 적절하고, 원문의 그림자와 같은 번역이 좋은 번역이라는 것이다. 결국 번역은 번역문처럼 읽혀서는 안 되며, 이는 간섭이나 번역투에 대한 경고로 받아들여야 할 것이다.

(3) 충실성과 정확성 개념

일반적으로 일한 번역에서 요구되는 번역의 '충실성'에 대한 일반의 잘못된 인식을 지적해야 할 것이다. 일한 번역의 경우, 일본어를 알지 못하는 발주자는 '충실성'과 '정확성'을 혼동하여 종속에 가까운 원문에 대한 충실성을 번역의 정확성으로 인식하는 경우가 있다. 그러나 이는 전혀 다른 개념으로 인식하고 접근해야 한다. 번역에서의 정확성에 대해 Viggo(1999)는 번역 행위를 물건 구입에 비유해서 말하기를, 우리가 원문의 단어를 잊어서는 안 되겠지만, 마치 계산대에서 자신의 통화와 똑같은 양으로 교환하기만 한다고 달성되지는 않는다고 지적하고 있다. 결국 어떻게 정확하게 대응시킬 것인가는 그 번역 상황에 달려 있으며 Ross(1961, p.3)의 말을 인용하여, "만약 언어와 문화가 서로 가깝다면 '번역'할 필요도 없이 내용이 아니라 SL의 형식을 '바꾸기(transpose)'만 하면 된다."고 지적한다. 번역에서 정확성은 고정된 개념이나 양적 등가 내지 언어 형식의 치환으로 달성될 수 있는 것이 아니라 번역 상황에 따라 달라질 수 있는 상대적인 개념임을 알 수 있다. 그는 또 번역사가 만약 정확성과 가독성을 동시에 원한다면 원문의 메시지를 바꿀 수 있는 어느 정도의 자유가 필요하지만, 동시에 가능한 한 원문의 세세한 부분까지도 번역한 것을 좋은 번역이라 할 것이라는 결론을 내리고 있다.

외국어를 모르면서 번역 처리 과정에 대한 이해가 부족한 발주자의 문제점을 언급하였지만, 이는 일한 번역에 국한된 문제가 아니라 번역의 실제적인 문제점으로서 번역사들이 항상 부딪치는 부분이다. 이와 관련해 Nida(2001)는 한정된 외국어 지식을 갖고 있는 편집자는 번역의 비일관성에만 주목을 하게 되는데, 그 이유는 대응이라는 측면에서 완전히 일치하는 언어는 없기 때문이라고 하였다. 결국 번역 자체에 대한 이해가 부족한 일반인들은 '완전한 일치'에 대한 환상을 가지고 이를 번역사에게 요구하게 되고, 언어적·문화적 거리가 가까운 일본어와 한국어 번역의 경우 대응에 대한 과도한 기대로 그릇된 충실성 내지 정확성에 대한 잘못된 인식을 강요하게 되는 것이다.

학습자의 성향에서도 언급이 되었지만 단어나 문장 단위의 대응어에 집착하거나 이를 충실성의 기준으로 간주하는 것은 일한 번역에서 쉽게 관찰되는 현상이다. 특히 일한 번역 시 원문에 나타나는 한자어는 한국어에서도 동일 한자어로 사용되는 경우가 상당히 많지만 번역은 항상 그 표현이 출현한 특정 문맥에 의존한다는 대전제를 생각할 때 기계적인 한자어 대응은 번역투나 어색한 한국어 표현으로 이어질 위험성이 높다. 그러나 번역은 결국 "문화간 사건(cross-cultural event)"(Snell-Hornby, 1990, p.82)이며, 이는 두 언어권이 문화적으로 멀리 떨어져 있건 가깝건 모두 적용되며 차이가 있다면 정도의 차이이지 그 본질은 같다고 하였다. 상이한 구성요소와 단어 의미의 관계에 있어서 언어 간 차이는 번역에 대해 두 가지 결론을 내리게 만든다. 첫째, 옮겨질 의미는 사전이 아니라 상황과 문맥에 의해 결정된다. 둘째, 이런 이동은 거의 대부분 어느 정도의 손실이나 변화를 수반한다(Fawcett, 1997, pp.25－26). 이에 대해서 Catford(1965, p.49)는 "SL과 TL 요소들은 언어적 의미에서 같은 '의미'를 가지기는 어렵지만, 같은 상황에서 기능할 수 있다."고 하였고, Albrecht(1973, p.23)은 번역은 "항상 어느 정도는 '거짓'이다."라고까지 하였다(Fawcett, 1997에서 재인용). 결국 아무리 SL과 TL 간의 언어적 거리가 가깝다고 하더라도, 번역은 필연적으로 얼마간의 손실 및 변화를 전제하며 한국어와 일본어도 결코 예외가 될 수 없음을 짐작할 수 있다.

그렇다면 번역학에서 논의되어 온 충실성에 대해 좀 더 살펴보도록 하자. 지난 2000년 동안 번역 이론은 주로 뛰어난 예술 작품과 관련되어 연구되어 왔다. 따라서 그 초점은 문학 번역이었고 주요 쟁점은 단어와 의미라는 해묵은 이분법과 '충실한 번역'과 '자유로운 번역'이었다(Snell－Hornby, 1990). 이때 번역 이론에서 'faithfulness'나 'fidelity'라고 하는 충실성의 개념은 어떤 기준에 따라 원문의 정당한 표현으로 번역문이 묘사될 수 있는 한도를 나타낼 때 사용되는 용어이다(Shuttleworth and Cowie, p.57). 번역에 대한 전통적인 논의에서 충실성은 아마도 번역의 품질을 측정하는데 가장 기본적으로 그리고 널리 쓰여 온 척도일 것이다. 전통적으로 충실한 번역은 원문과 상당히 비슷한 것으로 이해되어 왔으나, 현대의 작가들은 혁신적이고 완전히 다른 용어로 대체하고 있다. Nida와 Taber는 충실성을 역동적 등가성을 보여 주는 텍스트의 속성으로 생각하며, 따라서 충실한 번역은 "원 메시지의 수신자에 대해 보인 반응과 근본적으로 같은 반응을 보이이게 한다."(1969/1982, p.201)라고 하였다. 또한 Gutt은 충실성을 "관련성의 관점에서의 유사성"(1991, p.111)으로 정의하였다.

이처럼 번역에서 어디까지 조정해야 하는가는 실제적인 문제로서 항상 존재하여 왔으며 번역학자들은 '충실성', 즉 원문에 있는 모든 관련 특질들을 '충실히' 옮길 것을 요구했다(Nord, 1992, p.22, Leppihalme, 1997에서 재인용). 그러나 Leppihalme는 이런 개념을 글자 그대로 따르는 것은 불가능하며 텍스트 내의 특질/메시지에 대한 순위를 정할 필요가 있고, 이 순위가 번역사가 보존하고자 하는 가치의 순위로서 번역상 관련된 텍스트 분석의 기초가 된다(Koller, 1989, p.104)고 하였다. 따라서 똑같은 사전적 뜻을 지닌 단어라 하더라고 언어적 특성을 반영하여 그 언어권 화자들이 선호하는 '순위'가 있다는 사실을 인식하지 못한다면 도착어 독자들에게 번역문은 어색한 표현으로 비쳐질 수밖에 없고, 이는 전술한 일한 번역의 간섭이나 번역투의 문제를 유발하는 원인의 하나로 생각된다. 따라서 Hurtado(1993)가 충실성을 '작가의 말하고자 하는 의도', '도착어', '독자'에 대한 충실성으로 정의한 것은 의미가 있다고 할 수 있다.

독자에 대한 충실성 혹은 정확성에 대해 Viggo(1999)는 문학 텍스트의 번역에서 중요한 점은 원문이 호소하는 바를 옮겨야 하는 것인데, 그렇게 해서 '등가'가 성취되지 못한다 하더라도 TL 독자들은 그 텍스트가 중요한 이유를 이해할 것이라고 말한다.

'정확히 번역한다.'라는 말은 일반적으로 한 단어가 지닌 사전적 의미를 전달하는 것으로 이해된다. 그러나 이 말의 의미는 언어적 뜻의 번역이 아니라 언어의 의사소통적 사용에 의해서만 나타난다는 기본적인 목적을 고려하지 않은 말이다(Seleskovitch, 1977). 또한 Seleskovitch(1977)는 각 언어의 차이점들이 왜 통역사들에게 문제가 되지 않는지 설명하려면 언어적 의미와 비언어적 의미를 구분해야 할 것이라고 했다. 통역 시 등가의 언어적 의미를 찾기 위해 또 언어적 차이에 대해 고민할 필요가 없는 것이다. 이상의 정의를 보더라도 고대의 이론 즉, 원문의 언어적 형태에 대한 절대적인 충실성은 이미 논의의 대상이 되지 않음을 알 수 있다.

(4) 번역투와 가독성 관련 선행 연구

번역투는 최종 독자의 판단으로 제기될 수 있는 문제이며 정보성보다는 독자의 가독성에 영향을 더 많이 끼치는 것으로 판단됨을 알 수 있었다. 그렇다면 실제 독자가 번역문을 읽어 문제점을 지적하도록 한다면 번역투와 가독성과의 관계를 알 수 있을 것이라 기대할 수 있다. 이와 관련해 Tirkkonen－Condit(2002)는 번역투와 관련한 연구방법으로 독자가 번역문을 구분해 낼 수 있는가를 실험하고 있다. 그의 연구방법 및 결과를 살펴보아 본 연구에 대한 시사점을 줄 수 있을 것으로 기대한다. 그의 연구의 목적은 독자가 읽은 텍스트가 번역문인지 아니면 원문인지 구별할 수 있는지, 만약 구별해 낸다면 이를 가능하게 한 텍스트의 요소는 무엇인지 밝혀내는 데 있다. 이때 실험 대상이 되는 텍스트 선정이 중요하며, 언어적 현상과 비언어적 현상을 구분할 필요성이 있는데, 그 이유는 번역 텍스트가 언어적 특징에 의해서만 식별되는 경우가 많다는 것이다. 즉, 문화적 특수성이 있는 지시대상, 고유명사, 비유 표현이 SL의 문화로부터 인용된 경우는 쉽게 번역문인 것을 알 수 있으므로 실험 대상 텍스트는 이런 요인들을 배제한 텍스트를 선정하였다. 실험조건을 보면, 피험자는 총 27명으로 번역을 공부하는 학생 및 교사를 선정하였고, 핀란드어 원문, 번역문을 각각 20개씩 선정하였다. 길이는 100자에서 300자로 각 텍스트를 '원래 모국어로 쓴 글', '번역문', '알 수 없음'으로 구분하도록 하고 피험자들이 코멘트를 기입하도록 하였다. 실험 결과 646/1051으로 61.5%의 정확성을 보인 반면, 29개 텍스트는 판단을 내리지 못한 것으로 나타났다.

Tirkkonen－Condit의 연구 결과에서 우리는 판단이 엇갈린 부분에 주목해야 할 것이다. 그것은 번역문이 원문으로 인식된 경우, 바람직한 번역문의 조건을 알 수 있고 이는 역으로 독자가 생각하는 번역투가 무엇인지 반증해 주기 때문이다. 피험자들의 코멘트를 분석해 보았더니, 독자들은 원문으로 보이는 언어적 특징을 유창하고 자연스럽고, 관용적이고도 전문적인 것 같기 때문이라는 이유를 제시하였다. 또한 가독성과 자연스러운 대화, 참신한 어휘와 다채로운 상상력도 원문의 언어적 특징으로 꼽았다. 결국 이런 언어적 특징을 달성하지 못할 경우 '번역투'의 문제가 나타나게 됨을 알 수 있다. 피험자들은 번역문이라고 생각되는 원인으로서 서투르고 관용적이지 못하기 때문이라고 지적하였다. 하지만 Tirkkonen-Condit는 실험 결과의 양적 데이터에 따라 언어적 특징만으로 원문과 완전히 구별되지는 않는다고 결론짓고 있다. 즉 Tirkkonen-Condit는 번역사의 숙련도가 원문과 번역문의 차이를 드러내지 않도록 해 준다고 보았다. 하지만 그의 연구 결과는 몇 가지 문제점 및 한계도 갖고 있다고 판단된다. 우선 텍스트의 길이가 적당했느냐의 문제와 실험에 사용된 번역의 질이 일정했느냐 그 판단을 누가 내렸는가, 피험자들이 일단 번역과 관련이 있는 사람들이니만큼 그들이 그 실험의 목적을 알고 있었다면 실험에 임하는 태도에 어떤 영향을 미쳤을 가능성이 있다는 점, 결국 일반적인 독자층을 대표할 수 있는가 하는 피험자의 대표성의 문제 등을 우선 지적하지 않을 수 없다. 따라서 일반 독자의 '텍스트 읽기' 실험을 연구방법으로 생각한다면 이 문제를 어떻게 조정할 수 있느냐 하는 부분도 실험 결과 및 연구에 대한 기여도 등에 상당한 영향을 미칠 수도 있을 것으로 판단된다.

본 연구에서는 상기와 같은 선행 연구에서 실시된 실험 설계상의 문제점을 개선한 연구방법을 고안하여, 보다 객관적이고 신뢰성 있는 가독성 실험을 실시하도록 유의하였다.

Ⅲ. 과정지향적 번역 연구

1. 번역 과정 연구의 필요성 및 특성

지금까지 번역학의 주된 연구방법은 원문과 번역문의 대조 분석이었다. 커뮤니케이션상의 등가와 같은 현재의 번역학의 중심 개념 중 많은 내용은 원문과 번역문의 관계에 대한 자세한 연구가 바탕이 되었고, 이런 접근방법은 결과 중심적이며 원문과 번역문의 객관적 존재를 바탕으로 한다(Shreve, Schäffner, Danks, 1993, p.22). 그러나 우리는 번역사들이 익숙하지 않은 단어를 다루고, 원문에 대한 전반적인 센스를 이용하고, SL과 TL 독자들 사이의 문화적 괴리를 이어 주기 위해 전략을 구사한다는 사실을 알고 있다. 이러한 전략들은 번역문[24]이라는 최종 결과물에는 거의 드러나지 않는다(Fraser, 2000, p.118). 따라서 기존의 ST－TT의 대조 분석만으로는 실제로 번역사가 어떤 전략을 동원하여 어떤 과정을 거쳐 독자에게 도달하게 될 번역문을 생산하였는지 알 수 없다. 일찍이 Koller(1974)는 번역학의 전통적인 결과중심적 연구방법론의 한계에 대해 "안타깝게도 최근의 번역학은 번역을 언어 간 커뮤니케이션의 일종으로 보고 추상적인 언어학적 모델만을 제시할 뿐, 번역 과정이 지닌 심리언어학적 자질은 설명하지 못한다."(Krings, 1986, p.264에서 재인용)라고 문제를 제기한 바 있다. 이렇듯 번역학 내에서도 번역 과정에 대한 연구의 필요성이 제기되고 있다.

최근 들어 번역 과정에 대한 연구가 비교적 활발히 이루어지고 있다고는 하나, 여전히 원문－번역문의 대조 분석이나 코퍼스를 이용한 정량 분석에 비해 미진한 것이 사실이다. Krings(1987)는 현재까지의 이론적인 모델은 번역과 연관된 실제 과정을 예견하지 않으며, 오히려 오도할 수도 있다고 주장하였다(Kiraly, 1995, p.12에서 재인용).

번역 과정에 대한 연구는 번역학의 학문적 발전 단계상으로도 중요한 의미를 지닌다. 즉, 학문으로서의 번역학 발전에서 매우 중요한 두 번째 단계로서, 학문으로서의 독립성이 일단 확립되면 번역학의 주제, 즉 번역 과정과 그 과정에서 나온 결과물에 대한 연구가 필요하다(Malmkjær, 2000, p.169).

번역은 번역사가 주체가 되어 일어나는 행위로서 번역 과정을

---

24) 일반적으로 번역학에서 번역 과정은 번역사가 ST의 부호를 적합한 TL 텍스트의 부호로 바꾸어 주는 연속된 집합체나 기능을 가리킨다. 번역 과정에는 구성 성분(단계, 작용, 하부 처리 과정, 절차)이 있고, 이 성분들이 텍스트적 표현으로 응용된 결과가 TT이다(Shreve, Shäffner, Danks, 1993, p.23).

알기 위해서는 번역사의 머릿속에서 일어나는 일을 알아야 할 것이다. 그러나 번역 과정에 대한 연구는 "black box"(Toury, 1982)라는 말처럼 결코 용이한 일이 아니다. 이러한 연구의 어려움으로 인해 번역 과정에 대한 연구가 번역학 연구 중에서도 최근에 연구되기 시작한 이유 중 하나일 것이다. 또한 경험적 실험에 의한 접근방법은 번역학에서 비교적 새로운 방법으로서 전통이 없기 때문에 경험적 연구 프로젝트를 시작하기 어렵게 한다. 자연과학, 최근의 사회과학은 확립된 이론적 방법론적 분야에 의지할 수 있지만 번역학의 경우 그럴 수 없다(PACTE group, 2000, p.99).

번역사의 번역 과정에 대한 연구는 번역학 내에서도 비교적 최근에 시작된 분야로서, 주로 번역사의 인지적 처리 과정으로서 이해하고 또 그런 접근방법을 통해 연구되고 있다. 번역 과정 연구방법론으로서 대표적인 것이 바로 TAP(사고발화법(Think-Aloud Protocol), 이하 'TAP'이라 한다) 이다. 이 방법은 번역학 연구방법론으로서 시작된 것은 아니었고, 인간의 심리연구를 위해 Ericsson과 Simon(1984)에 의해 처음으로 시도되었다. 그러나 현재 번역사의 번역 과정에 대한 연구방법론으로서 가장 널리 사용되고 있는 방법이라 할 수 있다. 즉, TAP[25]는 번역과 관련된 정신적 처리 과정에 접근하는 방법, 블랙박스에 들어가는 방법으로서 활용되어 왔다.

후술하겠지만 번역 과정의 연구방법으로서 TAP에 대한 비판이 많이 제기되고 있고 실제 문제점도 지적되고 있지만, 번역 과정에 대한 효과적인 연구방법으로서 TAP은 여전히 유용성을 지니고 있

25) Kiraly는 번역사의 블랙박스를 규명할 수 있는 방법으로 TAP을 "TAP 연구와 심리언어학 이론은 번역사의 내적인 처리 과정의 일부 측면을 묘사할 수 있게 해 주었다. 오랫동안 번역사의 블랙박스로 생각되던 외부 껍질을 벗겨 냄으로써 말이다."(1997, p.150)라고 묘사하였다.

는 것도 사실이다. 즉, TAP은 문제점과 한계를 지니고 있지만 연구자가 연구 목적에 맞게 구체적인 방법을 고안하여 실행한다면 여전히 상당히 유용한 연구방법이라 할 수 있다.

따라서 본 연구는 연구방법론의 하나로 'TAP'을 활용하여 번역사의 번역 과정을 통해, 과연 일한 번역에서 번역사가 일본어 원문, 즉 원문의 언어적 구조의 영향을 얼마나 받는지 알아보고자 한다. 실험 결과 생산된 피험자의 번역물을 분석하여, 만약 TAP에서 피험자가 원문의 영향을 전혀 받지 않는 것으로 나타난다면, 원문의 간섭에서 자유로웠기 때문이거나, 혹은 피험자가 언어 간섭의 가능성에 민감하지 않기 때문이라는 가설이 가능해진다.

번역 과정[26]은 분명히 역동적이고 복잡하다(Shreve, Schäffner, Danks, 1993, p.23). 따라서 번역 과정에 대한 연구는 그 특성상 경험적이고 실험적인 연구방법론을 따를 수밖에 없는데, 홈즈는 번역학을 경험적 원칙이라 보았고 "설명되고 예측될 수 있는 수단을 통해 우리의 경험 세계 속에 있는 특정 현상을 묘사하고 일반적인 원칙들을 확립하는 것"을 목적으로 한다(Holmes, 1988, p.71)고 하였다. 현재 번역 과정에 대한 연구는 번역학 내에서 서서히 그 입지를 확고히 하고 있으며, 다양한 분야에서 TAP을 비롯한 번역사의 번역 과정에 대한 연구가 이루어지고 있다. 그러나 거의 유일한 연구방법으로 제시된 TAP에 대한 비판도 많지만 아직까지 이를 대체할 만한 연구방법이 제시되고 있지 않고 있는 상황이다. 물론 몇몇 연구자들을 TAP의 문제점들을 보완하는 독자적인 방법

---

26) Séguinot는 "과정으로서의 번역에는 한 텍스트에서 다른 텍스트로의 의미 전달 이상이 관여한다. 의미는 역동적으로 구축된다."(1996, p.85)고 하여, 번역 과정의 역동성을 강조한 바 있다.

론을 제시하고는 있으나, 모두 개인적인 차원에 머물러 있으며 일반화되기까지에는 이르지 못한 현실이다. 여기에서는 번역학자들은 번역 과정을 어떻게 이해하고 있는지 알아보고 또 그들이 제안하는 연구방법론을 살펴봄으로써 본 연구에 대한 시사점을 얻고자 한다.

Beeby(2000)에 따르면 현재 번역연구방법론은 크게 두 가지 추세를 이루고 있다. 즉,

① '과학적' 접근방법으로서 '객관적 진실'에 도달하는 것이 목적이며,

② '전통적' 접근방법이다.

이 중에서 어떤 모델을 선택할 것인지는 연구 중인 문제의 유형에 따라 달라지며, 번역학 전체와의 연관성, 즉 연구의 결과가 어디까지 일반화될 수 있는지에 달려 있다.

번역 과정에 대한 연구는 번역사의 머릿속에서 일어나는 과정을 연구해야 하는 어려움을 안고 있기 때문에 실제 실험에 한계가 있을 수밖에 없다. 물론 타 분야에서 시작된 TAP이 데이터 도출에 성공적으로 도입되었지만 그 사실 자체가 번역 연구에도 비슷하게 적용하는 것이 가능하다는 사실을 보장해 주지는 않는다 (Jääskeläinen, 2000).

Jääskeläinen(2000)는 번역 과정 연구의 문제점을 논하고 있는데, 우선 번역학 연구에서의 실험은 실험 연구에 관한 지식이 부족하다는 점에서 어려움을 겪는다고 보았고, 그 원인이 번역학이 전통적으로 텍스트, 언어, 문화를 다루어 왔기 때문에 작업 중인 인간의 마음을 어떻게 연구해야 하는지 알 필요가 없었기 때문이라고 하였다. 따라서 이론들을 쌓고 시험 가능한 가설들을 만들어 내는

데 필요한 신뢰할 수 있는 일반화가 필요하다고 주장하였다. 이렇게 번역 과정에 대한 실험을 고안할 때 중요한 일은 번역사의 행동과 잠재적으로 관련 있는 변수들을 밝혀내는 일이다. 즉 그런 변수들의 역할과 중요성은 특정 목적을 위해 특별히 고안된 실험을 통해 테스트되어야 한다고 하였다.

2. TAP(Think-Aloud Protocol)

(1) TAP에 대한 비판[27] 및 유용성

TAP의 한계는 여러 번역학자들이 지적하고 있지만 우선 TAP는 대개 독백인데 이는 일부러 부자연스러운 상황을 연출한다는 단점이 있다. 또한 숙련된 번역사일수록 그들의 생각을 덜 말하는 것으로 관찰(Kussmaul)되었기 때문에 실제 TAP이 번역사의 번역 과정을 살펴본다는 연구 목적을 충족시키지 못한다는 비판이 있다. 이에 Kussmaul은 대화 프로토콜(dialogue protocols)을 제안하여 피험자, 즉 번역사들이 보다 심리적으로 안정되고 덜 부자연스러운 상황을 연출하여 번역사의 생각을 더 잘 표현할 수 있을 것으로 기대하였다. 그러나 이 방법 또한 문제점을 안고 있는데, 실험 결과 얻어진 데이터들이 주로 피험자 사이에서 일어나는 역동적인

27) 정신적 처리 과정을 관찰한 회고 데이터의 사용은 Nibett과 Wilson(1977), Seliger(1983)와 같은 언어학자들에 의해 크게 비판받았다(Kiraly, 1995, p.39).

심리 처리 과정과 연결되어 있다(cf. Kussmaul 1989a: 370ff)는 한계가 있었던 것이다. 게다가 부가적인 인지 처리 과정은 실제 일에서 인지적 자원을 사용하여 의식적인 생각들을 말로 할 필요가 있으므로 결과적으로는 번역사들의 실제적인 능력을 반영하지 않는 결과를 생산한 것으로 생각되었다.

또한 구어 데이터의 정신적 처리 과정을 ① 동시적(simultaneous) ② 상호의존적(interdependent) ③ 전체적(holistic)인 것으로 볼 때, TAP은 단순히 한 가지 주안점(dimension)에 의해 번역 처리 과정을 묘사하는 것으로서, 객관성 확립에 어려움이 있다고(Hönig, 1991, p.78) 할 수 있다.

회고적 데이터에 대한 주된 비판 중 하나는, 그 실험 결과가 결코 완전할 수 없다는 점이다. 즉, 인지적 작업이 관련된 정신적 과정을 전부 발화할 수는 없다는 점이다(Kiraly, 1995, p.41). 물론 TAP의 발화는 불완전하며 모든 것을 드러내지는 않지만, 번역 과정을 드러낸다는 사실 자체가 중요하며(Kiraly, 1995, p.41), 발화는 인지처리 과정 자체를 방해하지는 않으며 (번역) 행위를 조금 늦추는 영향을 줄 뿐(Bernardini, 2001, p.242)이라는 주장에서 TAP의 유용성을 확인할 수 있다.

또한 "정신적 사건의 존재와 관련하여 생산물과 과정에 대한 만족스러운 정의가 없는 것이 문제"(White, 1980, p.105)이며, 나아가 그 과정들 사이에 일어나는 생산물과 과정 사이를 구분할 수 없다(Smith and Miler, 1978, Kiraly, 1995, pp.39-40에서 재인용)는 근본적인 문제 제기에도 불구하고 "TAP은 사실을 더 확실하게 보도록 도와줄 수 있다."(Kussamul & Tirkknen-Condit, 1995, p.179)는 말처럼 TAP는 현재로써 번역 과정에서 번역사의 의식 구조에 접근할 수 있는 방법으로서 그 유용성은 충분하다 할 수 있다.[28)]

회고적 데이터의 유용성에 대한 논쟁의 역사는 길다. 그러나 정신적 과정을 연구할 수 있는 다른 기술의 부재와 연구의 중요성 증가로 인해, 현재는 회고적 데이터의 사용은 적어도 부분적으로 합리화된 것으로 보인다. Borsch는 "연구자들은 사고발화법이나 본인에 의한 과정연구의 방법들이 사람이 생각이나 행동을 할 때, 마음속에서 무엇이 일어나는지 접근할 수 있는 유일한 방법이라는 사실을 점차 믿게 되었다."는 결론을 내렸다(1986, p203, Kiraly, 1995, p.41에서 재인용).

TAP[29)]이 번역사의 번역 과정을 유추해 볼 수 있는 중요한 연구방법 중 하나이지만, 태생적인 한계점을 지니고 있는 것도 사실이다.

---

28) Krings(1986)는 외국어 학습자를 연구 대상으로 TAPs을 실시하면서, 연구방법으로서 TAPs 사용이 지닌 합리성을 다음과 같이 설명하고 있다. 즉, ① 번역은 그 특성상 언어적 처리 과정이고, 발화는 단기기억에 언어적으로 구조화된 정보를 외연화하는 데 유용하다. ② 정보 처리 사이의 시간차와 발화는 TAP을 통해 보면, 수 초를 넘지 않는다. ③ 번역 과정에 대한 연구는 아직 태동 단계이고, 가설에 대한 시험이 그 대부분을 차지한다. ④ TAP기술은 번역 과정에 가장 직접적으로 접근할 수 있는 수단을 제공한다.

29) TAP을 이용하는 연구자는 보다 정확한 결과를 얻기 위해서 실험 환경에 주의를 기울여야 한다. Bernardini(2001, pp.242-243)는 인지과학의 관점에서 TAP 실험에 영향을 미칠 수 있는 요소를 정리하였다.
① 생각의 동시 발화만이 피험자가 비교적 긴 일(10초 이상)을 수행하는 동안의 정신 상태를 완전히 나타낼 수 있다고 주장한다.
② 실험이 정신 상태를 왜곡 없이 반영하기 위해서는 피험자가 사회적 상호 작용에 참여하고 있다고 느끼도록 해서는 안 된다. 피험자와 실험자 간 상호 작용(또는 피험자끼리)은 피하거나 적어도 최소한으로 줄여야 한다. 상호 작용이 있는 경우에는 환경적 유효성이 인정되지 않는다. TAP는 완전한 독백이어야만 하며 그렇지 않은 경우는 TAP이라 할 수 없다.
③ 연습과 경험은 STM(Short Term Memory)에서 수행되는 처리 과정의 양에 영향을 미친다. 경험이 많은 피험자는 정신 상태를 나타내는 발화의 양이 적게 나타난다.
그 이유는 '자동(automation)'으로 설명된다. 즉, 자동처리 과정은 의식적으로 이루어지는 과정보다 빠르고 능률적이다. 그러나 이 과정은 신축적이고 필요에 따라 수정하기가 더 어렵다.
④ 이 모델은 데이터 수집보다 피험자의 개성과 개인적 사정의 영향을 고려해야 한다.

이에 번역 과정 연구자들은 TAP을 보완할 수 있는 새로운 방법론들을 제시하고 있다. Jääskeläinen는 만약 잠재적 변수들이 보다 세심하게 계획된다면 실험의 개연성에 있어서 보다 확고한 입지를 가질 수 있을 것으로 보았다. 이렇게 실험에 관련된 변수를 확정하기 위해 Jääskeläinen(2000, p.72)는 '예비실험(Pre-experimental Testing)'을 도입하였다. 즉, 번역사의 배경이 번역물에 영향을 미친다고 보고, 번역사 개인에 대한 정보를 TAP 실행 전에 파악함으로써 TAP을 통해 얻어진 데이터 분석에 도움을 줄 수 있다고 보았다. Jääskeläinen(2000)에 따르면 이런 종류의 정보도 번역사의 행동에 있어서 중요한 역할을 하는 요인으로서 흥미로운 시사점을 던져왔었다는 것이다. 실제로 번역사의 언어 습득, 번역 교육, 전문 번역사로서의 경력, 특화 분야의 여부 및 개인적인 성향 등을 사전에 파악하는 것은 번역문의 분석에 중요한 변수로 작용할 것으로 생각되며, 향후 본 연구의 TAP 실행에 있어서도 이와 같은 선행테스트가 반드시 필요할 것으로 본다.

Jääskeläinen(2000)의 실험 결과를 보면,

① 4명의 프로페셔널 중에서 차이점은 피험자의 스트레스가 많은 상황에 대한 인내심 같은 개인적 성향 차와도 연관이 있을 수 있다.
② 실험에서 나타난 전문 번역사들 사이의 차이점은 그들의 언어 기술(skills)과도 관련이 있을 수 있다.

요약하자면 만약 실험적인 번역 상황에 참여한 사람들에 대한

이런 종류의 정보가 부족하다면, 번역에 대한 TAP 연구로부터 신뢰할 만한 결론을 이끌어 내기란 어렵다는 것이다. 따라서 번역사의 신상 및 번역 능력에 대한 정보를 충분히 확보하는 것이 TAP 실험 결과의 유용성을 높이는 데 상당한 영향을 미칠 것으로 보인다.

Matrat(1992)는 2인 공동(joint)번역을 주장한다. 즉, TAP의 피험자는 혼자 독백하는 상황을 부자연스러움을 지나치게 의식하고 또 자신의 번역물이 평가될 수 있다는 생각에서 보다 안전한 방법을 택하려는 경향을 보이며, 또 어색한 상황을 적극적인 발화가 이루어지는 것을 방해하게 된다. 따라서 다른 동료 번역사와 공동으로 번역을 하게 되며, 이러한 부담감을 덜어 주게 될 것으로 생각한 것이다. Matrat의 2인 공동(joint)번역 실험 결과 실제로 피험자들이 보다 적극적으로 발화에 참가하였는데, 역시 번역 결과에 대해 체면을 깎일 위험성이 감소되었기 때문인 것으로 분석되었다. 공동(joint)번역 과정에 대한 관찰은 몇 가지 흥미로운 결과를 보여 주었고, 특히 교육적으로 참고가 된다(Jääskeläinen, 2000).

그러나 이 방법 또한 문제점을 안고 있다. 번역 작업은 통상 공동 작업이 아니라 번역사가 혼자 하는 작업이므로, 이 실험이 번역의 실제 현실을 잘 반영하였다고 보기 어렵다는 점이다.

또 Jääskeläinen(2000, p.74)는 '사전(事前) 작업(warm－up task)'을 통해 TAP을 보완하고자 하였다. TAP 실험의 대상이 된 번역사들이 실제 번역 과정과 달리 인공적으로 고안된 번역 과정에 쉽게 익숙해지지 않아 결국 적극적으로 말로 표현하지 못하는 TAP의 문제점을 보완하기 위해 고안된 방법으로서, 피험자가 실험의 어색함을 극복하는 데 도움을 주어 실험이 시작되자마자 말을 잘하게 된다.

Beeby(2000, p.52)는 번역에 결정적인 영향을 미치는 번역사 개인에 대한 정보를 설문조사(Questionnaire)를 통해 파악하여 실험의 변수를 확실하게 반영하는 방법을 제안하고 있다. 그 내용은

① 전문 번역사로서의 경험에 대한 정보를 밝히는 최초 설문, 번역방향(A－>B, B－>A)의 경험, 훈련, 연령, 번역과 번역 능력에 대한 생각.

② 마지막 설문은 번역사와 텍스트의 '문제들'에 대한 정보, 자신의 번역에 대한 평가와 사용된 전략으로 확장된다.

그러나 연구 결과 문제점이 드러났는데, 연구의 목적이라고 할 수 있는 전문 번역사들의 발화 데이터가 충분히 얻어지지 못한 것이다. 이렇게 프로 번역사의 의사결정 전략이 드러나지 않은 원인에 대해 우선 실험에서 사용된 텍스트가 발췌된 텍스트였으며, 시간적 제약의 영향을 많이 받았고, 무엇보다도 내용이 어려운 텍스트를 번역하도록 한 것이 결정적인 요인이었던 것으로 분석되었다. 즉, 피험자들은 번역이 너무 어려워서 실패에 대한 두려움으로 적극적인 발화를 피하고 소극적으로 행동하게 만들었다는 것이다.

이처럼 TAP의 실험방법에 따라 생산되는 데이터의 양이나 질에도 큰 차이가 생기는데, 공동(joint)번역에서 적극적인 발화가 이루어진 것은 함께 문제 해결에 임하기 때문에, (그리고 텍스트에 대한 이전 경험으로) 3명의 피험자로선 자신의 체면이 덜 손상되는 일이며 따라서 더 말로 잘 표현하기 쉬웠던 것으로 해석된다. 결

국, TAP에서는 그 방법론 이전에 데이터 도출 조건에서의 잠재적인 변수 파악과 확인에 더 집중해야 한다고 볼 수 있다. 그러나 현재의 과정 중심적인 번역 연구 단계에서 TAP나 공동 번역 중 번역을 관찰하는 데 어떤 것이 더 이상적인 방법인지 결정하기는 불가능하다.

(2) TAP의 실례

Jääskeläinen(2000)은 프리랜서 번역사와 회사의 업무상 파트너의 번역 결과를 비교하고 있다. 그는 두 사람이 TAP을 통해 생산된 각 8개 텍스트를 분석하였는데, 2단계로 분석하였다.

① 원문의 통사적 구조를 비교하여(16개 번역물에 대해), 그 번역물이 제시된 정보의 문장 순서와 문장 범위와 관련된 원문의 구조를 얼마나 따랐는지 보기 위해.

② 번역물을 어휘 수준에서 형식적 대응과 관련해 분석, 즉 형식적 대응에서 완전히 벗어난 예를 세었다. 생략, 첨가, (조건적) class－shifts가 일어난 경우.

Matrat(1992, Jääskeläinen, 2000, p.75에서 재인용)의 번역 대상은 3가지로 구분되었다. 즉, 신참 번역사(번역 전공 1학년 3명), 숙련된 학생(번역 전공 4학년 3명과 3학년 3명), 그리고 전문가로 적어도 10년의 경력을 지닌 전문 번역사 3명을 실험 대상으로 하였다.

Kovacic(2000)는 영화자막 번역사를 TAP 연구의 대상으로 삼았다. 또 그는 TAP의 문제점을 보완하기 위해 3단계 연구방법을 사용하였는데, 그의 연구방법은 본 연구에 적극적으로 대입할 수 있을 것으로 본다.

그는 실험을 3단계로 진행하였는데,

① TAP ② 텍스트 분석 ③ 인터뷰(ibid. p.98)이다.

실험조건을 보면, 3가지 실험에 각각 6개의 동일 피험자들이 참가하였고, 번역사들의 경력을 보면, 2명은 비교적 경험이 없는 번역사(20시간 이하의 자막 작업), 2명은 중간 정도의 경험(100∼120시간의 자막작업)을 가진 번역사, 나머지 2명은 200시간 이상의 자막 작업 경력을 지닌 숙련된 번역사였다.

Kŏvacic(ibid, p.98)는 실험의 주된 목적이 '실험에서 피험자가 말한 것이 어느 정도로 텍스트 분석과 상관관계가 있는지 보기 위해서'였다.

Kŏvacic는 TAP의 결과에 대해 신참/숙련 번역사에 차이가 났음을 보고하고 있는데, 공통적으로 실험에 참가한 피험자는 일반적이지 않은 정신적 처리 과정만 말로 표현했고, 숙련된 번역사들은 번역과 압축을 동시에 하는 기술을 가지고 있어서, 초심 번역사보다 발화가 적었다고 보고하고 있다. Kŏvacic의 TAP 실험은 '영화자막'이라는 특정 분야에 국한되어 있어서, 번역 상황이 문어 텍스트 번역과는 다른 양상을 나타낸다는 연구의 한계성이 있으나, 그가 나눈 5가지 범주[30]는 본 연구의 결과 얻어지게 될 데이터의 분

30) Kŏvacic(2000, p.98)은 실험 결과 얻은 데이터를 5가지 범주로 구분하였는데, ① 흔한

류나 분석에 시사점을 줄 수 있다고 본다.

이처럼 실제 TAP 실험 결과를 보았지만, TAP 연구에 있어서 연구자는 우선 TAP에 대한 이해가 선행되어야 한다고 본다. 즉, TAP에서 얻어지는 데이터는 어디까지나 가공되지 않은 데이터일 뿐, 연구자는

① 그것으로부터 무엇을 뽑아 낼 것인지

② 독자에 의해 창조된 TAP 텍스트의 의미를 알아야 한다.

또한 TAP의 분석은 연구자가 자신의 연구와 연관 지을 수 있는 것 중에서 발견될 것이다.

또 실험의 실제적인 문제로서 피험자의 발화 내용을 받아 적는 단계에서 연구자는 어디까지 받아 적을 것인지 결정해야 한다. 이 또한 연구자의 구체적인 연구 목적에 따라 그 범위는 달라질 수 있다.

이상 살펴본 바와 같이 TAP 실험은 여러 문제점 및 한계를 지니고 있지만, 여전히 번역 과정을 살펴볼 수 있는 방법으로서 그 유용성을 가지고 있다고 본다. 즉, 번역 분석의 특수한 방법으로 발전한 것으로서, 번역에서 특수한 문제 해결 상황에 적용된다.

TAP의 문제점이나 한계를 극복하기 위해서는 연구자의 적극적인 방법론 고안이 무엇보다 중요할 것인데, TAP의 창시자인

번역 문제(플롯 분석, '번역의 등가') ② 자막에서만 있는 '자르기' 문제(각 자막으로 대화를 끊는 방법) ③ 자막에만 있는 '압축' 문제(텍스트를 한정된 자막 안으로 짜 넣기) ④ 구어에서 문어 모드로 전환하는 문제(화면 속 구어의 맛을 자막으로 나타내는 방법) ⑤ 제작 관련 문제(타이핑, 실수, 외부의 소음 등)였다.

Ericsson과 Simon(1984)에 따르면, 피험자들은 활동 기억 내에서 적극적으로 처리되는 생각들만 말로 표현할 수 있다. 즉, 이런 행위가 어느 정도는 의식적이라는 것이다. 따라서 연구자는 피험자들이 TAP이라는 특수상황을 의식하지 않고 자연스러운 발화에 이를 수 있도록 실험 방법을 고안해 내어야 한다. 왜냐하면, 말로 표현하는 것을 억제하는 또 다른 요인은 고도의 인지적 부담인데, 즉 요구 수준이 높은 번역일 경우 처리하는 데 필요한 자원을 모두 써 버려서 말로 표현할 여력이 없을 수 있다. 또한, Jääskeläinen(2000)은 TAP 방법은 편집되지 않고 현재 진행형인 생각에 대한 즉각적인 설명을 이끌어 내는 것을 목표로 한다는 사실을 깨닫는 것이 중요하다고 주장하고, 피험자는 자신의 생각 과정이 분석될 수 있다는 점을 알지 못하도록 방법론을 고안해 내는 것이야말로 연구자의 몫이라 하였다.

(3) TAP을 통해 밝혀진 간섭 현상

Neubert는 번역이 갖고 있는 중요한 심리언어학적 자질에 대해 번역 과정에 영향을 주는 출발어-도착어 간 긴장관계(tension)를 더욱 연구해야 한다고 주장하면서, 많은 TAP 연구가 번역문의 생산이 여의치 않으며 연속적인 과정이면서 끊임없이 원문과 번역문 사이를 왕복하면서 이루어짐을 보여 주고 있고, 이는 중개자(번역사)가 전이 과정에서 사라지게 될 원문의 요소들을 계속 되살리고 다시 배치하는 어려움에서 자유로울 수 없다는 사실을 보여 준다.

그 결과 자연스레 일대일 대응의 과정으로 귀결된다고 보았다.

간섭은 두 언어 간 번역 과정 자체의 부자연스러움의 강한 영향을 받아 나타나는 현상으로, 상당히 많은 TAP 실험을 통해 제시된 사실은 부분적인 문어나 구어 번역문의 예상과 관념화에 관여하는 사람의 마음속에 TL의 흔적이 나타난다는 점이다(Krings, 1986a, 1988; Lörscher, 1991a). 중개자의 정신적 행위가 나타낸 것을 보면 번역 과정에서 원문의 단어들이 상당히 강한 영향력을 미침을 알 수 있다(Schonfeld, 1995). 또한 번역문의 생산에 있어서조차 원문의 단편적 회상이 보이는데 이는 번역사나 통역사가 번역문 생산에 있어서 끊임없이 영향을 받으며 벗어날 수 없음을 보여 준다고 하였다. 이렇듯 선행 TAP 실험을 통해서도 번역사가 간섭 현상에서 자유롭지 못한 결과가 제시된 만큼 본 연구에서도 일한 번역 시 간섭 현상의 증거를 TAP 실험을 통해 확인할 수 있을 것으로 본다.

한편 번역사의 창조성 부재로 인해 간섭의 여지가 발생한다는 주장에도 주목할 만하다. 번역의 창조성은 그만큼 힘들고 원래 주어지는 것이 아니라 획득된 것이기 때문으로, 원문의 의미론에 구속된다. 원문은 통번역사에 끊임없이 영향을 주는데 번역사는 이를 항상 자각하고 있다. 원문은 의미론적으로 구속하는 영향을 미치지만, 도착어의 텍스트 세계와 번역 상황의 요구조건은 창조성을 필요로 한다. 번역에는 창조적인 것과 주어진 부분과의 균형을 맞추기 위한 다양한 창조적 전략이 연관된다. 번역사의 창조성은 SL이나 원문이 원인이 되는 언어적 혹은 텍스트적 간섭을 없애는 역할을 한다(Schmidt, 1989).

이상에서 밝혀진 선행 연구 결과를 참고로 하여, 일한 번역에서 번역사가 원문의 영향을 받는지, 받는다면 그 구체적인 양상이 어떠한지 또 그 결과인 번역문의 완성도에 어떠한 영향을 미치는지 탐구하여야 할 것이다.

사고발화법(TAP : Think-Aloud protocol)을 통해 나타난 일-한 번역과정 연구

Ⅳ. 번역 능력

1. 번역학과 번역 능력[31] 연구

번역학에서 경험적 방법[32]을 통한 연구가 시작된 것은 1980년대 말에 들어서이다(Orozo and Hurtado, 2002). 즉 번역학 내에서도 연

31) Schäffner(2000)는 능력(competence)에 대해 다음과 같이 설명한다. 즉 번역 능력과 그 하위 능력을 얘기할 때 능력이란 용어는 번역 수행에 필요한 다른 개념 및 자질들과 종종 관련된다. 그중 가장 두드러진 것은 지식, 기술, 자각, 전문적 기술이다. 따라서 능력이란 용어는 모든 수행 능력에 대한 부가적 개념까지 포괄하는 용어로서 상위의(suprerordinate) 행위로서 정의하기가 매우 어렵다. 또한 이 능력은 특정한 일을 하기 위한 다른 요소들이나 능력을 포괄하며 이 또한 지식에 기반을 둔다. 이때 이 지식(즉, 서술적(declarative) 지식, 무엇인지를 알기)은 번역 상황에 영향을 미치는 다양한 요인들을 평가하는 기초 재료로 활용되는데 그 상황이란, 커뮤니케이션 상황에 대한 자각, 번역 행위의 목적, 커뮤니케이션 상대(즉 수행적(operative) 지식, 왜와 어떻게를 아는 것)이다. 이런 지식을 사용하고 응용하는 능력은 자각과 연결되며 이는 또 의식적인 의사 결정이나 전환 능력으로 묘사될 수 있다.

32) 번역학에서 경험적 연구는 1980년대 말에 시작된 후, 통역이 아닌 번역에 대해 양적으로도 많은 연구가 이루어졌다. 그러나 번역 능력이나 번역 과정을 전체적으로 다루는 연구가 없었고, 그중 일부 측면만 다루었을 뿐이다(Orozo and Hurtado, 2002, p.377).

구 역사가 가장 짧은 분야이다. 특히 번역 능력은 번역사의 번역 과정과 연계하여 연구되는 경우가 많으며 연구방법의 특성상 TAP와 같은 재귀적 방법이 사용되는 경우가 많다. 본고에서는 일한 번역에서 번역사들이 번역 과정에서 부딪치는 문제 해결 방식에서 번역사 개인의 번역 능력이 번역결과물의 질에 상당한 영향을 미친다는 전제를 바탕으로 하여 일한 번역이 지닌 언어 간섭 및 번역투의 문제는 번역사의 자각 내지 경험을 바탕으로 습득된 번역 능력이 없는 경우 해결하기 어려운 내재적인 문제라는 점을 번역 능력에 대한 정의 및 그 획득 과정 및 방법을 살펴봄으로써 살펴보기로 한다.

번역학에서 '번역사'에 대한 연구가 가장 늦게 시도된 것은 이해하기 어려운 부분이다. 그 이유는 번역사의 머릿속에서 무슨 일이 일어나는지 밝혀내는 것은 독자적인 연구방법이 아직까지 개발되지 못한 상태에서 신경심리학의 연구방법론을 차용하여 이루어지고 있는 현실과 번역 능력이라는 추상적인 개념에 대한 정의가 어렵다는 근본적인 문제점이 번역 능력 습득 및 번역 과정에 대한 연구를 가로막고 있었기 때문이다. 그러나 이러한 연구방법론상의 문제점에도 불구하고 번역 능력의 속성[33]을 밝혀내기 위한 연구는 현재 번역학에서 중점적인 논점의 대상이 되고 있으며(PACTE, 2000),[34] 번역되는 방법을 설명해 주는 모델은 경험적 연구가 병

33) 번역 능력의 속성과 구성요소에 대한 연구는 최근 들어 번역학에서 관심의 초점이 되고 있다(Kiraly, 1995, p.14).

34) 번역 능력과 관련된 3가지 중요한 이슈로는
① 번역 능력의 구성요소
② 번역 능력의 속성
③ 습득 방법(PACTE group, 2000, p.100)이 있으며, 이 중 번역 능력의 속성은 현재 번역학에서 논점의 대상이 되어 있다(PACTE group, 2000, p.101).

행되어야만 하며, 마찬가지로 경험적 묘사는 개선된 모델을 위한 가설을 제시할 수 있어야 한다는 Séguinot(1996, p.77)의 지적처럼, 번역 능력 및 번역 과정에 대한 경험적 관찰을 바탕으로 한 번역 과정 및 능력의 본질에 대한 규명이 선행되어야 한다.

(1) 번역 능력 연구의 문제점

번역학은 아직까지 일반적으로 수용될 만한 번역 능력 모델에 대한 정의를 제시하지 못하고 있다(Orozo and Hurtado, 2002). Orozo와 Hurtado(2002)는 그 이유를 두 가지로 제시하고 있는데, 즉 개념정의의 문제로서 번역 능력과 관련된 명칭이 아직까지 통일되지 않았고 학자들이 번역 능력을 자주 언급하면서도 이를 구체적으로 정의하거나 그 개념을 명시하지 않고 있는 점을 지적한다. 경험적 실험에 의한 접근방법의 경우, 번역학에서 비교적 새로운 방법이고 전통이 없다는 점이 연구를 어렵게 한다. 즉 번역학의 경우 자연과학이나 사회과학과 같이 이미 확립된 방법론에 의지할 수 없다는 어려움이 있으며, 연구의 신뢰성 및 타당성에 영향을 주는 변수의 정의와 측정 수단[35]과 관련된 문제점, 실험을 통해 얻은 데이터의 분석방법을 방법론상의 문제점으로 제기한 바 있다(PACTE, 2000). 그러나 번역 능력의 이해를 목적으로 하는 경험론적 실험이야말로 새로운 관점을 열어 주었다고 평가되며, 번역 능력에 대한

35) PACTE group(2000)은 측정 수단으로, 일반적 방법(신뢰성 문제, 반복성, 객관성, 임의 변수의 통제), 설문조사와 인터뷰(객관성과 타당성 문제), TAP(상황적 타당성 문제) 등을 들고 있다.

초기 연구의 결과, 번역 과정이 기존의 개념과는 달리 선형적(linear)이지 않고 순환적이며, 또 번역사, 텍스트, 목적 등에 따라 상당히 달라진다는 점도 밝혀냈다(PACTE, 2000). 또 Orozo와 Hurtado의 지적처럼 번역 능력이나 번역 과정을 전체적으로 다루는 연구[36]가 이루어지지 않았고 그 일부 측면만 다루었다는 점도 문제점이라 할 수 있다. 번역 능력에 대한 연구를 포함하여 경험적 연구방법에 대한 비판은 3가지로 집약되는데, 사용 샘플, 연구 설계, 데이터 도출을 위한 수단으로서의 TAP에 대한 문제점들이다.

첫째, 샘플과 관련된 2가지 문제는 샘플 크기가 너무 작거나 연관성이 있는 결론을 이끌어 내지 못하거나 일반화되지 못할 결론을 도출하는 경우,

둘째, 샘플이 종종 목표 모집단을 대표하지 못하는 경우로서, 결과적으로 실험 결과가 일반화되지 못하고 말았다(Orozo and Hurtado, 2002). 따라서 앞으로 번역사의 번역 능력에 대한 연구를 진행하는 데 있어서 보다 정교한 연구방법론의 확립이야말로 연구결과의 일반화 및 번역학 내에서의 경험적 연구 전통 확립을 위해 필수 불가결한 요건이 될 것이며, 연구방법 설계에서 대상 샘플의 크기와 대표성, 변수 설정 등에 특별한 주의가 필요하다.

---

36) Orozo는 번역 능력에 대한 연구 분야를 6가지로 구분하였다.
① 번역 과정에 관련된 일부 요소에 대한 연구
② 번역 문제와 전략
③ 번역 능력의 구성요소
④ 프로 번역사의 번역 능력
⑤ 번역 훈련
⑥ 측정 수단으로서의 TAP이다(2000, pp.48－49).

2. 번역 능력의 정의[37)]

번역 능력에 대한 정의는 번역 행위 및 번역 과정 자체가 지닌 주관성과 객관적 입증이 어려운 문제점으로 인해, 각 학자들의 관점에 따라 다르게 나타난다. 그러나 일한 번역에서 간섭 현상과 번역투의 문제에 대해 고찰할 때, 일한 번역에 국한되는 문제가 아니라면, 결국 번역사의 능력이 부족하여 나타날 수 있는 문제로서 재고할 여지가 없을 것이므로, 번역 능력 및 번역사의 능력에 대한 고찰이 선행되어야 할 것으로 본다. 번역 능력에 대한 학자들의 정의를 살펴봄으로써 실험 결과 분석에 대한 시사점을 얻도록 한다.

전통적으로 번역 능력을 보는 관점은 크게 '선천적인 능력'과 '후천적(또는 학습지향적) 능력'으로 보는 관점으로 나눌 수 있다. 본 연구는 번역 능력이 이중화자의 기본적인 언어 능력과는 별개의 능력으로서 학습에 의해 습득·숙달될 수 있다는 점을 전제로 하기 때문에 번역 능력을 보는 각 관점을 살펴볼 필요가 있다.

선천적 능력을 주장한 대표적 학자는 Harris이다. Harris(1977)와 Harris와 Sherwood(1978)[38)]은 '자연 번역(natural translation)'이라는

37) 목적지향적 행위(purposeful activity)로서의 번역(Nord, 1997)은 독특한 능력을 요구하는데, 이는 정의하기가 더 어렵다.

38) Krings(1986)는 Harris와 Sherwood의 주장을 다음과 같은 이유로 반박한다. Harris의 실험 과정이 번역 능력은 이중화자의 타고난 능력이라고 일반화시키는 데 무리가 있다고 본다. 즉, Harris는 번역을 '타고난 기술'과 과도하게 연계하고 있고, 따라서 실제 번역에 영향을 미치는 외적 요인과 개인차를 설명하지 못하며, Harris의 실험 대상이 2세 어린이가 한 간단한 번역 예에 크게 의존하고 있으며, 대부분의 연구자들이 번역을 텍스트에 기반을 둔 현상으로 간주하는 점에 주목해야 하며, 무엇보다 Harris가 수집한 데이터는 방법론상으로 부적절하다는 점을 지적하고 있다. 즉, 극단적인 경우, 피험자에게 18년 전의 언어적 사건을 '회고'할 것을 요구하고 있다.

개념을 제안하였다. 이는 이중화자들의 능력으로, 언어 능력이 발달함에 따라 파생되는 능력으로 보았다(Shreve, 1997, p.121). 한편, 선천적 번역 능력의 입장에 있는 Toury(1986)는 Harris와는 다른 의미의 자연 번역을 주장하였다. Harris와 Sherwood처럼 Toury도 이중언어 능력을 번역 능력의 기본으로 보았다. 그러나 Toury는 번역 능력이 이중언어 능력의 파생물일 필요는 없다고 믿었다. Toury는 단순히 언어 능력의 발달이 번역 능력을 창조한다고 볼 수는 없다고 믿었으며, 번역 능력은 부가적인 능력으로서 단지 이중언어 능력의 향상에 의해서만 나타나지는 않는다고 보았다. Toury는 이를 '전달 능력(transfer competence)' 즉, 텍스트를 옮겨주는 능력이라고 불렀다.

한편, Hönig(1988)은 후천적 관점을 옹호하였는데, 번역을 원칙이 있는 전략적 처리 과정으로 보고 텍스트 분석에서 시작하여 특정 독자와 텍스트 기능을 가진 번역문으로 결론이 나기 때문이라고 보았다(Kiraly, 1995, p.16에서 재인용). 이 밖에도 전술한 일부 번역학자들을 제외하면 현재는 번역 능력을 학습으로 습득 가능하고 발전되는 후천적 능력으로 보는 관점이 우세하다. 본고에서는 후천적 관점을 따로 명시하지는 않고, 언어 능력과 비교하는 과정에서 각 학자들의 주장을 제시하도록 한다.

(1) 언어 능력과 번역 능력

일한 번역과 관련하여 종종 언어 능력과 번역 능력의 혼동에서

오는 문제점에 부딪치게 된다. 다른 언어 배합과 달리 일한 번역에서 언어적 유사성을 가장 큰 특징으로 생각하는 일반적인 오해가 번역문의 품질에 심각한 영향을 미치는 것은 번역사의 언어적 능력만을 번역문 생산의 절대적인 전제로 생각하기 때문이다. 이는 전술한 일한 번역에서 확인되는 대응과 등가 개념의 혼동과 마찬가지로 완전히 별개인 두 능력 즉 언어 능력과 번역 능력을 동일시하는 데서 기인하는 문제라 할 수 있다. 그러나 언어 능력[39)]과 번역 능력은 전혀 다른 영역의 문제이다. 그렇다면 왜 이런 문제가 발생하는지 생각해 볼 필요가 있을 것이다. 우선 번역학 내에서조차 번역 능력에 대한 개념이 정립되어 있지 않은 채, 학자들마다 각자의 정의나 접근방법을 제기하고 있는 단계에 있다는 점을 지적해야 할 것이다. 또한 언어 능력의 정의 및 그 연구방법 또한 여전히 연구되고 있는 단계에 있는 점도 번역 능력과의 상관관계 연구에 어려움을 주는 요소라 할 수 있다. 실제로 언어 능력과 관련된 문제 제기는 여러 분야에서 나오고 있다.

즉, 언어 능력(language competence)이란 개념은 다차원적이고 조작하기가 어렵다. 만일 발음, 문법, 어휘를 구사하는 것이 언어 능력의 한 양상인 언어적 능력(linguistic competence)과 관계가 있다고 생각한다면, 우리는 그 능력을 평가하는 데 있어서 발음, 문법, 어휘들에 대한 시험을 도입할 것이다. 그러나 이 시험들은 단지 언어적 능력의 어떤 양상들만을 평가할 뿐이지 모든 언어 능력 양상을 포함하지는 않는다(Hamers & Blanc 1987, 이혜린 등 공역

39) 촘스키(1965)에 의하면 언어 능력이란 화자－청자 간에 내면화된 문법을 구성하는 언어 규칙의 지적 표지로 구성되어 있다고 한다. 그리고 언어 수행이란 실제 언어의 종합적인 발화 즉 생산을 의미한다고 한다(Hamers & Blanc, 1987, 이혜란 등 역 1995, pp.11－12).

1995, p.30). 또한, 언어 능력을 측정한다는 것은 그 언어를 말하는 모국어 화자의 언어 능력이 무엇인가에 대한 정의가 정확하게 내려져 있어야 함을 내포하고 있다(Hamers & Blanc, 1987, 이혜린 등 공역, 1995, p.31)고 하여 그 연구의 복잡성을 드러내고 있다. 앞서 번역 능력에 대한 경험적 실험의 연구방법론이 확립되지 않은 가운데 정의가 제대로 이루어지지 않았다는 점을 지적하였지만, 그런 가운데에서도 번역 능력을 정의한 학자들도 있는데 몇몇 학자들의 정의를 살펴보겠다. Bell(1991, p.43)은 "번역을 수행하기 위해 지녀야 할 번역사의 지식과 기술(skills)"이며 Hurtado(1996, p.48)는 "어떻게 번역하는지를 아는 능력", Wilss는 "SL과 TL을 이해할 수 있는 지식을 바탕으로 한 이언어 간 최상위 능력(super-competence)으로서, 텍스트 화용론적 요소를 포함하면 보다 고차원의 개개 언어(monolingual) 능력으로 이루어진다."(1982, p.58)라고 정의하였다. Wilss는 최상위 능력[40]을 단순한 이언어 간 능력이 아니라, 텍스트 간 능력으로 생각했다. 이는 외국어가 유창한 사람이 반드시 훌륭한 번역사가 될 수는 없는 사실을 설명해 준다(Kiraly, 1995, p.14에서 재인용).

한편 PACTE 연구그룹(2000)은 "번역을 하기 위해 필요한 지식과 기술체계의 근원에 있는 능력"[41]이라고 정의하고 이 능력은 각

---

40) Wilss(1976)는 최상위 능력(supercompetence)을 두 언어(출발어와 도착어)의 지식 분야가 합쳐져서 효과적인 이언어 간, 텍스트 간 전달을 가져오는 능력이라고 하였다(Kiraly, 1995, p.15에서 재인용).

41) 번역 능력의 구성요소로 언어 능력, 전달 능력, 세계 혹은 주제지식(Bell 1991; Wilss 1992; Beeby 1996; Hurtado 1996a; Presas 1996; Shreve 1997 외) 등이 있다(PACTE, 2000). 또한 PACTE(2000)는 번역 능력은 ① 의사소통적 능력(communicative competence), ② 언어 외적 능력(extra-linguistic competence), ③ 방법상-프로페셔널한 능력(instrumental-professional competence), ④ 신경-심리적 능력(psycho-

각의 상황별로 달리 현동화한다고 보았다.

번역 능력의 여러 측면들에 대해 학자들은 일반적인 차원에서 언급하고는 있지만(예를 들면 Wilss, 1996, Risku, 1998, Kelletat, 1996 등), 아직까지 번역 능력이 어떻게 정의되고 발전될 수 있는지에 대한 특별한 관점은 없다(Schäffner & Adab, 2000, xiii). 또한 Ivanova(1998)는 번역 이론에서 능력(competence)과 기술(skill)[42]의 구분이 모호하다는 점을 지적하고 있다. 실제 Neubert(1992)나 Krings(1986b, p.160)는 번역 능력과 기술을 거의 동일한 것으로 파악하고 있고, Neubert는 능력을 '복잡한 지식과 기술'의 합(1992, p.412)으로 규정하고 있다. 사실, 번역 이론과 번역 능력에 대한 연구가 충분히 이루어지기 전까지는 번역 능력을 일종의 '타고난 재능'으로 보는 경향이 지배적이었다. 그러나 Neubert는 Shreve와의 공저(1992)에서 "번역을 위한 기본적인 능력은 타고난 언어 기술"(Harris and Sherwood 1978, p.155), 또는 "자연 번역"(Harris, 1977)이라는 개념을 거부한다. 언어 능력은 번역 능력의 전제이지만 그것이 필요충분조건이 아니라는 점에 있어서는 기본적으로 합의가 이루어져 있다고 할 수 있다. "다른 복잡한 행위와 마찬가지로 이 독특한 능력을 세분화하여 그 각각을 연구하고 이를 통합하

---

physiological competence), ⑤ 전달 능력(transfer competence), ⑥ 전략적 능력(strategic competence)으로 구성된다고 보았다.

42) Fraser는 번역 능력을 여러 '기술의 집합(skill-set)'(2000, p.117)으로 본다. 이런 기술들은 성공적인 번역사가 필요로 하는 기술의 집합이라고 보고 있다. 구체적으로는 6가지 분야로 정리하였는데, 뛰어난 핵심 언어 기술, 텍스트 기술(보다 직접적인 어휘나 통사뿐 아니라 실용적 범주에 따라 텍스트를 처리하기 위한 능력), 문화 간 기술, 비언어적 기술(조사, 전문용어, IT, 프로젝트 운영 기술 등), Mason(개인적 견해)이 말한 '태도적 기술(attitudinal skills)', 현존하는 번역 이론이나 번역사의 일을 위한 실제적인 이론을 형성하기 위해 응용할 기술이라고 정리할 수 있다.

려는 시도가 이루어져 왔다. 이 중 하위 능력(sub-competence)가운데 가장 자주 확인되는 것이 언어 능력이다. 이는 핵심적이고 근본적인 능력이기는 하나 그 자체만으로 충분하지 않다."(Schäffner, 2000, xi)는 주장을 통해 보듯이, 언어 능력은 번역 능력의 전제이지만 그것이 필요충분조건이 아니라는 점에 있어서는 기본적으로 합의가 이루어져 있다고 할 수 있다. 즉, "번역 연습과 번역 교육은 독특한 능력을 필요로 하며 그 전체를 이루는 능력들의 총합인 번역 능력은 SL과 TL에 대한 능력이다."(Neubert, 2000, p.3)는 이러한 기본적 인식을 잘 보여 준다. Presas(2000)는 번역 능력을 번역에 필요한 지식 체계로서, 서술적(declarative) 또는 활동적(operative) 지식이라고 정의하며, 언어 능력과 번역 능력의 관계에 대해서도, 번역 능력의 습득은 이중언어 능력을 새롭게 재교육함으로써 이루어진다고 보았다.

Malmkjær(1998)은 "번역이란 다른 언어 기술과는 완전히 다른 것"이라고 단언한다. 번역에는 분명 최소한의 SL과 TL 능력이 연관되지만, 그 밖에 다른 기술이 부가적으로 연관되는 것도 분명하다. 즉 한 시스템을 다른 시스템에 적절하게 연관시키는 능력, 즉 부정적인 간섭 현상을 최소화하고 긍정적인 간섭 현상을 최대화함으로써 가장 적절한 번역상 등가를 선택해 내는 능력이다. 따라서 번역 능력은 외국어에 대한 능력과 함께 자연적으로 발전되지는 않는 것 같다(Toury, 1986, Malmkjær, 1998에서 재인용)는 말이 더욱 설득력을 갖게 되는 것이다. Fawcett(1997)는 언어학과 번역학과의 관계를 설명하는 가운데 랑그 중심의 접근방법이 확실히 언어 체계 간 대조에는 유용할 수 있다고 보고, Delisle(1988)는 그런 것은 모든 번역사의 지식의 일부분이 되어야 한다고 주장한다. 그러나 결국 번역사의 언어 능력은 Koller(1979, p.185)의 말처럼 '외국어 능력'은 '번역사의 능력'의 기본 지식이긴 하나 그것이 전부는 아니며, 단지 두 언어를 안다는 것이 번역사가 되기 위해 필요한 모든 것이 아니기 때문이다.

번역 작업의 복잡성으로 인해 다차원적인 번역 능력이 요구되고 있다는 사실은 분명하다. 번역에는 여러 작업이 관련되며 이는 특히 번역사의 인지적 시스템을 요구한다. 번역사가 이러한 일들을 수행할 수 있게 하는 것이 바로 번역 능력이다. Neubert는 Shreve와의 공저(1992)에서 언어 능력과 번역 능력에 대해 언급하고 있는데, "숙련된 번역사라면 (번역사의) 언어 중개 능력은 보통 이중화자의 능력과는 완전히 다를 것"(ibid, p.90)이라며, 번역의 커뮤니케이션 행위로서, 물론 이중언어의 구사 능력이 전제되어야 하겠지만 부가적인 능력을 필요로 한다고 하였다. 또한, "일반적인 이야기(speech)와는 달리 번역은 자연스러운 능력이 아니며, 경험과 훈련 그리고 고객과 번역사, 또는 번역사와 독자 사이의 상호 작용의 결과가 피드백된 결과"(ibid, p.10)라고 주장한다. 이렇게 번역 능력 향상을 위한 교육의 필요성에 대해서도 실제(practice)에 바탕을 둔 번역 연구의 필요성을 역설하고 있다. '번역 능력은 무엇으로 구성되는가.'라는 본질적 문제에 대답하기 위해서는 우선 수많은 맥락과 연관된 특징들을 고려해야 하며, 이것들은 번역 지식과 기술을 구성하는 각각의 요소들에 걸쳐 있다(Neubert, 2000).[43] 이

---

43) Neubert(2000)는 이를 7가지로 분류한다.

① 복잡성(complexity)은 다른 학문적 작업과 번역을 구분시켜 주는 한 측면이다.

② 이종성(heterogeneity)으로 번역은 대개 서로 매우 상이한 기술들을 요구하며 이 기술

에 대해 Neubert(2000)는 번역 능력을 5가지로 분류하였다. 즉, ① 언어 능력 ② 텍스트 능력 ③ 주제 능력 ④ 문화적 능력 ⑤ 전달 능력이다. 이 중 ①에서 ④까지는 다른 커뮤니케이션 능력[44]과 공유될 수 있는 부분이지만 ⑤는 번역사에게만 해당되는 능력으로, 이 능력이 다른 모든 능력을 지배한다고 보았다. 즉, 이 기술은 언어 · 텍스트 · 주제 · 문화 · 지식의 필요성 충족이라는 유일한 목적을 위해 통합하게 된다는 것이다. 결국 번역학과 실제 교육에서 문제가 되는 것은 이 5가지 능력을 어떻게 효과적이고 효율적으로 그리고 적절히 연관시켜서 번역사의 능력을 향상시키느냐에 달려 있다고 본다. 번역사들은 실로 다양한 사항들이 뒤섞여 있는 번역 작업을 수행할 수 있도록 보장하는 능력을 가지고 있어야 한다. 즉, 번역 능력은 단순한 전달 능력 이상인 것이다. 따라서 일한 번역의 품질을 결정하는 것은 언어 간 치환이나 B언어에 대한 이해 능력

은 전통적 혹은 현대의 대학이나 비즈니스(또는 예술적) 커리어에서 발견되지 않는다. 즉, 문학, 기술, 법률 번역사들은 일정 수준의 지식을 결합해야 하는데 이를 위해서는 최소한 언어전문가로서 저술가나 전문가로서의 특정 수완이나 기술과 함께 모국어에 대한 기술도 필요하다.

③ 근사성(approximate nature of translation competence)

번역사가 모든 분야에 대한 완전한 능력을 가질 수는 없는 그들의 전방위적인 커뮤니케이션 기술과 깊은 지식, 전체적인 이해력 등은 소통되어야 할 내용과 형식을 전달해 내기 위해 충분히 발달되어야 한다.

④ 창조성(creativity)

⑤ 상황성(situationality)

⑥ 역사성(historicity)

⑦ 변화성(change)

이 7가지 번역 능력의 특징은 서로 복잡하게 얽혀 있지만, 개개 번역 작업에 따라 그중 특정 측면이 강조되기도 한다.

44) Shreve(1997, p.120)는 번역 능력을 특수한 형태의 커뮤니케이션 능력으로, 번역 자체에 대해 그리고 번역하는 방법을 아는 능력이라고 정의하였다. 즉, 원문에 대해 지시적으로 정확하고 그 문화의 맥락 안에서 사회적으로 적합한 잘 형성된 번역물을 생산하는 능력이라고 하였다. 그러나 Shreve는 번역 능력이 일반적인 커뮤니케이션 능력과는 달리 언어적으로 문화화한 사회 구성원 모두에게 동일하게 주어진 능력은 아니라고 하였다.

이상을 요구한다는 점에 대한 이해와 각성이 필요한 것이다.

3. 번역사의 능력

위에서는 언어 능력과 번역 능력과의 관계를 살펴보았다. 그러나 번역은 인간의 행위이며, 번역사의 능력은 번역문 생산에 결정적인 영향을 미친다. 또한 번역 과정이 원문에서 번역문을 구축하는 과정이라고 한다면 번역사는 항상 언어적 속성과 관련하여 나타나는 새로운 문제점을 추적하고 해결하게 된다(Krings, 1987; Belanger, 1992; Demers, 1992; Mondahl and Jensen, 1992, PACTE, 2000에서 재인용).

그렇다면 현재 번역사들에게 요구되는 능력은 무엇인가. 이에 대해 Neubert(2000, p.3)는 "번역사들은 실제로 점점 더 전문가의 지식을 갖추도록 요구받고 있다. 그들은 전문화 시대의 박학자인 것이다. 그들의 사고방식에는 한 언어문화권에서 다른 곳으로 의사소통할 수 있게 해 주는 모든 것들이 모여 있다."(2000, p.3)고 말하며, 나아가 번역사의 정신 상태를 "다양한 영역과 프로세스로 이루어진 끝없는 정글"(ibid, 2000, p.3)이라 하였다. 이를 보더라도 번역사의 능력이 단순히 정의되거나 파악될 수 없음을 보여 준다. 이러한 모호함에 대해 Ivanova(1998)는 번역사들에게 필요한 지식을 2가지의 주요 요소(major componenets)와 그 하위 요소(sub components)로 제시하고 있다. 즉,

① 언어 관련(language - related) - 자기 설명(self - explanatory) 요소와

② 직업 관련(job - related) - 특정 분야 지식(domain knowledge) 혹은 그 지식의 활용과 관련된 기술이다.

한편, 번역사를 뛰어난 이중언어 구사자와 동일시하는 편견에 대해 Delisle(1988, p.20)는 이중화자와 번역사의 차이를 명쾌히 구분하고 있다.

> 이중화자는 대체로 자신들의 제2외국어 지식을 구어로 의사소통하는 데 사용한다. 그러나 번역사는 텍스트를 사용한다. 따라서 번역사는 자신의 생각을 표현하는 데 자유로울 수 없다. 번역사는 원문과 원저자의 아이디어를 마음대로 할 수 있는 자유가 없다(Neubert & Shreve 1992, p.149에서 재인용).

또한 Presas(2000)도 (언어의) 양 방향 능력의 존재를 부인할 수는 없으나, 여러 학자들(Krings, Lörscher, Kussmaul 등)의 연구에서 나타난 수많은 나쁜 번역들과 문제들을 보면, 이중언어의 구사 능력은 필요조건이기는 하나 그 자체만으로 번역 능력을 보장할 수 있는 것은 아니라는 점을 분명히 하고 있다. 이처럼 번역사에게는 언어 능력 이상이 필요하다. 21세기에 들어서 번역학자들 사이에 공감대가 형성되었는데, 즉 번역은 복잡한 행위이며 많은 영역과 기술에 대한 전문적 기술이 관련된다는 것이다. 이런 작업을 수행하기 위해 번역사는 기술과 필요한 지식을 갖고 있어야 할 필요가 있다. 한마디로 번역사는 그 일을 수행하기 위한 능력이 필요하다

(Schäffner, 2000).

또한 PACTE 연구그룹(2000)은 번역사의 능력이 기본적인 번역 능력 요소 외에도 두 가지 하위능력 타입을 보인다고 보고, 첫째는 특수한 문제해결 전략과 관련이 있고(Krings, 1986; Lörscher, 1992a, 1993; Kussmaul, 1991, 1995; Wilss, 1992; Kiraly, 1995), 둘째는 번역사들이 보여 주는 신경학적 자질 및 기술과 관련이 있는데, 즉 '창조성'(Kussmaul, 1995)이나 문제해결 혹은 전략적 구성 요소, 신경-심리학적 요소의 획득과 관련이 있다고 보았다.

번역은 특정 작업의 절차 지식(즉, 어떻게 하는지)과 관련되는데 이 지식은 기술적 지식(declarative knowledge)의 광범위하고 다양한 내용에 대해서 작용한다(Ivanova, 1998, p.94). 즉, 번역은 고도로 분석된 지식과 컨트롤을 필요로 한다. 우선 번역 작업은 매우 복잡한 목적 구조를 가지고 있기 때문에 점점 수많은 맥락을 가지게 된다. 즉, 언어 간(L1과 L2지식), 문화 간(L1과 L2 문화), 의사소통적(원문의 저자-번역사-번역문의 독자), 직업상(에이전시-번역사-고객) 등이다. 게다가 "번역은 복잡한 언어 처리조건, 즉 선택 및 협동, 다양한 수준의 정보를 모니터링 하는 일까지 포함한다."(Ivanova, 1998, p.95). 또한 번역사의 능력에는 단지 두 언어 체계에 대한 지식뿐 아니라 커뮤니케이션 지식도 필요하다. 커뮤니케이션 지식은 특정 상호 작용 상황에서 언어를 어떻게 사용해야 하는지를 아는 지식이다. 번역 능력은 번역사가 번역을 하기 위해 무엇을 알아야 하고 어떻게 해야 하는지 아는 지식의 총합이다. 번역 능력은 통합된 프로세스를 통해 다양한 인지적 분야에서 비롯된다(Neubert & Shreve, 1992, p.37). 이상의 내용을 보면, 날로 복잡 다양해지고 있는 번역 환경은 단순한 언어 능력뿐 아니라 다양한 텍스트와 번역 상황에 따라 이를 해결할 수 있는 종합적인 능력을 요구하고 있음을 확인할 수 있다.

(1) 번역사의 모국어 능력

번역사의 능력에 대한 연구를 통해 번역학자들은 언어 능력이 가장 기본적인 번역 능력의 하나라는 점에는 이견이 없다. 그러나 전문 번역사의 번역 능력으로서의 언어 능력은 단순히 외국어를 구사하는 이중화자의 언어 능력과는 분명히 구분되며, 번역 능력으로서 외국어 능력, 즉 언어 능력은 다른 양상을 보인다는 사실 또한 규명되었다. 그러나 번역학 문헌에서 번역 능력의 구성요소로서 모국어와 외국어에 대해 중요하게 묘사하지 않았다(Kiraly, 1995, p.14). 이는 모국어 능력이 번역을 위한 기본 요건으로서 당연시되기 때문에 논의의 대상이 될 여지조차 없기 때문으로 해석될 수 있을 것이다. 그러나 본 연구에서는 일한 번역에서 번역사의 모국어 능력에 주목하여 번역문의 품질 및 가독성과의 관계 규명을 목적으로 하는 만큼, 번역사의 모국어 능력을 한국의 번역 현실을 배경으로 새롭게 조명하고자 한다.

유럽의 통번역계에서는 통번역사들이 자신의 모국어로만 통역·번역하는 것이 불문율화 되어 있다. 그러나 한국의 현실은 반드시 그렇지 않다. 실제로 전문 번역사들의 번역 수주 현황을 보면 오히려 AB 번역의 수주량이 BA 번역 수주량을 넘어서는 경우가 많다. 그 이유를 체계적이고 객관적인 방법으로 분석한 예는 없으나 대체로 BA 번역, 특히 실용 번역의 경우 전문 번역사에게 발주하기보다 필요에 따라 회사 등의 조직 내에서 일본어가 가능한 내부인에 의해 번역이 이루어지는 경우가 많다. TAP의 실험 대상이 된 피험자들에게 실시한 설문조사에서도 전문 번역사들의 번역 여건이 나타났는데, 모두 한국어가 모국어임에도 불구하고 실제로는 한일 번역, 즉 AB 번역을 더 많이 하고 있으며, AB 번역의 비중이 90%라고 답한 피험자도 있었다는 사실은 이러한 번역 현실을 뒷받침한다. 한국의 이러한 번역 상황을 감안하면 전문 번역사로서의 경험이 축적되면서 BA 번역 능력 및 기술이 향상된다고 단언하기는 힘들다. AB 번역과는 달리 감수자나 모니터링의 품질 관리 단계가 거의 없는 BA 번역은 전적으로 번역사의 능력을 전제조건으로 하는 만큼, 번역사의 A언어, 즉 모국어 능력을 바탕으로 한 번역 능력을 당연시하는 상황에서, 경험 축적이 번역 능력 향상으로 직결되지 않는 것이다.

번역 능력이 이중화자들이 가진 선천적 능력이 아닌 학습에 의한 후천적 능력이라는 주장을 받아들인다면, 번역 능력의 기본 구성요소인 모국어 능력 또한 학습과 개인적인 경험에 의해 계속 발전되어야 할 번역 능력이라 할 수 있다. 번역 능력이 하위 요소들 간 연결에 의해 이루어진다면 그 습득은 옛 지식의 바탕 위에 새로운 지식을 형성하는 역동적 과정일 것이다. 그 과정에서 가장 중요한 것은 '새로운 정보의 추가보다 기존 지식의 재구성이 더 중요'하다는 점이다(Pozo, 1996, PACTE group, 2000, p.101에서 재인용). PACTE 그룹의 번역 능력에 대한 연구를 보면 번역 능력은 끊임없는 발전 및 향상이 가능하며, 번역사의 경험을 기반으로 한 능력 강화가 전제가 된다. 따라서 기존 지식에서도 가장 중요한 부분이 모국어 능력이라면, 전문 번역사가 번역 능력을 획득하고 발전시켜 나가려면 우선 탄탄한 모국어 실력이 바탕이 되어야 함은 의심할 여지가 없을 것이다. Presas(2000)는 번역 능력의 발전을 3단계로 본다. ① 이전에는 없었던 능력 습득하기 ② 전달 능력을 향상시키기 위해 기존 능력을 재구성하기 ③ 전략적 능력 습득 등이다. 이 중 2단계의 전달 능력은 언어적 번역 능력으로 볼 수 있다.[45)]

모국어 능력에 초점을 둔 학자들의 견해를 살펴보면, Hönig(1991)는 학생을 대상으로 L1(모국어) 텍스트를 실시하고 '모국어 능력'의 중요성을 강조하고 있다. 그는 L1의 언어로 생산하는 기술은 번역 능력을 구성하는 언어 체계의 원칙 및 구조에 대한 지식보다 훨씬 중요하다고 하였다. 또한 한국의 경우, 전문 번역사들의 BA 번역의 비중이 적은 것과 동일한 맥락의 내용으로, Kiraly(1990)는 전문 번역사들이 모국어보다 외국어로의 번역을 선호한다고 지적(Hönig, 1991에서 재인용)한 내용은 주목할 만하다. 그의 설명을 보면, 독일어의 모든 단어의 속뜻과 미묘한 뉘앙스를 더 잘 알기 때문에 독일어 텍스트를 생산하기가 더 어렵다고 고백하고 있다. 이는 모국어로의 번역, 즉 모국어 표현에 자신이 없는 경우를 가리키는 것으로, 모국어 쓰기(writing) 능력이 담보되지 않는 경우, 전문 번역사들은 항상 모국어로의 번역을 선호하거나 자신하지는 않는 현실을 반영

45) 2단계의 능력도 3단계로 발전된다고 본다. ① 두 언어의 커뮤니케이션 능력 특화(구어, 문어의 수용 및 생산), ② 코드 변환과 이중언어 기억의 재구성(restructuring), 재교육(reorienting), 확장(broadening), ③ 간섭을 컨트롤하기 위한 기제의 통합 등이다. Presas가 전달 능력 향상 과정에 특히 간섭 현상을 조절하는 능력을 포함시킨 점은 주목할 만하다.

하며, 한국의 번역 현실에 시사하는 바가 크다.

Neubert(2000, p.17)도 번역 능력과 언어 능력에 대해 논하면서 결론적으로 번역사의 모국어가 '지극히 중요한 역할'을 한다는 사실에 주목해야 한다고 강조하고, 그럼에도 불구하고 성공적인 번역을 위해 TL 지식에 비해 과소평가되는 경우가 매우 많다는 점을 지적한다.

Li(2001)는 홍콩의 번역 교육의 현장에서 얻은 경험 및 홍콩의 특수한 현실을 바탕으로 번역을 공부하는 학생들의 언어 능력 특히 모국어 능력의 숙달이 간과되거나 경시되고 있는 현실을 지적한다. 그에 따르면 모국어의 중요성은 종종 간과되거나 번역사 훈련 과정에서 최소한의 수준 유지에 그치고 있으며 외국어를 더 강조한다(cf. Brown, 1989; Ross, 1989; Seleskovitch, 1989)고 지적하고, 그렇지만 번역을 공부하는 학생들이 항상 모국어를 능숙하게 구사한다고 생각할 수는 없으며, 모국어 숙달은 외국어만큼 중요하다고 본다. 홍콩의 경우 동일한 중국어권 화자이지만 역사적 연유로 인하여 각각 광동어와 북경어가 사용되고 있고, 중국의 공식어인 북경어는 이들에게 외국어나 같다. 물론 어렸을 때부터 자연스럽게 두 언어를 구사하여 일상생활에는 전혀 지장이 없으나, 전문 번역사로서 번역을 한다면 훨씬 높은 수준의 모국어 구사가 요구되는 것이다. 그러나 홍콩의 학생들은 모국어의 능력에 대한 교육을 별도로 받지 않으며, 모국어 능력이 수반되어 있다고 간주되고 있는 현실이다. 한국의 번역 교육의 현실도 이와 다르지 않다. 초등학교부터 대학교육까지 국어 교육을 받으나, 사실 이는 언어 자체에 대한 교육이며 '언어 사용'에 대한 교육이라고 보기 어렵다.

전문 번역사를 양성하는 번역 교육기관(한국외국어대학교 통역번역대학원)의 경우, 현재 모국어 실력을 향상시키기 위한 별도의 교육 커리큘럼은 없다. 결국 학생 개인 차원에서 모국어, 즉 한국어 실력 향상을 위해 노력하거나 이미 그러한 능력을 갖추고 있을 것으로 간주하고 있을 뿐이다. 그러나 현실은 반드시 그렇지만은 않다.

번역 교육에서 모국어 능력이 경시되어 온 원인의 하나로 Lang(1992)은 교육 방식의 문제점을 지적한다. 그는 "모국어 능력이 저하된 원인 중 하나는 외국어 습득에서 커뮤니케이션에 대한 접근 방식이 강조되었는데, 이는 모국어를 대가로 얻어진 결과이다." 라고 비판한다(Lang, 1992, p.397). 또한 이런 방식의 번역 교육은 전반적인 모국어 능력의 저하를 초래했으며, 번역을 공부하는 학생들이 가진 문제점 중 하나는 외국어 능력보다 모국어의 능력인 경우가 많다고 지적한다(ibid, 1992).

그러나 BA 번역의 경우는 AB 번역보다 번역문의 완성도를 당연시하는 풍조와는 달리 번역문의 품질을 확신할 수 없는 현실이다. BA 번역에서 최종 번역물을 납기한 후, 번역의 질에 대한 모니터링이 이루어지지 않는다면 번역문 독자의 만족도를 알 수 없으며, 결국 침묵하고 있는 대다수의 BA 번역의 독자들은 그 질에 대한 불만을 제기하지 않고 있는 것뿐이라고 볼 수 있다.

번역사의 기본적인 번역 능력의 하나인 언어 능력 중에서도 문체상 능력을 강조한 경우는 모국어 능력에도 응용될 수 있을 것이다. Kussmaul & Tirkkonen－Condit(1995)는 번역을 공부하는 학습자의 소질 중, 언어적 · 문체적 정교함(sophistication)의 소질이 중요하다고 본다. 이중언어에 대한 지식과 결합된 전문 지식이 번역 기술을 보장해 주지 않는 것처럼, 만약 언어적 문체적 소질이 결여되어 있다면 훈련이나 프로로서의 번역 경험이 있다 해도 훌륭한 번역 결과를 보장하지 않는다고 본다. 이는 학습이나 훈련을 통해 일정 수준의 '글쓰기' 능력이나 기술을 습득할 수는 있지만, 번역사의 타고난 '소질'로서의 문체적 능력을 언급한 것으로서 주목할 만하다. Newmark(1991)[46]는 번역사의 첫 번째 자질로 모국어로 자연스럽고, 깔끔하게 그리고 솜씨 있게 번역할 수 있는 능력을 꼽은 것으로 보면 번역사의 모국어 능력, 특히 모국어로의 '쓰기' 능력이 바탕이 되어야 한다는 사실을 알 수 있다.

(2) 전문 번역사와 아마추어 번역사의 번역 능력

전문 번역사를 대상으로 한 연구 실적[47]이 타 연구 주제에 비해

---

46) 이와 관련해 Newmark는 글의 주제와 상황에 적절한 어역으로, '평이한(plain)' 언어로 ('plain'이란 정직하고 직접적이고, 분명하며 진지하고 부드럽고 단순함을 뜻하며 다른 언어로 일대일로 번역하기 어렵다.) 번역할 수 있어야 한다고 했다(1991, p.62).

47) Fraser(2000, pp.111－112)는 프로 번역사를 대상으로 한 연구 주제를 5가지로 나누어 정리하고 있다.
1) 프로 번역사들은 업무에 대한 자신감을 보이며, 사전을 덜 참조하고 중의성과 불확실성에 대한 인내심이 강하다.
2) 프로 번역사들의 번역 과정은 '자동화'되었기 때문에(오랜 경험과 상당히 발전된 전문성의 결과이기 때문에) 유용성이 없다는 주장에도 불구하고, 절대다수의 프로들은 자신들이 관여하는 처리 과정에 대해 필요한 만큼 발화할 수 있다.
3) 프로 번역사들은 학습자들보다 번역 지침(brief)이나 지시사항의 내용이 상세하고 정확하게 기술되어 있는지의 여부에 상관없이 더 잘 따른다. 그로 인해 단순히 어휘 또는 의미론적 수용성의 범주(즉, 언어학습자들의 번역, 아직도 언어적 · 인지적 기술을 발전시키는 중이고, 번역을 텍스트 차원으로 보는 경험이 부족한)보다 TL 텍스트의 수용성을 충족하는 번역을 생산한다.
4) 프로 번역사들은 세부사항에 대해 매우 민감하고 완벽주의가 되려는 경향이 있다. 따라서 높은 수준의 성취를 위해 감정적으로 헌신하기도 한다. 통번역사들의 개성을 조사한 결과에 따르면, 직업에 대한 통념을 가지고 있음이 증명되었다.

미진한 이유는 실질적인 연구 수행의 어려움이 가장 큰 원인이다. TAP을 통한 연구에서도 프로를 대상으로 한 것은 소수에 지나지 않으며, 대부분의 연구는 언어학습자나 번역을 공부하는 학생들에 집중되어 있다(Fraser, 2000). 또한 전문 번역사들은 축적된 경험과 발전된 번역 능력으로 인해 번역 과정의 상당 부분이 자동화[48]되어 있다. TAP 연구 분야에서 전문 번역사와 외국어 학습자 또는 신참 번역사를 비교한 결과를 보면, 이러한 자동화 경향[49]이 두드러진다. 이렇게 회고적 연구 분야에서 전문 번역사들이 지닌 자동적[50] 또는 비회고적 속성과 운용 지식(operational knowledge)으로 인해 정신적 처리 과정을 발화로 나타내기 어렵게 느끼게 한다 (Kiraly, 1995, PACTE group, 2000, p.101에서 재인용).

번역학 문헌에 드러난 근본적인 관점은 신참과 전문 번역사의 번역 행위의 발전에 상이점이 있으리라는 가정이었다. 이는 주로 자동 처리 과정의 발전으로 인한 것이다(Schneider & Shiffrin, 1977;

---

5) 많은 프로 번역사들, 특히 체계적인 훈련을 받지 못하고 번역에 대한 암시적이고 명시적인 이론이나 추측을 가지고 있는 동안, 효율적이고 효과적이며 매우 실용적인 필요에 의해 전략들을 고안해 내었다.

48) 특히 숙련된 번역사를 대상으로 TAP 데이터를 수집하는 일은 학생들처럼 쉽지 않다. 왜냐하면 전문가들은 많은 과정은 자동으로 처리하는 경향이 있기 때문이다(Gerloss, 1987, p165; Séguinot, 1992, p.273). TAP 관련 이론에 따르면, 발화는 단기 기억 안에 있는 부분만 유용한 것이라고 한다. 자동화된 기술들은 단기 기억을 통과해 버리는 것으로 보인다(Ericsson & Simon, 1980, 1984, Séguinot, 1997, p.108에서 재인용).

49) 번역 과정은 주로 의식과 무의식의 과정이 혼합되어 있다. 번역사들이 훈련을 거치면서 그리고 점점 프로가 되어 가면서 혼합된 과정은 변화한다. 과정이 자동화될수록 인지적 '블랙박스'는 점점 더 깊은 곳으로 들어간다(Kiraly, 1995, p.41).

50) Krings(1986)는 외국어 학습자들의 TAPs 실험 결과, 자동적으로 번역되지 못할 때 피험자들이 사용하는 전략을 정리하였다. 이 결과는 외국어 학습자들의 경우이긴 하지만 프로 번역사들의 자동화 경향과 관련되어 시사점이 있다. 그가 밝힌 5가지 주요 전략은, 이해 전략, 등가 복구 전략, 등가 검토 전략, 의사결정 전략, 변형(축소)(reduction) 전략이다(1986, p.268).

Shreve, 1997, p.132에서 재인용).

또한 전문 번역사를 대상으로 한 연구가 실질적으로 어렵기 때문에, 전문 번역사의 번역 능력이나 번역 과정을 일반화할 수 있을 정도의 실험 데이터가 축적되어 있지 않다는 점이다. 즉, 프로 번역의 문제점 중 하나는 그것이 특정 번역 형태 및 기능과 관련이 있을 것이라고 추정하여, 쉽게 정의할 수 있을 것으로 생각한다는 점이다. 그러나 전문 번역사들이 똑같이 번역할 것이라는 경험적 증거는 없다(Shreve, 1997, p.125). 그러나 외국어 학습자나 신참 번역사들의 번역 과정만을 연구할 경우, 성공적인 번역 및 이른바 '좋은 번역' 모델 수립의 과정 및 메커니즘의 규명은 요원할 것이며, 연구 수행의 어려움으로 인해 번역학에서도 '추측' 내지 '추정'의 영역에 머무르게 되어 번역 이론의 주변 분야에 머무른다면, 번역 교육 및 번역 수준의 향상에 대한 기여도 기대하기 어려울 것이다. 이와 관련하여 Hönig(1988)는 전문 번역사가 지닌 능력에 초점을 맞춘 연구의 필요성을 번역 교수법과의 관련성에서 말하고 있다. 즉, 번역 교수법의 보다 적절한 목적은 번역 능력보다는 번역사의 능력일 것이다. 이 용어를 선택한 것은 전문 번역사의 업무가 지닌 복잡한 속성과 비언어적 기술이 필요하다는 점에 주안점을 둔 것이다. 이 용어는 또한 전문 번역사가 이중화자와 공유하고 있는 보다 일반적인 타입의 모국어와 외국어의 커뮤니케이션 능력과 프로 번역에만 국한되고 대부분의 이중화자들은 자연적으로 발전시키지 않는 번역 기술을 구분하게 해 준다. 따라서 번역 교수법은 전문 번역사들이 가진 특별한 기술이 무엇인지를 물어야 한다(Kiraly, 1995에서 재인용)는 것이다.

이 밖에 전문 번역사와 학습자 등의 아마추어 번역사의 번역 과정을 대조 분석한 결과를 보도록 한다.

Krings(1988)는 전문 번역사들과 외국어 학습자들의 번역 성향을 비교하고, 전문 번역사들은 글로벌 전략을 사용하는 반면, 학습자들은 선형적(linear) 전략을 사용한다고 하였다. 또, Jääskeläinen(1989, 1996)은 프로들은 세계지식을 사용하며, Lörscher(1991)는 프로들이 의미지향적인 반면, 학습자들은 형식지향적인 점에 주목했다(Kussmaul, 2000, p.60).

전문 번역사의 처리 과정은 아마추어에 비해 대체로 더 집중적이고 경제적이다. 프로들의 번역 과정을 보면 의식적 의사결정은 문제 영역에서 명확하게 밝혀져 있다. 문제가 없는 부분은 번역이 자동으로 이루어진다. '자동적으로'란 번역사가 원문의 요소를 어떤 의사결정의 흔적이나 의식하는 일 없이 원문의 요소를 생산하는 것을 의미한다(Tirkkonen－Condit, 1992, p.434). 또한 경력이 짧은 번역사를 TAP을 통해 조사한 결과(Tirkkonen－Condit, 1988, 1989; Jääskeläinen, 1990), 좋은 번역의 경우에는 언어지식과 함께 다른 지식[51)]들도 풍부하게 사용하는 특징이 있었다. 이와는 반대로 덜 성공적인 경우에는 언어적 지식이 훨씬 더 중시되었다는 점을 밝혀내었다(Tirkkonen－Condit, 1992, p.434). 이런 지식과 관련하여 TAP에 나타난 전문 번역사와 아마추어 번역사를 비교한 결과, 전문 번역사는 텍스트 지식이 가장 많았고, 아마추어 번역사는 텍스트 외적 지식이 가장 많았다. 또한 아마추어 번역사는 번역과

---

51) Tirkkonen－Condit는 번역사의 지식의 범주를 3가지로 나누었다. 텍스트 지식, 텍스트 외적 지식, 언어적 지식이다(1992, p.435). 이 중 특히 언어적 지식에 대해 문체적으로 적절하고, 유창하며, 문법에 맞는 것에 대한 지식의 발화를 가리킨다.

직접 관련이 없는 일반 지식이 전문 번역사에 비해 월등이 많이 나타났다(Tirkkonen－Condit, 1992, p.436).

또 한 가지 전문 번역사의 발화 중에서 특히 흥미로운 현상은, 텍스트의 수사적 구조에 대한 명시적인 묘사와 직접 관련이 있는 발화가 9개 있었던 점이며, 이 묘사는 모두 정확했다. 따라서 전문 번역사는 텍스트의 전체 구조에 대해 매우 훌륭한 견해를 가지고 있었고, 또한 '요점'에 대해서도 알고 있었다. 반대로 아마추어 번역사의 발화를 분석한 결과, 문장 대 문장으로 번역하고 있음을 보여 주었다. 아마추어는 텍스트에서 찾아낸 지식보다 텍스트 외적 상식에 의존하고 있음을 증명한 결과이다(Tirkkonen－Condit, 1992, p.439). 이상에서 밝혀진 전문 번역사의 번역의 특징을 본 연구에서 실시한 실험 결과와 비교하여 연구 결과의 신뢰성 및 일반화의 가능성을 가늠할 수 있을 것으로 기대한다.

사고발화법(TAP : Think-Aloud protocol)을 통해 나타난
일-한 번역과정 연구

Ⅴ. 연구방법 소개: TAP 및 가독성 평가

1. 실험 설계

본 연구를 위해 3가지 실험이 실시되었다. ① TAP 실험의 실시, ② TAP 피험자에 대한 설문 조사, ③ TAP에서 생산된 TT에 대한 가독성 평가 실험이다. 전체적인 실험 과정을 설명하면, 세 그룹의 피험자군을 대상으로 TAP을 실시하였고, 또한 각 피험자에 대해 설문조사를 실시하였다. TAP에서 생산된 TT에 대해 세 그룹의 전문가 집단에 가독성 평가를 의뢰하는 가독성 평가 실험을 실시하였다. TAP에서 녹음된 발화 내용은 전량 전사하여, 발화 내용에 나타난 각 피험자의 번역 단위를 산출하는 정량적 분석과 발화 내용 자체에 대한 정성적 분석을 실시하였다. 분석 결과 집계된 결과와 가독성 평가 결과를 대조 분석하여, 번역 단위와 가독성과의 관계, 번역사의 의식 및 번역전략과 가독성과의 관계를 규명하였다.

(1) TAP(Think-Aloud Protocol) 실험 개요 및 절차

번역사의 번역 과정을 탐구하기 위해 '사고발화법(Think-Aloud Protocol, 이하 TAP라고 한다)' 실험을 실시하였다. 본 연구를 위해 실시한 TAP의 개요는 다음과 같다. 총 실험 대상자(이하 '피험자'라 한다)의 수는 26명이며, 그중 13명은 한국외국어대학교 통역번역대학원 한일과를 졸업한 후 전문 통번역사로 활동 중인 자를 대상으로 하였다. 전문 번역사의 번역 과정과 비교하기 위해 13명의 아마추어 번역사로 구성된 피험자 집단을 선정하여 실험을 실시하였다. 그중 7명은 현재 한국외국어대학교 통역번역대학원 한일과 재학생으로 3명은 번역순차 전공 2학년생, 4명은 1학년생이고, 나머지 6명은 학부에서 일본어를 전공한 자로서 현재 통역번역대학원 입학을 목표로 학원에서 수강 중인 학습자를 대상으로 하였다.

피험자 선정 과정을 설명하면, 가능한 한 전문 번역사로서의 경력이 다양한 피험자로 구성될 수 있도록 노력하였다. 즉, 대학원 졸업 후 전문 번역사로 활동한 지 11년부터 1년에 이르는 다양한 피험자를 선정하였다. 또한 비슷한 경력을 가진 피험자들을 각각 3～4명씩 선정하여 보다 신뢰성 있는 실험 결과 확보에 노력하였다. 특히 학습자 선정 시에는 사전에 피험자 선정을 위한 설문조사를 실시하였는데, 학습자들의 일본어 습득 경로 및 번역 경험

유무 등을 파악하는 것이 목적이었다. 구체적인 설문 내용은 부록 3을 참조하도록 한다.

실험 절차를 설명하면, 전문 통번역사들을 선정하기 전, 개인별로 면접을 하여 실험에 대해 상세히 설명한 후 실험을 요청하였다. 우선 TAP에 대한 이해를 돕기 위해 번역학과 TAP에 대해 간략히 설명한 후, TAP의 실험 방법을 상세히 설명하였다. 사전 설문지 및 텍스트 1과 2를 전달한 후 각자의 평소 번역 환경에서 TAP을 실시하도록 요청하였다. 전술한 바와 같이 TAP은 각 번역사의 실제 번역 과정과 가장 가까운 번역 환경에서 실시하는 것이 신뢰성 있는 데이터 확보를 위한 최우선 과제이다. 실험 시 주의 사항으로서, 실험 전 텍스트를 미리 읽지 말 것, 각 텍스트는 중단 없이 번역할 것, 실험을 가급적 의식하지 말고 평소 본인들의 번역 상황으로 가정하여 번역할 것, 한 텍스트가 끝난 후 사후 설문지를 작성할 것 등을 전달하였다. 마찬가지로 통역번역대학원 학생 및 학습자에게도 동일한 주의 사항을 전달하였다.

2. TAP 실시

(1) 실험 대상 텍스트

TAP에서 번역하게 된 텍스트로 2가지 텍스트를 선정하였다. 텍스트 1은 일본 경단련(경제인단체연합회) 회장의 신년사(부록 1 참고), 텍스트 2는 경제 애널리스트의 인터넷 연재 칼럼(부록 2 참고)이다. 두 텍스트 모두 일본의 포털사이트 www.yahoo.co.jp에서 선택한 글이다. 각 텍스트의 성격을 설명하면, 텍스트 1은 한자어가 많고 일본고유어인 '와고(和語)'[52]는 적은 텍스트이며 내용도 일본경제 및 기업의 역할에 대해 원론적인 주장을 담은 비교적 딱딱한 문체의 글인 반면, 텍스트 2는 비교적 한자어가 적고 '와고(和語)'가 많으며 특히 일본의 문화에 대한 이해를 요하는 다소 부드러운 문체가 특징인 텍스트이다. 텍스트의 일부를 소개하겠다. 다음은 텍스트 1의 일부이다.

その鍵を握るのは企業の活力である。各企業が、不斷の経營改革と質の高い多様な人材の育成を行いながら、新たな需要の創造につながる魅力ある新製品・サービスの開發に果敢に取り組み、攻めの企業戰略を强化していくことを強く期待する。同時に、不祥事や事故の防止に向け社內体制の總点檢を行うとともに、良き企業市民として、主体的に社會的責任を果たしていくことを求めたい。

텍스트 1은 특히 한자어가 많으며 문체도 딱딱한 것이 특징적이다. 또한 한자어는 한국어와는 약간 다른 뜻과 뉘앙스로 쓰이는 경우가 있어, 번역 시 번역사의 주의가 필요하다.

다음은 텍스트 2의 일부이다.

それは何も最近始まった話ではない。古來から日本人は、生活を「ハレの日」と「ケの日」に分けてきた。日常であるケの日は淡々と節約して暮ら

52) 와고(和語)에 대한 일본어의 사전적 뜻은 다음과 같다. "우리나라의 말. 일본어. 국어. 특히 국어 중에서 한어(漢語)에 대해 일본 고유의 말."(고지엔(広辞苑). 이와나미쇼텐(岩波書店). 1993년 판)

し、村祭りや結婚式などのハレの日には思い切った消費をする。そうやって、生活にメリハリをつけてきたのだ。

텍스트 2는 텍스트 1에 비해 한자어의 비중이 낮고 일본어 고유어인 '와고'의 비중이 상대적으로 높다. 특히 텍스트 2에서는「ハレの日」と「ケの日」라는 단어가 나오는데, 이 단어는 일본 고유의 생활 문화를 담고 있는 고유어로서, 텍스트 2를 이해하는 데 꼭 필요한 단어로 번역하기 까다로운 단어이다. 따라서 피험자들은 전체 텍스트의 인상을 결정짓고 내용 이해에 영향을 미치는 두 단어의 번역에 상당한 어려움을 겪게 된다. 피험자에게 두 종류의 텍스트를 번역하도록 한 이유는 첫째, 텍스트 1의 경우 한자어가 많아 일본어의 간섭의 가능성이 큰 것으로 판단한 반면, 텍스트 2는 언어 간섭의 가능성이 상대적으로 덜한 것으로 판단되어, 두 종류의 텍스트를 번역하도록 함으로써, 번역사의 번역 과정에서 언어 간섭 및 번역투의 문제가 발생하는지의 여부 및 가독성과의 관련성을 파악할 수 있을 것으로 기대하였기 때문이며, 둘째, 텍스트 타입별로 피험자의 번역 성향 및 번역 단위에 차이가 있다면, 텍스트 타입이 가독성에 미치는 영향을 연구할 수 있을 것으로 기대하였기 때문이다. 두 텍스트 모두 길이는 비슷하지만 문체의 차이로 인해 경단련 텍스트는 14문장, 915자, 칼럼은 20문장, 877자이다. 텍스트 1은 한 문장의 길이가 비교적 길고 복문이 많은 텍스트임을 알 수 있다.

(2) 피험자 정보

번역사의 번역 과정에는 번역사 개인의 번역 능력 및 번역 경험, 번역 성향 등이 영향을 미치는 만큼 번역사의 배경 및 번역사가 갖고 있는 번역관을 파악하는 것도 중요한 일이다. TAP의 발화 내용을 분석함으로써 번역사의 성향을 일부 파악할 수 있으나, 실제 발화를 통해 드러나지 않는 부분은 설문조사를 통해 보완하였다. Toury(1991)도 과정지향적 연구방법론의 한계를 보완하는 방법으로 설문(questionnaire)을 제시한 바 있다. 우선 번역사의 배경 및 번역관 등을 알아보기 위해 사전 설문지를 작성하도록 하였다(부록 3 참조). 또한 번역이 끝난 후 번역사가 두 텍스트에 대해 느낀 난이도와 상대적 난이도를 파악하고 번역 과정에서 부딪친 문제점 및 해결방법 등을 기술하도록 하였다.

이하 TAP 실험 결과에서는 번역사에 대해 일련번호를 부여하고, TAP 결과 번역된 번역문은 번역사의 일련번호를 따서, 일본 경단련 회장의 신년사는 텍스트 1, 경제 칼럼은 텍스트 2로 나누어, 1－1, 1－2, 2－1, 2－2……로 고유번호를 부여하였다.

(3) 사전 설문 결과

TAP 실험을 실시하기 전에 각 피험자들은 사전 설문지(부록 3을 참조할 것)를 작성하도록 하였다. 본 설문의 목적은 피험자들의 번역 경력 및 과거 번역했던 텍스트 타입 등을 파악할 뿐 아니라,

'번역의 정의'와, 일한 번역 시 주의하는 점, 각자가 느끼는 일한 번역의 어려움 등에 대한 답을 통해 피험자의 번역관 및 일한 번역에 대한 의식 등을 파악하기 위해서였다.

'번역의 정의'를 묻는 질문에 대한 피험자들의 답변 내용을 보면, 피험자군별로 번역관에 차이가 드러났다. 전문 번역사들의 답변을 살펴보면, 원문의 의도하는 바를 적절하게 전달하는 것, 각 언어에 맞게 자연스러운 표현이 되게 하는 것, 원문 텍스트의 '말하고자 하는 바'를 이해하여 번역문 독자의 문화 습관, 지식 정도를 고려하여 번역 언어로 옮기는 작업, 글쓴이의 의도를 정확하게 전달하는 것, ST의 메시지를 TT의 관습과 규범 및 수신자의 기대에 맞게 전달하고자 하는 역동적 의사소통 행위, 원문을 존중하면서 최대한 자연스러운 도착어를 이끌어 내는 것, 내용과 메시지를 전달하는 행위 등이라는 답변이 있었다. 전문 번역사의 답변을 보면 자연스러운 도착어 표현을 통한 저자의 의도의 정확한 전달이라는 번역의 의사소통상 기능을 중시하는 답변이 많았음을 알 수 있다. 통역번역대학원(이하, '통대'라 하겠다) 재학생의 답변을 보면, 원문이 전하고자 하는 바를 최대한 그대로 전하면서 번역의 냄새가 나지 않도록 하는 것, 외국어를 모르는 독자에게 그 내용을 알려 주기 위해서 원문의 내용을 A언어로 또는 B언어로 옮겨 알려 주는 작업, A언어로 이해하기 쉽게 원문의 맛을 살리며 바꾸는 창조적인 작업, 원문의 내용에 충실할 것, 읽는 데 자연스러울 것, 원문의 의미와 내용을 수용자 측이 오해 없이 쉽게 이해할 수 있도록 옮기는 작업이라고 답하여, 출발어를 자연스러운 도착어로 바꾸어 원문의 내용을 전달한다는 '번역 행위' 자체에 주목하고 있었다. 학습자의 경우는 아직 번역의 기능 및 역할에 대해 정립된 번역관이 없어, 출발어를 도착어로 '바꾸는' 작업이라는 인식을 가지고 있는 경우가 많았다. 그러나 일부 전문 번역사의 경우에도 '원문에 대한 충실도'나 '언어 간 치환 행위'에 중점을 둔 답변도 있어, 커뮤니케이션 행위로서의 번역에 대한 이해가 충분하지 않은 경우도 있었다.

일한 번역과 관련하여 '일한 번역 시 특히 주의하거나 신경을 쓰는 점이 무엇인가'라는 질문과 '일한 번역의 어려움이 무엇이라고 생각하는가'라는 질문이 있었다. 이에 대한 답변을 통해 일한 번역사들이 실제로 부딪치는 일한 번역의 어려움과 일한 번역에 대한 번역관 등을 파악할 수 있었다. 전문 번역사 및 통대 재학생의 경우, 언어 간섭 및 번역투에 대한 의식이 높다는 점은 주목할 만하다. 자연스러운 모국어 표현 및 원문의 간섭에서 자유로워야 한다는 답변은 두 질문에 공통적으로 해당되는 내용이었다. 그러나 일부 전문 번역사들은 '자연스러운 한국어 표현'이나 '간섭에서 벗어나는 것'을 주의점으로 꼽는 반면, '직역의 느낌을 주지 않고 자연스러운 A언어로 번역하는 것', '직역을 피하고 도착어에서 부자연스러움이 없도록'이라는 답변에서 알 수 있듯이 여전히 '직역'과 '의역'이라는 이분법적 번역관을 가지고 있는 것으로 나타났다.

가독성 평가 실험에서 높은 점수를 받은 피험자 7의 답변을 보면, "번역투에 주의, 즉 ST의 간섭에 주의한다."고 답하였으며, BA 번역의 어려움을 "ST의 간섭으로 모국어로의 번역임에도 불구하고 어색한 표현이나 부자연스러운 표현을 어떻게 적절한 TT로 산출해 낼 것인가."라고 답하였다. 피험자 7은 ST의 간섭의 가능성을 자각하고 있으며, 번역투의 문제점도 인식하고 있었던 것으로 나타났다. 번역관에 대한 질문에서도 번역을 "역동적 의사소통 행위"라고 정의하였다. 이러한 번역사의 자각과 인식이 가독성 평가에서 텍스트 1, 2 모두 높은 점수를 받은 것과 무관하지 않은 것으로 판단된다.

또한 가독성 평가에서 전문 번역사 피험자군에 비해 높은 점수를 받은 통대 학생들의 답변 내용을 보면, BA 번역의 어려움에 대해 '직역을 하다 보면 언어 간섭으로 인해 무엇이 올바른 한국어인지 판단할 수 없게 되는 점', '모국어 표현력의 한계', '두 언어가 비슷하여 일본어 본문의 표현에 얽매이는 경우가 생김', '번역투의 냄새가 남', 'B언어 고유의 표현이 모국어에도 똑같이 적용된다고 착각한다.', '한국어로 글을 쓰는 연습을 많이 안 한 탓인지 도착어가 자연스럽지 못할 때가 있다.' 등으로 답변하였는데, 통대 학생들은 간섭 및 번역투를 확실히 인식하고 자신들의 모국어 표현력을 문제점으로 인식하고 있음을 알 수 있다. 모국어 능력의 한계에 대해 인식하고 표현에 주의를 기울인 것도 가독성에 영향을 준 요인 중 하나라고 생각된다.

이렇듯 전문 번역사뿐 아니라 학습자들은 일한 번역에서 원문의 간섭 및 번역투의 문제점을 인식하고 있을 뿐 아니라, 실제 번역 과정에서도 이러한 잠재적 문제점을 의식하고 있는 것으로 나타났으나, 가독성 평가 결과는 번역사의 인식 여부가 반드시 결과물인 번역문의 가독성을 담보하지 못하는 것으로 나타난 것은 흥미롭다. 이에 대해서는 데이터 분석 및 가독성 평가에서 평가자의 점수 및 총평에 대한 분석과 함께 서술하도록 하겠다.

(4) TAP 실험의 데이터에 대한 분석 결과

본 연구에서 '데이터'는 TAP 실험에서 녹음된 발화 내용에 대한 분석 결과를 지칭한다. 데이터에 대해 우선 녹음 시간 및 발화량, 피험자의 번역 단계 등을 파악하는 분석 작업을 실시하였고, 데이터에 대한 정량적 분석으로서 번역 단위를 파악하였다. 번역 단위와 가독성과의 관련성을 보다 명료하게 살펴보기 위해 TAP 데이터의 분석 결과와 가독성 평가 결과를 순차적으로 살펴보지 않고, TAP에서 생산된 TT에 대한 가독성 평가 결과를 우선 살펴본 후, 번역 단위 분석 결과를 보아 번역 단위와 가독성과의 관련성을 규명하도록 한다.

1) 녹음 시간 및 전사 분량

TAP 실시 후 피험자에게서 수거한 녹음테이프를 전사하였다. 각 피험자의 녹음 시간 및 전사 분량을 표로 정리하였다. 이때의 녹음 시간은 피험자가 처음 텍스트를 접한 시점에서 스스로 번역이 끝났다는 발화가 나온 부분까지로, 실제 번역 시간과 동일하다고 보면 된다. 한편, 동일한 녹음 시간에도 전사 분량에 차이가 있는 것은, 번역사들의 발화 내용의 밀도, 즉 동일한 시간 내에 발화한 양에 차이가 있기 때문이다. 이러한 발화의 양적 차이도 번역사의 번역 성향을 유추할 수 있는 단서로서 의미가 있는 것으로 판단된다. 총 전사 분량은 10폰트, 36줄 기준으로 A4용지 334페이지에 달했다. 표 1은 텍스트 1, 2에 대해 피험자들의 녹음 시간 및 발화 내용의 전사 분량을 정리한 표이다.

표 1. TAP 실험의 녹음 시간 및 전사 분량

피험자 번호	텍스트 1		텍스트 2	
	녹음 시간(분)	전사 분량(페이지)	녹음 시간(분)	전사 분량(페이지)
1	55	6	50	7
2	55	7	57	8
3	35	4	25	2
4	125	19	80	9
5	25	3	40	4
6	40	6	30	5
7	40	5	60	6
8	60	6	90	13
9	41	6	35	7
10	35	4	40	6
11	20	2	20	2
12	80	10	90	14
13	43	3	57	4
전문 번역사 평균	약 50	약 6	약 52	약 7
14	55	8	30	5
15	60	8	68	8
16	63	6	73	7
17	61	7	60	6
18	30	3	30	4
19	120	14	70	8
20	120	10	120	21
통대 학생 평균	약 73	약 8	약 64	약 8
21	35	4	45	6
22	18	2	28	4
23	57	2	40	5
24	35	5	45	4
25	25	3	27	4
26	55	6	30	5
학습자 평균	약 38	약 4	약 36	약 5
전체 평균	약 53	약 6	약 52	약 8

피험자군별 녹음 시간을 보면, 전문 번역사의 녹음 시간은 최단 20분에서 최장 125분까지 그 편차가 비교적 심하였고, 통대 재학생의 경우는 30분에서 120분, 학습자는 18분에서 57분으로 나타났다. 발화량에 있어서는 학습자의 발화량이 다른 두 집단에 비해 약 50% 정도밖에 되지 않았으며, 발화량 평균은 통대 재학생이 가장 많았다.

이하에서는 피험자군별 녹음 시간을 그래프로 나타내었다.

그래프1. 전문 번역사의 녹음 시간

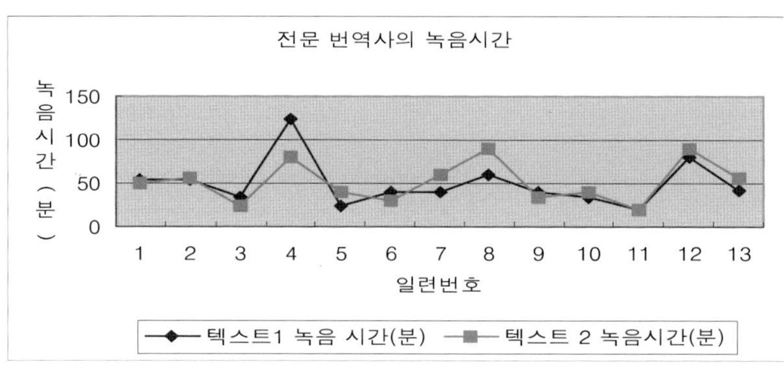

그래프2. 통대 재학생의 녹음 시간

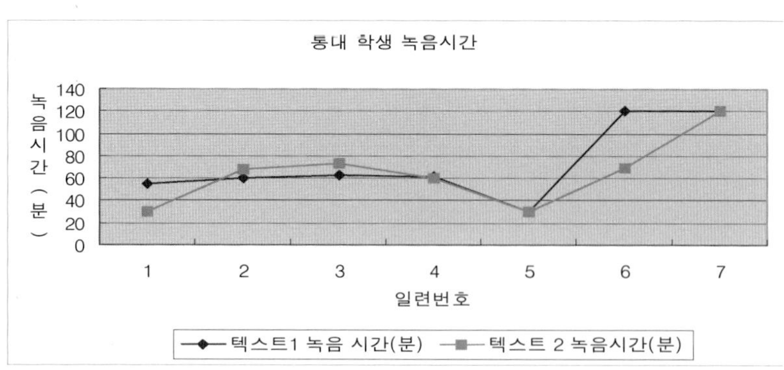

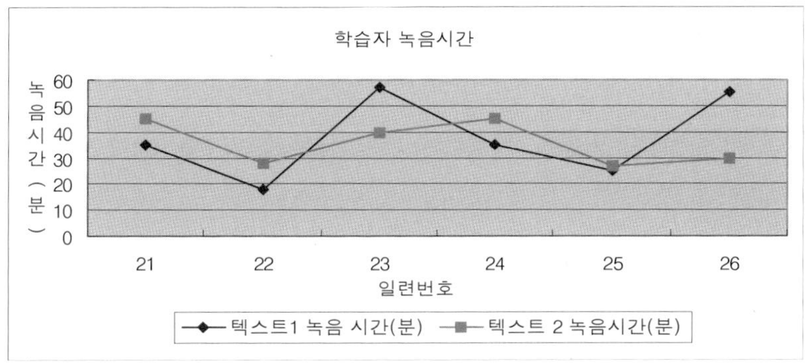

그래프 3. 학습자의 녹음 시간

아래 그래프를 통해 전체 피험자의 텍스트 1과 텍스트 2에 대한 전체 피험자의 녹음 시간을 파악할 수 있다.

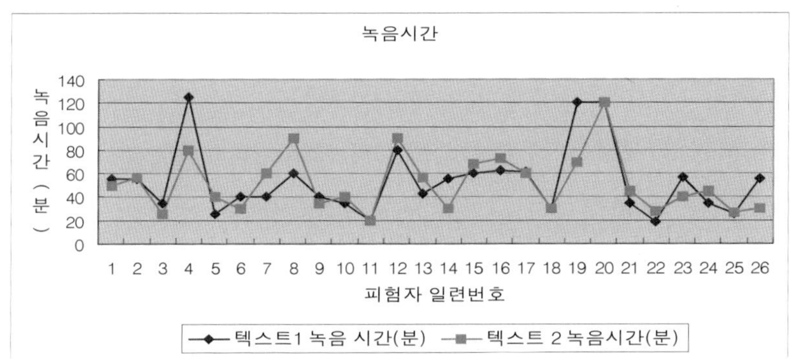

그래프4. 전체 피험자의 녹음 시간

텍스트 1과 텍스트 2의 평균 녹음 시간은 약 53분과 약 52분으로 거의 동일한 수준으로 나타났다. 그러나 피험자군별 녹음 시간에 상당한 차이가 발생하였으며, 특히 학습자의 평균 녹음 시간은 프로나 통대 재학생보다 짧게 나타나 텍스트 1의 경우 프로보다

12분, 재학생보다 평균 35분 짧았으며, 텍스트 2의 경우 프로보다 16분, 재학생보다 28분 짧은 녹음 시간을 기록하였다. 이는 학습자의 번역 능력이 다른 피험자군보다 뛰어나 번역 과정이 자동화되어 번역 시간이 단축된 것이 아니라, 번역 능력 및 번역의 문제점에 대한 인식이 부족하여 번역을 빨리 끝낸 것으로 해석된다.

2) 피험자별 번역 단계

전사된 내용을 보며 각 피험자들이 번역을 완결하기까지 거치는 번역의 횟수를 우선 파악하였다. 그 결과 피험자별로 각각 상이한 횟수를 보여 주었고 피험자군별로 상당한 차이점을 보여 주고 있다. 본 연구에서는 피험자들의 실험 완료 시까지 반복한 번역 과정을 '단계'로 부르기로 한다. 따라서 실제로는 1단계에서 번역 행위가 이루어지고 그 후의 단계는 1차 번역에 대한 퇴고 과정이라고 할 수 있다. 피험자에 따라 퇴고 과정에도 차이가 드러났다. 최초 번역 과정에서 번역의 문제로 인식하여 최종 번역을 보류해 둔 부분이나 만족하지 못하는 부분만을 집중적으로 다시 번역하는 경우도 있지만, 1단계 즉 최초 번역 과정과 마찬가지로 텍스트를 처음부터 세밀하게 읽으면서 전체적으로 퇴고하는 피험자도 있었다. 이러한 번역 횟수 즉, 번역 단계도 TT의 품질에 영향을 미쳐, 결국 가독성 평가 결과에도 영향을 미친 것으로 판단된다.

특히 학습자들의 번역 단계는 전체적으로 다른 피험자군에 비해 상당히 단축되어 있고, 특히 소위 '시역(sight translation)'[53)]을 1차

53) 'sight translation'의 한국어 용어는 정립되어 있지는 않다. '문장구역'이라고도 하나, 눈으로 보면서 번역한다는 뜻에서 '시역(視譯)'이라고 하자는 주장이 제기되어 본 연구에서는

적으로 사용하고 있는 것이 흥미롭다. 이는 입시학원이라는 특수한 환경에서 일상적으로 접하는 학습방법의 영향을 받은 것으로 추측된다. 실제로 발화 과정에서 텍스트 타입 등에 대해 학습 과정과 연관시킨 부분이 있는 것은 이러한 추측을 뒷받침해 주는 증거라 할 수 있다. 피험자의 번역단계가 가독성에 미친 영향은 5.4에서 종합적으로 분석하도록 한다.

3. 가독성 평가

(1) 가독성 평가 실험 개요

총 26명을 대상으로 TAP를 실시하여 생산된 52개의 텍스트를 대상으로 가독성 평가를 실시하였다. 번역문에 대한 가독성 평가의 목적은 일본어 텍스트의 번역문이 독자의 가독성을 얼마나 확보할 수 있느냐를 실험하는 것이므로, 평가자는 다양한 독자군을 대표할 수 있도록 하였다. 이때 평가의 객관성 및 신뢰성을 확보할 수 있도록 '전문가 독자'에 의해 평가하도록 하였다.

평가는 총 9명에게 의뢰하였고, 세 그룹의 전문가 집단에 의뢰하였다. 1그룹은 현재 전문 편집인으로서 도서 편집에 종사하는 편집전문가[54]이며, 2그룹은 국어국문학을 전공하고 박사과정을 수

'시역'을 사용하였다.

54) 평가자의 편집 경력은 각각 5년, 6년, 11년으로, 3인 모두 번역서의 편집에 대한 경험이 다수 있다.

료한 후 현재 한국어 강의를 맡고 있는 국어전문가, 3그룹은 통역번역대학원을 졸업하고 현재 통번역 강의를 맡고 있는 교육전문가로, 각 그룹은 각각 3명으로 구성되었다. 가독성을 평가하는 전문가 독자로서 편집자와 국어국문학 전공자, 번역 교육자를 선정한 이유는, 번역물에 대한 최종 독자로서 '한국어'로의 번역문에 대해 각자의 전문 분야의 능력을 반영하여 보다 '의식 있는' 평가가 가능할 것으로 생각되었기 때문이다. 즉, 편집전문가는 평소 편집 업무를 통해 번역문의 예상 독자에 대한 기준에 따라 번역문을 평가, 수정하는 업무를 반복함으로써, 번역문의 가독성에 대한 전문적인 평가 능력을 지닌 것으로 판단하였다. 국어국문학 전공자의 경우 특별히 번역문에 대한 평가 경험이나 기준이 있지는 않지만 올바른 한국어 표현 및 문장 구조에 대해 평가할 수 있는 전문가로 판단되었다. 마지막으로 번역 교육자는 일반적인 독자는 아니지만 항상 번역을 공부하는 학생들의 번역문을 평가하는 전문가로서 수치화된 평가 기준은 없다 하더라도 수년간의 교육 경험을 통해, 학생들의 번역문의 가독성 등에 대한 각자의 평가 기준을 체득하고 있는 것으로 판단하였다.

TAP에서 생산된 52개의 번역문은 텍스트 1과 텍스트 2 그룹에 따라 일련번호를 매겨 평가자에게 전달되었다. 이때 텍스트의 순서를 비규칙적으로 하여, 평가 시 번역 능력별 차이가 평가에 영향을 미치지 않도록 주의하였다. 평가 요청서 및 평가표는 부록 4와 부록 5를 참조하도록 한다. 또한 평가자는 번역문을 읽어 가는 과정에서 번역문 지면에 직접 밑줄이나 코멘트를 기입하여 가독성을 저해하는 부분을 알 수 있도록 하였다. 평가자는 번역문을 읽고

난 후 독자로서 텍스트의 내용을 얼마나 쉽게 이해할 수 있는가에 대해 거시적으로 평가하였다. 평가기준은 1) 텍스트 내용의 전체적인 논리성, 2) 한국어 문(文) 구조, 3) 문맥상 적절한 어휘의 사용, 4) 자연스러운 한국어 표현이었다. 기준에 따라 평가자는 가독성 수준을 상, 중, 하, 탈락으로 나누어 기입하였으며, 평가표에는 텍스트별로 총평을 기입하게 하였다.

가독성 평가 후 평가자들은 두 가지 텍스트에 대한 전체적인 가독성에 대한 질문에 답하였다. 실험 후 개인적인 인터뷰에서 편집전문가들은 평가 대상 텍스트의 수준에 대해 전문 번역사의 번역 수준으로는 대체로 '부족하다'는 반응을 보였다. 편집전문가 1은 출판물의 경우와 비교하여 '상'으로 평가된 텍스트의 경우에도 상당한 수정이 없이는 출판이 불가능하다는 견해를 보였으며, 편집전문가 2는 '상'의 경우, 일부 수정 후 출판이 가능한 수준이라는 견해를 나타냈다. 특히 편집전문가 2는 '탈락'으로 평가된 텍스트가 없고 전반적으로 '중' 이상의 평가를 받은 텍스트가 많은 반면, 편집자로서 '뛰어난' 텍스트가 타 언어에서의 번역 텍스트에 비해 적다는 의견을 밝힌 점은 주목해야 할 것이다. 즉, 편집전문가 2는 일한 번역 텍스트의 경우 전반적인 수준은 일정 수준 이상을 유지하는 반면, 가독성이 우수한 텍스트가 오히려 적다는 점을 지적하였다.

또한 두 종류의 텍스트에 대한 전반적인 가독성을 비교하도록 하였는데, 평가자에 따라 텍스트 타입에 따른 가독성 평가는 일치하지 않았다. 평가자별로 텍스트 타입에 대한 가독성 총평을 보면, 편집전문가 중 2명은 2번 텍스트, 1명은 1번 텍스트가 가독성이

높았다고 하였고, 국어전문가 3명은 모두 2번 텍스트라 대답했다. 교육전문가 중 1명은 1번 텍스트, 1명은 2번, 1명은 전체적으로 비슷하다고 답하였다. 2번 텍스트의 가독성이 높다고 답한 평가자는 그 이유에 대해 1번 텍스트가 일본식 한자어가 많고 내용도 추상적이고 개념적인 반면, 2번 텍스트는 1번 텍스트에 비해 내용 자체가 평이하고 일상적인 소재를 다루고 있어 문맥의 흐름에 따라 이해하기가 더 쉬웠다는 점을 들고 있다. 그러나 2번 텍스트는 일본 문화에 대한 이해를 필요로 하는 핵심 어휘, 즉 '하레노히(ハレの日)'와 '게노히(ケの日)' 같은 어휘의 번역에 중점을 둔 평가자는 1번 텍스트의 가독성이 전반적으로 높았다는 평가를 내렸다. 결국 평가자 9명 중 6명이 2번 텍스트의 가독성이 전반적으로 높다고 답한 것으로 보아, 한자어가 많은 1번 텍스트의 가독성이 전반적으로 떨어진 것으로 나타났음을 알 수 있다.

(2) 평가자별 평가 결과

1) 편집전문가의 평가 결과

텍스트 1, 2에 대한 편집자의 전체 평가 결과는 다음과 같다. 평가자는 상, 중, 하, 탈락으로 평가하였으나, 본 연구에서는 각각 3, 2, 1, 0점으로 환산하여 처리하였다.

표 2. 텍스트 1, 2에 대한 편집전문가의 가독성 평가 결과

텍스트 1에 대한 평가				텍스트 2에 대한 평가			
텍스트 일련번호	평가자			텍스트 일련번호	평가자		
	평가자1	평가자2	평가자3		평가자1	평가자2	평가자3
1－1	2	2	1	1－2	2	2	2
2－1	3	2	2	2－2	2	2	0
3－1	2	2	2	3－2	1	2	2
4－1	2	2	3	4－2	1	3	1
5－1	3	2	2	5－2	2	3	1
6－1	1	2	3	6－2	1	3	2
7－1	3	2	2	7－2	3	2	3
8－1	3	3	3	8－2	2	2	2
9－1	1	2	2	9－2	1	1	2
10－1	1	2	2	10－2	2	2	0
11－1	2	2	1	11－2	2	2	1
12－1	3	3	0	12－2	3	2	2
13－1	2	3	1	13－2	3	2	2
14－1	2	3	3	14－2	3	3	2
15－1	2	3	3	15－2	2	2	1
16－1	2	3	3	16－2	3	2	3
17－1	2	2	2	17－2	2	3	3
18－1	3	2	3	18－2	3	3	3
19－1	2	2	2	19－2	3	2	3
20－1	2	3	2	20－2	3	3	3
21－1	1	2	2	21－2	2	3	2
22－1	2	2	3	22－2	2	3	0
23－1	1	2	2	23－2	1	1	0
24－1	1	2	0	24－2	2	2	1
25－1	1	1	0	25－2	1	2	1
26－1	3	1	1	26－2	1	1	1
평균 점수	2	2.19	1.92	평균 점수	2.03	2.23	1.65

그래프 5와 6은 텍스트 1에 대한 편집전문가 3인의 평가 결과를 함께 나타낸 것이다.

그래프 5. 텍스트 1에 대한 편집전문가의 평가

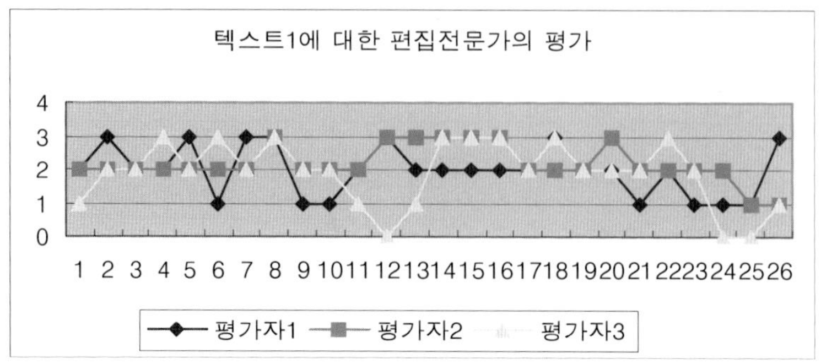

그래프 6. 텍스트 2에 대한 편집전문가의 평가

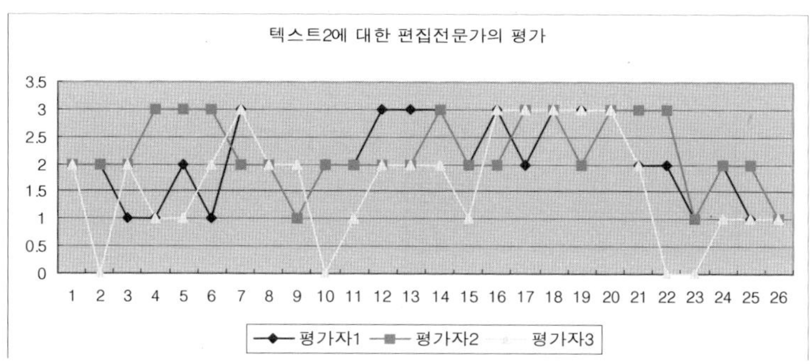

텍스트 1, 2에 대한 편집전문가의 평가 점수의 평균을 환산한 결과를 그래프 7로 나타냈다.

그래프 7. 텍스트 1, 2에 대한 편집전문가의 평균 섬수

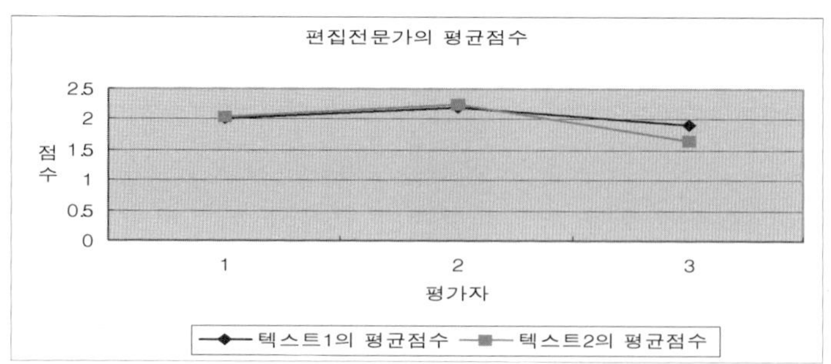

2) 국어전문가의 평가 결과

텍스트 1, 2에 대한 국어전문가의 평가 결과는 다음과 같다.

표 3. 텍스트 1, 2에 대한 국어전문가의 가독성 평가 결과

텍스트 1에 대한 평가				텍스트 2에 대한 평가			
텍스트	평가자			텍스트	평가자		
일련번호	평가자1	평가자2	평가자3	일련번호	평가자1	평가자2	평가자3
1－1	2	2	2	1－2	2	2	2
2－1	3	3	3	2－2	2	2	2
3－1	2	2	3	3－2	2	2	3
4－1	2	3	3	4－2	2	2	2
5－1	2	2	3	5－2	2	2	3
6－1	2	1	2	6－2	2	2	3
7－1	3	3	3	7－2	3	3	2
8－1	3	3	3	8－2	2	2	3
9－1	2	2	2	9－2	2	2	2
10－1	2	2	1	10－2	2	2	2
11－1	3	3	2	11－2	2	2	1
12－1	3	3	2	12－2	3	2	2
13－1	2	2	2	13－2	1	1	3
14－1	1	3	3	14－2	2	2	3
15－1	1	3	2	15－2	2	2	3
16－1	1	3	2	16－2	3	3	2
17－1	2	2	1	17－2	3	3	2
18－1	2	2	3	18－2	2	2	2
19－1	1	2	2	19－2	2	2	3
20－1	3	3	3	20－2	3	3	3
21－1	2	2	2	21－2	2	2	2
22－1	2	2	2	22－2	1	2	1
23－1	1	1	2	23－2	1	1	1
24－1	2	2	1	24－2	2	2	2
25－1	1	1	1	25－2	1	2	1
26－1	1	2	1	26－2	2	2	2
평균 점수	1.96	2.26	2.15	평균 점수	2.11	2.07	2.19

텍스트 1, 2에 대한 국어전문가의 평가 결과를 그래프 8과 9로 나타냈다.

그래프 8. 텍스트 1에 대한 국어전문가의 평가

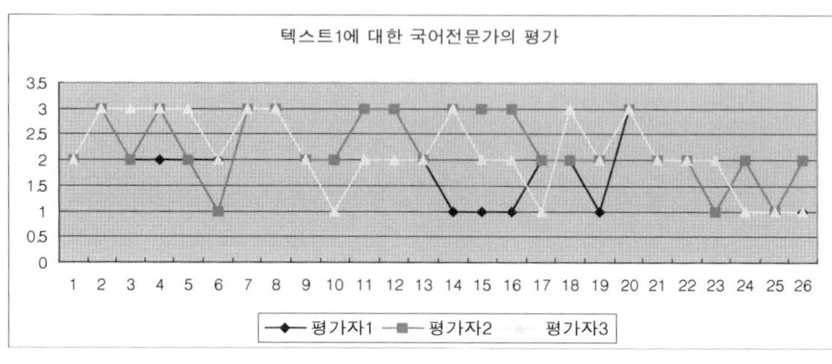

그래프 9. 텍스트 2에 대한 국어전문가의 평가

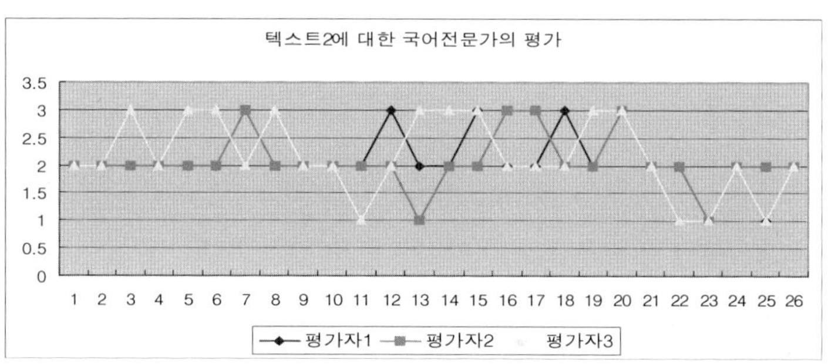

국어전문가의 평가 결과의 평균 점수를 그래프 10으로 나타냈다.

그래프 10. 텍스트 1, 2에 대한 국어전문가의 평균 점수

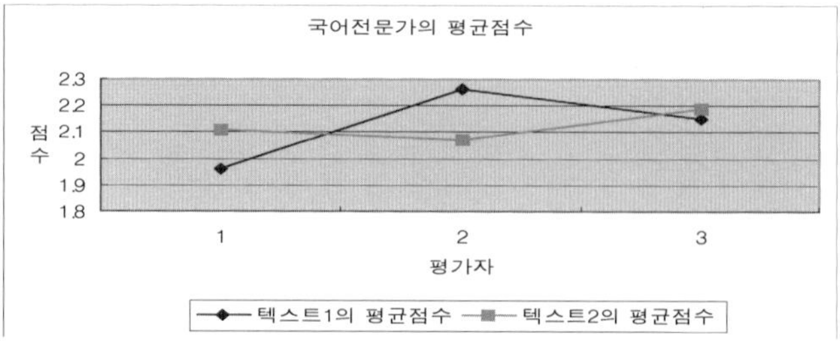

3) 번역교육전문가의 평가 결과

텍스트 1, 2에 대한 번역교육전문가의 평가는 다음과 같다.

표 4. 텍스트 1, 2에 대한 번역교육전문가의 평가 결과

텍스트 1에 대한 평가				텍스트 2에 대한 평가			
텍스트 일련번호	평가자			텍스트 일련번호	평가자		
	평가자1	평가자2	평가자3		평가자1	평가자2	평가자3
1-1	3	2	2	1-2	3	2	3
2-1	3	3	3	2-2	1	0	2
3-1	3	2	3	3-2	3	2	2
4-1	3	3	2	4-2	3	2	3
5-1	3	2	3	5-2	3	2	2
6-1	2	3	3	6-2	3	2	2
7-1	3	3	3	7-2	3	2	3
8-1	3	3	3	8-2	3	2	3
9-1	3	3	3	9-2	2	2	2
10-1	1	2	2	10-2	2	1	2
11-1	1	3	2	11-2	2	1	2
12-1	3	3	2	12-2	2	2	2
13-1	1	1	2	13-2	2	2	3
14-1	3	3	3	14-2	3	2	3
15-1	3	3	2	15-2	3	3	3
16-1	3	1	3	16-2	2	2	2
17-1	1	2	2	17-2	2	3	2
18-1	2	2	3	18-2	3	2	3
19-1	3	2	3	19-2	3	3	2
20-1	2	3	3	20-2	3	3	2
21-1	1	2	2	21-2	3	2	2
22-1	2	2	2	22-2	2	1	1
23-1	1	2	2	23-2	0	2	2
24-1	1	3	2	24-2	2	2	2
25-1	0	1	2	25-2	1	1	1
26-1	0	1	3	26-2	2	2	2
평균 점수	2.07	2.3	2.5	평균 점수	2.34	1.92	2.23

번역교육전문가의 평가 결과를 그래프 11과 12로 나타냈다.

그래프 11. 텍스트 1에 대한 번역교육전문가의 평가

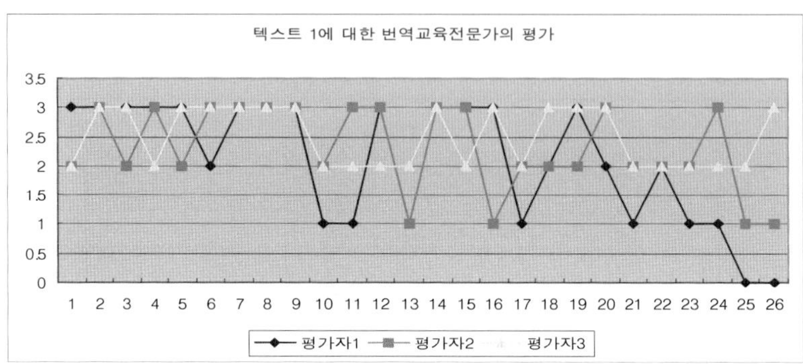

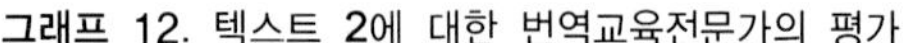

그래프 12. 텍스트 2에 대한 번역교육전문가의 평가

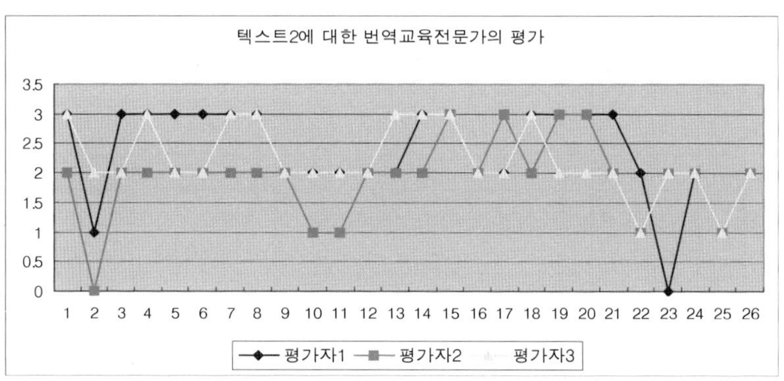

텍스트 1, 2에 대한 번역교육전문가의 평가 결과의 평균 점수를 그래프 13으로 나타냈다.

그래프 13. 텍스트 1, 2에 대한 번역교육전문가의 평균 점수

번역교육전문가의 평균점수

점수

평가자

텍스트1의 평균점수 텍스트2의 평균점수

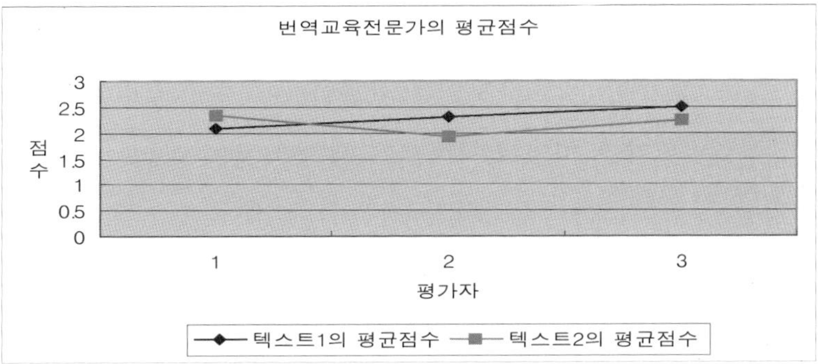

(3) 피험자군별 평가 결과 분석

1) 전문 번역사에 대한 가독성 평가 결과

① 피험자 1에 대한 가독성 평가 결과

표 5. 피험자 1에 대한 가독성 평가 점수

텍스트 1-1	평가자			평균 점수	텍스트 1-2	평가자			평균 점수
	1	2	3			1	2	3	
편집전문가	2	2	1	1.6	편집전문가	2	2	2	2
국어전문가	2	2	2	2	국어전문가	2	2	2	2
교육전문가	3	2	2	2.3	교육전문가	3	2	3	2.6
전체 평균 점수				2	전체 평균 점수				2.2

피험자 1에 대한 평가 결과를 보면 교육전문가들은 비교적 높은 점수를 준 반면, 편집전문가들은 가장 낮은 점수를, 국어전문가들은 모두 2점을 주었다. 또한 텍스트 1에 대한 평가가 더 낮게 나

와, 한자어가 많은 텍스트의 성격상, 언어 간섭 현상으로 인한 가독성 저하를 유추해 볼 수 있다. 1점을 준 편집전문가가 1-1 텍스트에 대한 총평으로 '전반적으로 흐름이 부자연스럽고 문 구조도 어색하다'는 평가를 하였고, 2점으로 평가한 평가자들도 대체로 무난하지만 문장이 딱딱한 경향과 어휘 선택에 문제가 있었다는 점을 지적한 점도 이를 뒷받침한다.

그래프 14. 피험자 1의 가독성 평가 결과

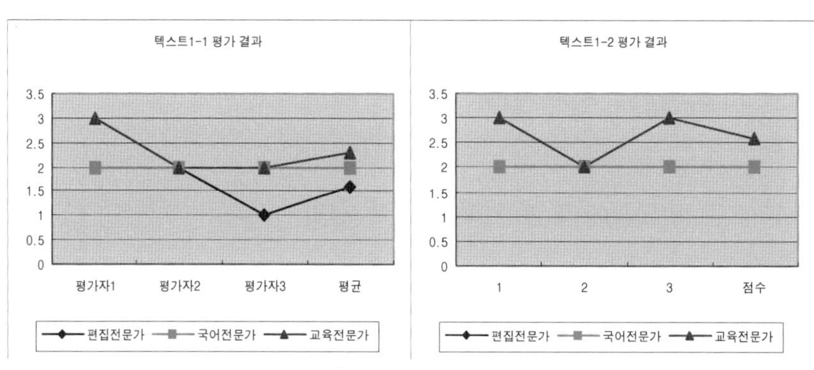

② 피험자 2에 대한 가독성 평가 결과

표 6. 피험자 2에 대한 가독성 평가 점수

텍스트 2-1	평가자			평균 점수	텍스트 2-2	평가자			평균 점수
	1	2	3			1	2	3	
편집전문가	3	2	2	2.3	편집전문가	2	2	0	1.3
국어전문가	3	3	3	3	국어전문가	2	2	2	2
교육전문가	3	3	3	3	교육전문가	1	0	2	1
전체 평균 점수				2.7	전체 평균 점수				1.4

피험자 2는 텍스트 타입에 따라 평가 점수의 편차가 크게 나타났다. 텍스트 1은 2.3～3점을 기록한 반면, 텍스트 2는 '탈락'인 0에서 2점을 기록하였고, 평균점도 1에서 3점까지 편차가 컸다. 평가자별 결과를 보면, 국어전문가와 교육전문가들은 텍스트 1에 대해 모두 3점으로 평가한 반면, 편집전문가의 평가는 상대적으로 낮은 평균 2.3을 기록했다. 0점을 준 평가자는 '한국어 표현이 미흡하며 번역이라기보다는 해석을 한 것 같은 느낌이 든다.', '전반부의 가독성이 매우 떨어짐'이라고 평가하였다. 가독성 평가 결과, 피험자 2는 한국어 표현력이 필요한 텍스트 타입에 약한 경향이 있는 것으로 파악된다.

그래프 15. 피험자 2의 가독성 평가 결과

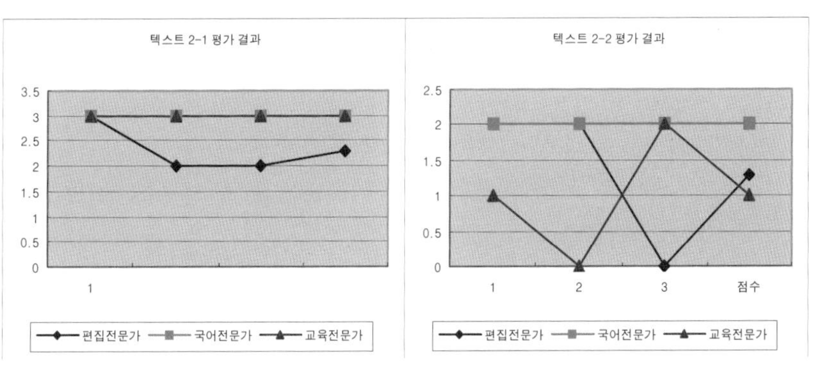

③ 피험자 3에 대한 가독성 평가 결과

표 7. 피험자 3에 대한 가독성 평가 점수

텍스트3-1	평가자			평균 점수	텍스트3-2	평가자			평균 점수
	1	2	3			1	2	3	
편집전문가	2	2	2	2	편집전문가	1	2	2	1.6
국어전문가	2	2	3	2.3	국어전문가	2	2	3	2.3
교육전문가	3	2	3	2.6	교육전문가	3	2	2	2.3
전체 평균 점수				2.3	전체 평균 점수				2.1

피험자 3의 경우도 피험자 2와 마찬가지로 텍스트 1에 대한 평가가 상대적으로 높게 나타났다. 평가자별로 보아도 편집전문가의 평가가 가장 낮았고, 교육전문가의 평가가 상대적으로 높았다. 총평을 보면, 문장이 간단명료하고, 세련된 문장이라는 평가와 전반적으로 무난하다는 평을 받은 반면 문장이 다소 딱딱하고 일본어 어순을 그대로 따라가 매끄럽지 못한 경우가 있다는 평까지 다소 편차를 보였다.

그래프 16. 피험자 3의 가독성 평가 결과

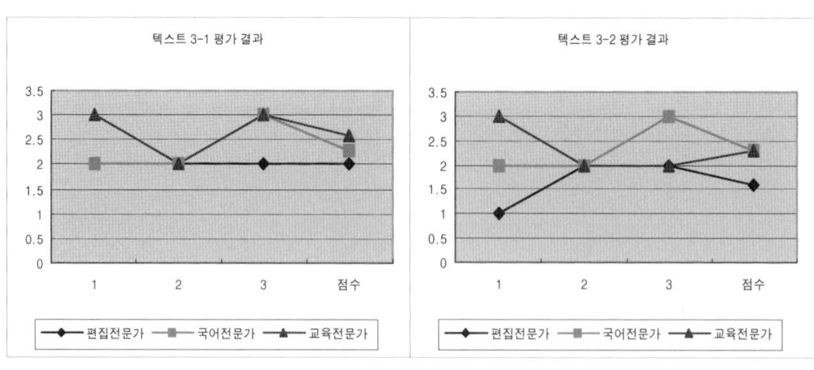

④ 피험자 4에 대한 가독성 평가 점수

표 8. 피험자 **4**에 대한 가독성 평가 점수

텍스트4－1	평가자			평균 점수	텍스트4－2	평가자			평균 점수
	1	2	3			1	2	3	
편집전문가	2	2	3	2.3	편집전문가	1	3	1	1.6
국어전문가	2	3	3	2.6	국어전문가	2	2	2	2
교육전문가	3	3	2	2.6	교육전문가	3	2	3	2.6
전체 평균 점수				2.5	전체 평균 점수				2.1

피험자 4도 텍스트 2에 대한 평가가 낮았다. 또한 편집전문가의 평가가 다른 평가자보다 낮았다. 총평을 보면 4－2에 대해 1점을 준 경우에는 '어휘 선택과 한국어 표현 등이 미흡하다.'는 평에서 '연설문의 특성을 살리려고 애쓴 흔적이 있다.'거나 '전반적으로 매끄럽다.'와 같은 좋은 평도 있었다. 피험자 4는 텍스트 타입에서 문장력이나 표현력을 요하는 텍스트 2보다 텍스트 1에서 높은 점수를 받았다.

그래프 17. 피험자 **4**의 가독성 평가 결과

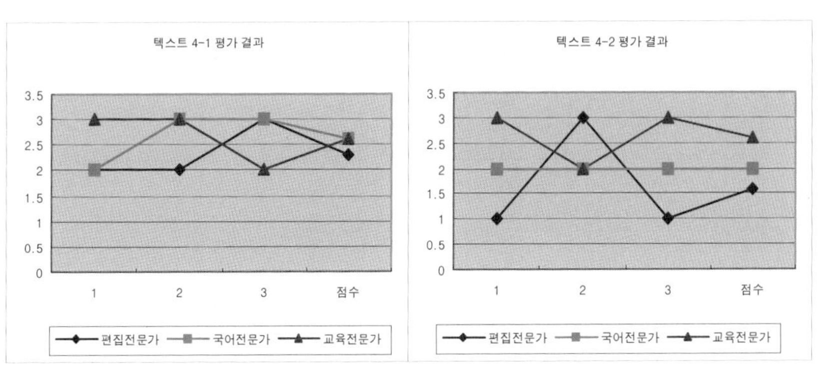

⑤ 피험자 5에 대한 가독성 평가 결과

표 9. 피험자 5에 대한 가독성 평가 점수

텍스트5 - 1	평가자			평균	텍스트5 - 2	평가자			평균
	1	2	3	점수		1	2	3	점수
편집전문가	3	2	2	2.3	편집전문가	2	3	1	2
국어전문가	2	2	3	2.3	국어전문가	2	2	3	2.3
교육전문가	3	2	3	2.6	교육전문가	3	2	2	2.3
전체 평균 점수				2.4	전체 평균 점수				2.2

피험자 5도 텍스트 1에 대한 평가가 상대적으로 좋았다. 역시 편집전문가들의 평가가 다른 평가자보다 낮았다. 총평을 보면 1점을 준 경우 '주술 관계, 적절한 어휘 선택 미흡'이라는 평과 '전반적으로 매끄럽다.', '어휘 선택, 문장 구성이 매우 좋음'이라는 평까지 있었다.

그래프 18. 피험자 5에 대한 가독성 평가 결과

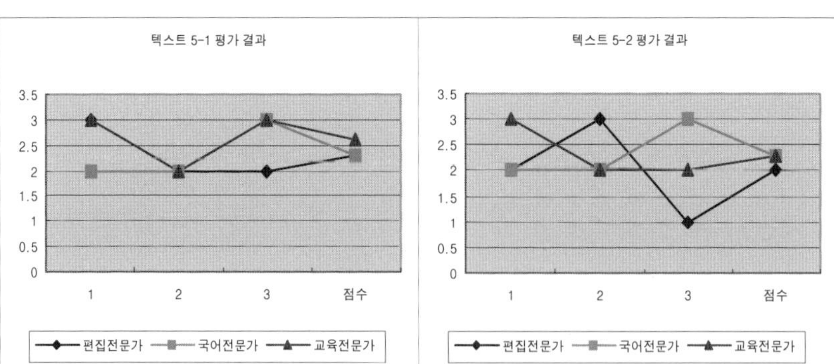

⑥ 피험자 6에 대한 가독성 평가 결과

표 10. 피험자 6에 대한 가독성 평가 점수

텍스트6－1	평가자			평균 점수	텍스트6－2	평가자			평균 점수
	1	2	3			1	2	3	
편집전문가	1	2	3	2	편집전문가	1	3	2	2
국어전문가	2	1	2	1.6	국어전문가	2	2	3	2.3
교육전문가	2	3	3	2.6	교육전문가	3	2	2	2.3
전체 평균 점수				2.1	전체 평균 점수				2.2

피험자 6에 대한 평가는 피험자 1에서 5까지의 평가 양상과는 다르게 나타났다. 6－1에 대한 평가에서 국어전문가의 점수가 가장 낮았고, 텍스트 타입에 따른 차이는 거의 드러나지 않았다. 특히 편집전문가들의 평가에서 1～3점까지 편차가 크게 나타나, 평가자별로 평가가 엇갈렸음을 알 수 있다. 총평을 보면, '무난하다', '문장 서술이 평이하고 간결하다.'는 긍정적인 평에서 '한국어 표현이 자연스럽지 못하다.', '의미가 모호한 경우가 있다.', '문맥에서 벗어난 의역이 다수 보임'이라는 평도 있었다.

그래프 19. 피험자 6에 대한 가독성 평가 결과

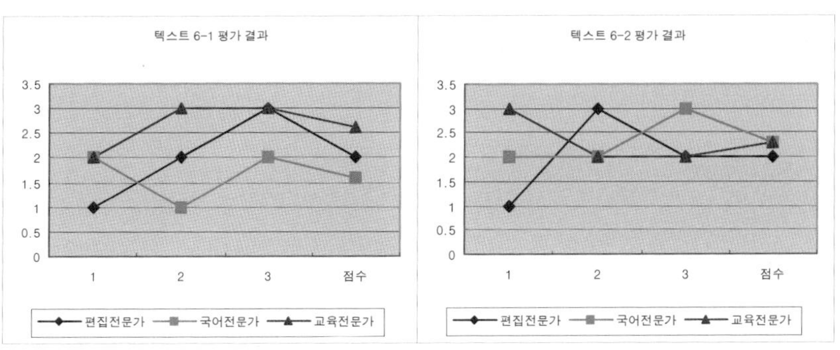

⑦ 피험자 7에 대한 가독성 평가 결과

표 11. 피험자 7 대한 가독성 평가 점수

텍스트7－1	평가자			평균 점수	텍스트7－2	평가자			평균 점수
	1	2	3			1	2	3	
편집전문가	3	2	2	2.3	편집전문가	3	2	3	2.6
국어전문가	3	3	3	3	국어전문가	3	3	2	2.6
교육전문가	3	3	3	3	교육전문가	3	2	3	2.6
전체 평균 점수				2.7	전체 평균 점수				2.6

피험자 7에 대한 평가는 상당히 높게 나타났다. 1번 텍스트의 경우, 국어·교육전문가들은 전원 3점을 주었고, 7－1에 대한 편집전문가의 평가를 제외하고 두 명에게 3점을 받아 고른 분포를 보였다. 특히 국어전문가들은 '아주 좋음', '잔칫날이란 키워드가 적절'이라며 좋은 평을 하였고, 다른 편집전문가들도 '전체적으로 자연스럽고 논리적', '대체적으로 적절한 어휘를 사용해 가독성이 좋다.'라고 평가하였다.

그래프 20. 피험자 7의 가독성 평가 결과

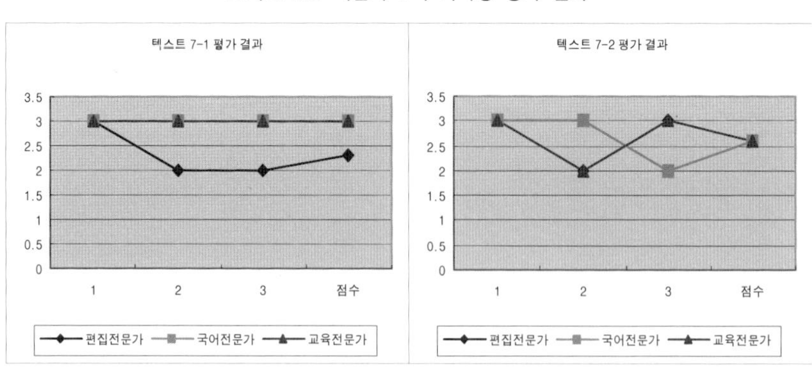

⑧ 피험자 8에 대한 가독성 평가 결과

표 12. 피험자 8에 대한 가독성 평가 점수

텍스트8 - 1	평가자			평균 점수	텍스트8 - 2	평가자			평균 점수
	1	2	3			1	2	3	
편집전문가	3	3	3	3	편집전문가	2	2	2	2
국어전문가	3	3	3	3	국어전문가	2	2	3	2.3
교육전문가	3	3	3	3	교육전문가	3	2	3	2.6
전체 평균 점수				3	전체 평균 점수				2.3

피험자 8은 유일하게 텍스트 1에서 평가자 전원으로부터 3점을 받았다. 텍스트 2는 이에 못 미치기는 하나 평균 2~2.6점으로 비교적 좋은 평가를 받았다. 총평을 보면, 텍스트 1에 대해서는 '기본적인 가독성은 높은 수준', '첫 문장이 어색했지만 전반적으로 잘 풀어내고 있음', '문장 표현이 명료함' 등의 평가를 받았고, 텍스트 2에 대해서는 '전반적으로 무난하나, 몇몇 문장의 경우 주술관계가 불명확하고 부자연스러운 표현이 보인다.', '몇몇 문장에서 주체가 드러나지 않는 경우가 있다.', '무난함' 등의 평을 받았다.

그래프 21. 피험자 8의 가독성 평가 결과

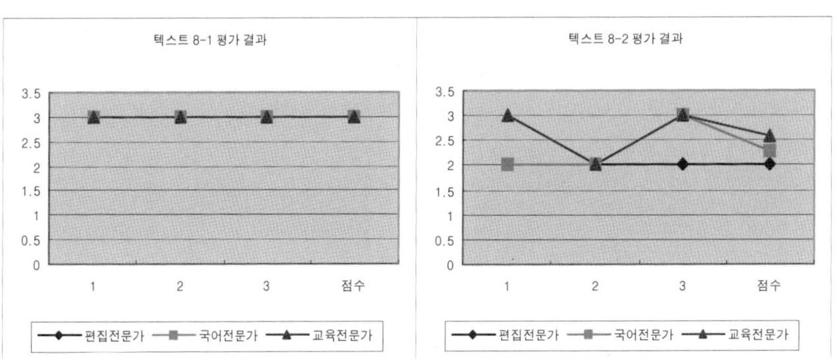

⑨ 피험자 9에 대한 가독성 평가 결과

표 13. 피험자 9에 대한 가독성 평가 점수

텍스트9－1	평가자			평균	텍스트9－2	평가자			평균
	1	2	3	점수		1	2	3	점수
편집전문가	1	2	2	1.6	편집전문가	1	1	2	1.3
국어전문가	2	2	2	2	국어전문가	2	2	2	2
교육전문가	3	3	3	3	교육전문가	2	2	2	2
전체 평균 점수				2.2	전체 평균 점수				1.7

피험자 9의 경우 텍스트 1에서 특히 편차가 나타났다. 특히 교육전문가는 텍스트 1에 대해 전원 3점을 주었으나, 국어전문가와 편집전문가의 평가는 낮았다. 텍스트 2에 대한 평가에서 특히 편집전문가의 평가가 좋지 못했고, 전반적으로 텍스트 2의 가독성이 떨어진 것으로 나타났다. 총평을 보면, 텍스트 1에 대해 '일부 용어 선택에 문제가 있으나 전체적으로 훌륭함', '전반적으로 무난함'이란 평도 있었지만, 텍스트 2에 대해 '어휘 선택이 부자연스러움', '일부 표현이 부자연스러움'으로 나타났다.

그래프 22. 피험자 9의 가독성 평가 결과

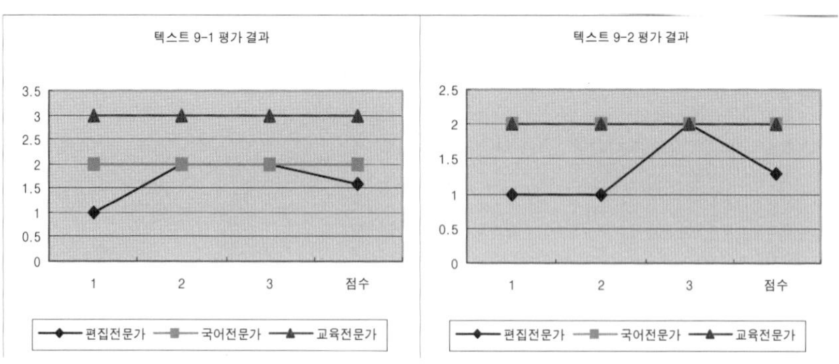

⑩ 피험자 10에 대한 가독성 평가 결과

표 14. 피험자 10에 대한 가독성 평가 점수

텍스트 10－1	평가자			평균 점수	텍스트 10－2	평가자			평균 점수
	1	2	3			1	2	3	
편집전문가	1	2	2	1.6	편집전문가	2	2	0	1.3
국어전문가	2	2	1	1.6	국어전문가	2	2	2	2
교육전문가	1	2	2	1.6	교육전문가	2	1	2	1.6
전체 평균 점수				1.6	전체 평균 점수				1.6

피험자 10에 대한 평가는 전반적으로 낮았다. 특히 3점을 전혀 받지 못한 것은 가독성이 상당히 떨어진다는 것을 알 수 있다. 피험자 10은 전문 번역사임에도 불구하고 0점을 받은 것은 시사하는 바가 크다고 할 수 있다. 텍스트 타입에 따른 차이는 거의 없었고, 평가자별 편차도 나타나지 않았다. '탈락'이라 평가한 평가자는 '단어 해석 차원의 번역문이 눈에 띈다. 문장의 논리성이 결여되어 있다.'고 총평하였고, '전체적인 맥락이 부드럽지 않음', '문장의 주술 호응 관계가 불분명', '어휘 표현이 부적절한 번역이 많음' 등의 부정적인 평가가 많았다.

그래프 23. 피험자 10의 가독성 평가 결과

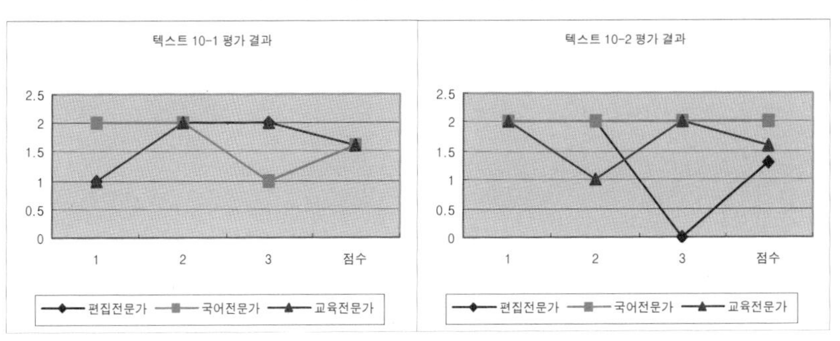

⑪ 피험자 11에 대한 가독성 평가 결과

표 15. 피험자 11에 대한 가독성 평가 점수

텍스트 11－1	평가자			평균 점수	텍스트 11－2	평가자			평균 점수
	1	2	3			1	2	3	
편집전문가	2	2	1	1.6	편집전문가	2	2	1	1.6
국어전문가	3	3	2	2.6	국어전문가	2	2	1	1.6
교육전문가	1	3	2	2	교육전문가	2	1	2	1.6
전체 평균 점수				2.1	전체 평균 점수				1.6

피험자 11에 대한 평가는 텍스트 1에서 편차가 컸고, 텍스트 2에서는 비슷한 양상을 보였다. 텍스트 2는 3점을 전혀 받지 못해 가독성이 떨어지는 것으로 나타났고, 텍스트 1은 국어전문가의 평가가 상대적으로 높았고 편집전문가의 평가는 좋지 않았다. 총평을 보면, '직역투', '부자연스러운 한국어', '문맥에 맞지 않는 번역이 보임' 등의 평가가 많았다. 특히 '직역'으로 인해 가독성이 저해된다는 평이 두드러져 언어 간섭의 영향이 큰 것으로 유추된다.

그래프 24. 피험자 11의 가독성 평가 결과

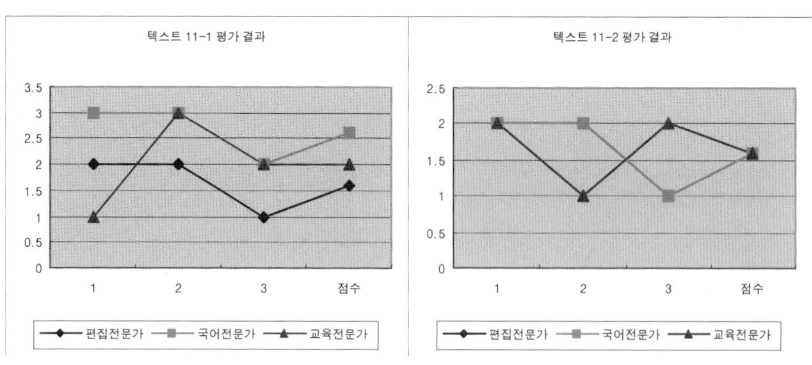

⑫ 피험자 12에 대한 가독성 평가 결과

표 16. 피험자 12에 대한 가독성 평가 점수

텍스트 12-1	평가자			평균	텍스트 12-2	평가자			평균
	1	2	3	점수		1	2	3	점수
편집전문가	3	3	0	2	편집전문가	3	2	2	2.3
국어전문가	3	3	2	2.6	국어전문가	2	3	2	2.3
교육전문가	3	3	2	2.6	교육전문가	2	2	2	2
전체 평균 점수				2.4	전체 평균 점수				2.2

피험자 12의 경우 텍스트 1에 대한 평가가 상대적으로 높았고, 피험자 11까지와는 달리 텍스트 2에 대한 교육전문가의 평가가 가장 낮은 것이 특징적이다. 텍스트 1에 대해 유일하게 0점을 준 평가자는 '문 구조가 어색하고 전반적 흐름이 좋지 않다.'고 평한 반면, '몇 단어에 대한 설명이나 풀이만 덧붙인다면 가독성이 훌륭함'의 평도 있어 엇갈린 평가가 나왔음을 알 수 있다. 텍스트 2에 대해서는 '의미 전달이 분명하지 않은 표현이나 어색한 표현이 있음', '논리성이 결여된 문장이 있지만, 전반적으로 무난한 번역'이라는 평을 받았다.

그래프 25. 피험자 12의 가독성 평가 결과

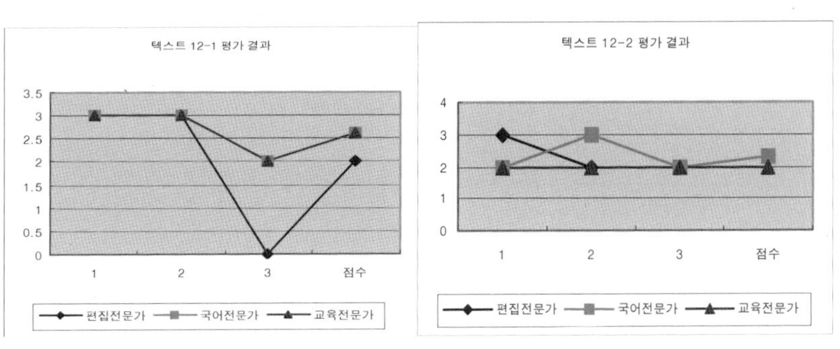

⑬ 피험자 13에 대한 가독성 평가 결과

표 17. 피험자 13에 대한 가독성 평가 점수

텍스트 13-1	평가자			평균	텍스트 13-2	평가자			평균
	1	2	3	점수		1	2	3	점수
편집전문가	2	3	1	2	편집전문가	3	2	2	2.3
국어전문가	2	2	2	2	국어전문가	2	3	3	2.6
교육전문가	1	3	2	2	교육전문가	2	2	3	2.3
전체 평균 점수				2	전체 평균 점수				2.4

피험자 13은 피험자 1~12와는 반대로 텍스트 2에 대한 평가가 더 높았다. 평가자별 편차는 그다지 크지 않았다. 총평을 보면, 텍스트 1에 대해서는 '전체적인 흐름이 어색하다', 생소한 단어를 풀이 없이 그대로 사용하여 뜻이 모호한 경우가 있음', '한국어 전개가 자연스럽지 않음' 등의 의견이 있었고, 텍스트 2의 경우, '한국어 표현이 전체적으로 이해하기 쉽다', '무난함', '글의 흐름은 매끄러우나 간혹 문장 표현에 어색한 점이 보임' 등의 평가를 받았다.

그래프 26. 피험자 13의 가독성 평가 결과

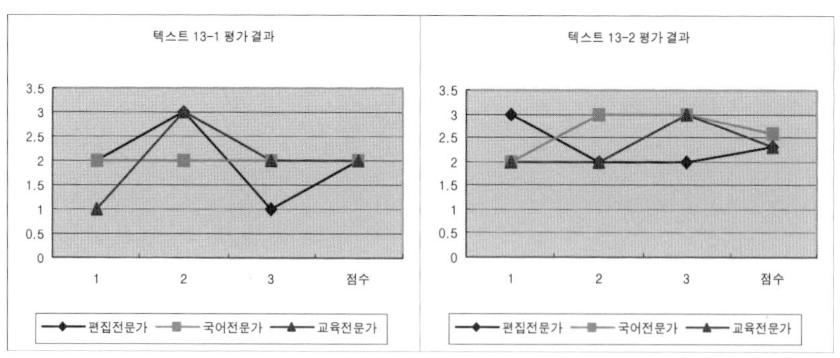

2) 통대 재학생에 대한 가독성 평가 결과

① 피험자 14에 대한 가독성 평가 결과

표 18. 피험자 14에 대한 가독성 평가 점수

텍스트 14-1	평가자			평균 점수	텍스트 14-2	평가자			평균 점수
	1	2	3			1	2	3	
편집전문가	2	3	3	2.6	편집전문가	3	3	2	2.6
국어전문가	3	3	3	3	국어전문가	2	2	3	2.3
교육전문가	3	3	3	3	교육전문가	3	2	3	2.6
전체 평균 점수				2.8	전체 평균 점수				2.5

피험자 14에 대한 평가는 전반적으로 높았다. 특히 평가자별 편차가 거의 없는 점을 볼 때 가독성이 상당히 높은 것으로 판단된다. 텍스트 1은 1명을 제외하고 모두 3점을 받아 좋은 평가를 얻었다. 총평에서도 텍스트 1은 '전체적으로 자연스럽게 풀어냈다.', '전체적으로 무난함', '어휘 선택과 문장 표현 좋음' 등의 평가가 있었고, 텍스트 2는 '전반적으로 무난하다.', '간단명료한 문장, 문장 간 논리적 연결이 좋음', '전체적으로 가독성이 높고 이해하기 쉬운 어휘를 선택했음' 등의 평이 있었다.

그래프 27 피험자 14의 가독성 평가 결과

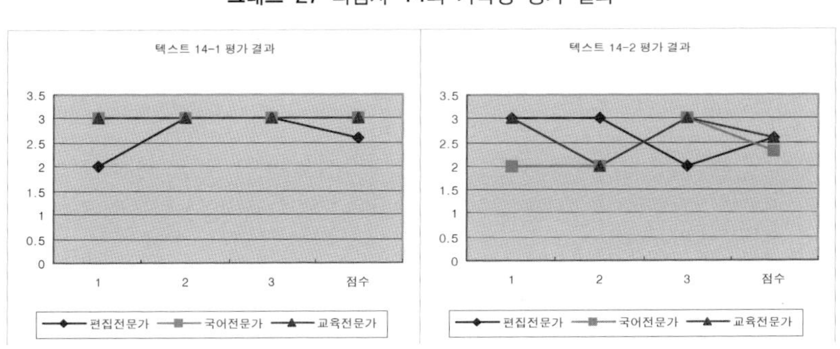

② 피험자 15에 대한 가독성 평가 결과

표 19. 피험자 15에 대한 가독성 평가 점수

텍스트 15-1	평가자			평균	텍스트 15-2	평가자			평균
	1	2	3	점수		1	2	3	점수
편집전문가	2	3	3	2.6	편집전문가	2	2	1	1.6
국어전문가	3	3	2	2.6	국어전문가	2	3	3	2.6
교육전문가	3	3	2	2.6	교육전문가	3	3	3	3
전체 평균 점수				2.6	전체 평균 점수				2.4

피험자 15는 텍스트 1은 고른 점수를 받아 비교적 높은 평가를 받았으나, 텍스트 2는 편집전문가의 평가가 좋지 못했다. 그러나 교육전문가로부터는 모두 3점을 받았다. 총평을 보면 텍스트 1은 '전체적인 흐름이 좋다.'는 평가도 있었지만, 2점을 준 평가자 중에는 '주술 호응 관계가 어색한 문장, 오역의 소지가 있는 번역이 보임', '서술어를 보다 한국어에 맞게 구사해야 할 것임'과 같이 한국어 어법의 문제점을 지적한 평가가 있었다. 텍스트 2에서도 '무난함', '개념 사이의 범주 구분이 명확함' 등의 평가도 있는 반면, '주술 관계가 불명확한 문장이 눈에 띔', '직역의 문체가 있어 의미 전달이 모호한 문장이 많음'과 같은 부정적인 평가도 있었다.

그래프 28. 피험자 15의 가독성 평가 결과

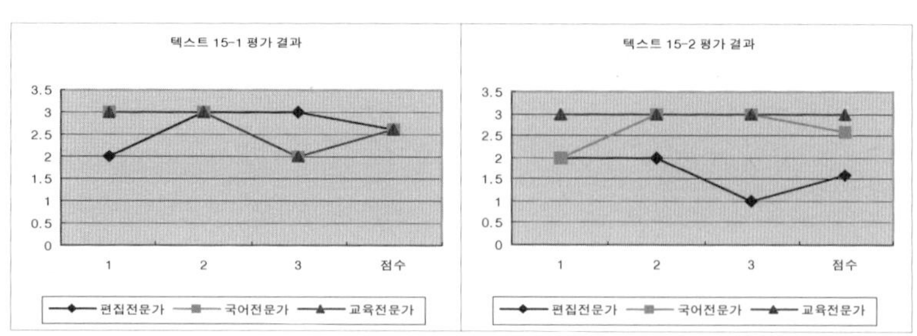

③ 피험자 16에 대한 가독성 평가 결과

표 20. 피험자 16에 대한 가독성 평가 점수

텍스트 16－1	평가자			평균 점수	텍스트 16－2	평가자			평균 점수
	1	2	3			1	2	3	
편집전문가	2	3	3	2.6	편집전문가	3	2	3	2.6
국어전문가	3	3	2	2.6	국어전문가	2	3	2	2.3
교육전문가	3	1	3	2.3	교육전문가	2	2	2	2
전체 평균 점수				2.5	전체 평균 점수				2.3

피험자 16의 경우도 텍스트 1의 평균점이 더 높았다. 특히 편집전문가의 평가가 다른 평가자보다 더 좋은 점이 특기할 만한다. 텍스트 타입별 편차는 크지 않으며, 평가자별 차이도 유의할 수준은 아니다. 총평을 보면, 텍스트 1에 대해서는 '전체적인 흐름이 좋다', '매우 훌륭함' 등의 좋은 평이 있는 반면, 유일하게 1점을 준 교육전문가는 '매우 어색한 한국어 표현들이 많음'이나 국어전문가의 '맞춤법 및 문장 표현에 다수 지적될 사항들이 보임'과 같은 평가도 있었다. 텍스트 2의 경우는 '약간 부자연스러운 표현이 있지만, 전반적으로 좋다.', '개념에 대해 정확히 서술하여 모르는 용어라도 이해하기 쉽게 풀이하였음' 등의 편집전문가의 평가가 있었으나, 교육전문가들은 '전반부에 직역투의 표현', '한국어 표현이 어색' 등의 엇갈린 평가를 받았다. 피험자 16은, 일부 문장의 번역을 중시한 평가자와 전체적인 흐름을 중시한 평가자 사이에 평가가 엇갈린 경우라 해석된다.

그래프 29. 피험자 16의 가독성 평가 결과

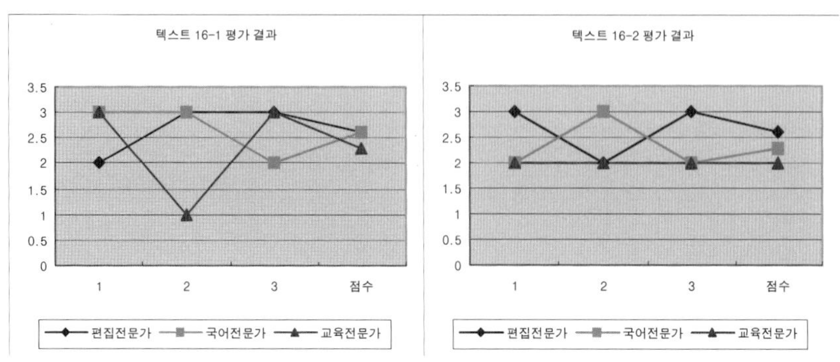

④ 피험자 17에 대한 가독성 평가

표 21. 피험자 17에 대한 가독성 평가

텍스트 17－1	평가자			평균 점수	텍스트 17－2	평가자			평균 점수
	1	2	3			1	2	3	
편집전문가	2	2	2	2	편집전문가	2	3	3	2.6
국어전문가	2	2	1	1.6	국어전문가	3	2	2	2.3
교육전문가	1	2	2	1.6	교육전문가	2	3	2	2.3
전체 평균 점수				1.7	전체 평균 점수				2.4

피험자 17의 경우도 텍스트 2에 대한 평가가 상대적으로 높게 나타났다. 또한 다른 피험자에 대한 평가 경향과 달리 편집전문가의 평가가 평가자들 중에서 비교적 높은 것은 특기할 만하다. 텍스트 1에 대한 총평에서는 '몇 가지 어색한 표현과 용어 확인이 필요하나 전반적으로 흐름은 괜찮다.', '직역체의 문구가 다소 보임'과 같은 일부 긍정적인 평가가 있는 반면, '부적절한 문장 표현, 어색한 어휘 표현 다수 보임', '한국어 표현이 자연스럽지 못함' 등의 부정적인 평가로 엇갈렸다. 텍스트 2에 대해서는 '한두 문장

을 제외하고는 전반적으로 좋다.'와 같은 평가와 함께 '수동형 문장을 자연스러운 우리말로 바꾸어서 표현하는 능력이 다소 부족', '어색한 어휘 표현, 주술 호응이 안 되는 문장이 보임'과 같이 한국어 어법을 지적하는 평가가 혼재한다.

그래프 30. 피험자 17의 가독성 평가 결과

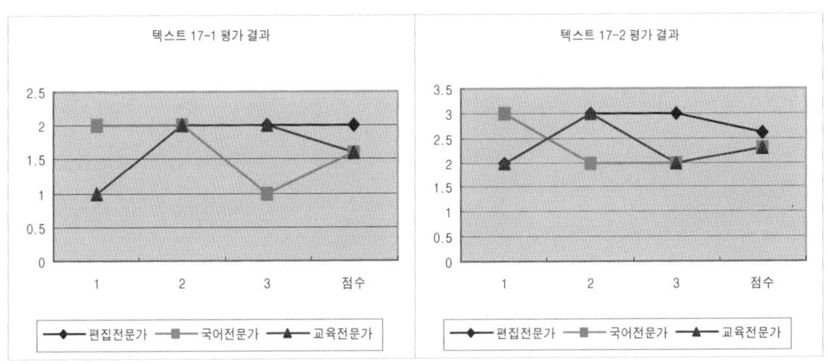

⑤ 피험자 18에 대한 가독성 평가 결과

표 22. 피험자 18에 대한 가독성 평가 점수

텍스트 18 - 1	평가자			평균 점수	텍스트 18 - 2	평가자			평균 점수
	1	2	3			1	2	3	
편집전문가	3	2	3	2.6	편집전문가	3	3	3	3
국어전문가	2	2	3	2.3	국어전문가	2	3	2	2.3
교육전문가	2	2	3	2.3	교육전문가	3	2	3	2.6
전체 평균 점수				2.4	전체 평균 점수				2.6

피험자 18도 다른 통대 재학생과 마찬가지로 텍스트 2에 대한 평가가 더 높았으며, 평가자별 편차도 크지 않았다. 특히 편집전문가의 평가가 다른 평가자들보다 높았다. 텍스트 1에 대한 총평에서

는 '일본식 단어를 잘 풀어서 적절한 어휘를 구사', '몇 가지 용어 확인과 첫 단락에 중복된 어휘가 있지만 전체적인 흐름이 좋다.', '비문이나 어색한 어휘들이 보이나 전체 글의 흐름이 순조로움' 등, 전반적인 가독성은 비교적 좋은 평가를 받은 반면, '전체적으로 우수하나 결정적인 몇 가지 오류로 인해 감점'이라는 평가도 있었다. 텍스트 2는 일본어 단어를 흔히 우리가 일상에서 자주 쓰는 한국어 어휘로 적절하게 표현함', '첫 문장이 좀 어색하지만 전체적으로 잘 풀어내고 있다.'와 같이 편집전문가들의 평가에 비해, '의미 전달이 분명치 않은 문장들이 다수 보임'과 같은 부정적인 평가도 있었다.

그래프 31. 피험자 18의 가독성 평가 결과

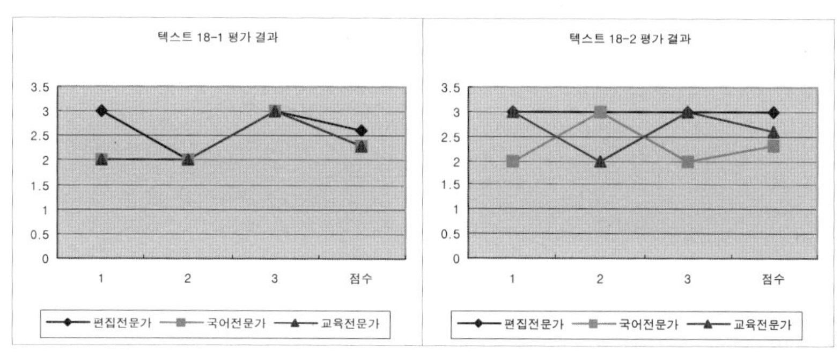

⑥ 피험자 19에 대한 가독성 평가 결과

표 23. 피험자 19에 대한 가독성 평가 점수

텍스트 19-1	평가자			평균 점수	텍스트 19-2	평가자			평균 점수
	1	2	3			1	2	3	
편집전문가	2	2	2	2	편집전문가	3	2	3	2.6
국어전문가	1	2	2	1.6	국어전문가	2	2	3	2.3
교육전문가	3	2	3	2.6	교육전문가	3	3	2	2.6
전체 평균 점수				2.1	전체 평균 점수				2.5

피험자 19도 텍스트 2에 대한 평가가 더 높았다. 국어전문가의 평가가 상대적으로 낮은 것이 특징이다. 텍스트 1에 대한 총평에서는 국어전문가들이 '띄어쓰기와 어법', '일본어투를 그대로 직역한 경우가 많음'으로 부정적인 평가를 내렸고, '용어 해석과 표현을 보완한다면 전체적인 흐름은 괜찮다.'나 '윤문하여 비교적 읽기 쉬우나 단어 선택이 적절하지 않는 경우가 있음', '일부 일본어식 표현 이외에는 전반적으로 훌륭하다.'와 같은 일부 긍정적인 평가도 있었다. 텍스트 2에 대해 편집전문가들은 '문장 구조가 대체로 잘 짜여 있어 가독성이 좋음', '어휘 선택에서 약간 미흡한 곳이 있지만 전반적으로 좋다.'로 전반적인 가독성에 점수를 준 반면, 국어전문가와 교육전문가 중에는 '문장 표현, 논리적 연결, 의미 전달에는 문제없음. 단, 일부 고유어는 우리말로 적절히 번역할 필요 있음', '한국어 표현이 자연스럽지 못함' 등으로 평가가 엇갈렸다.

그래프 32. 피험자 **19**의 가독성 평가 결과

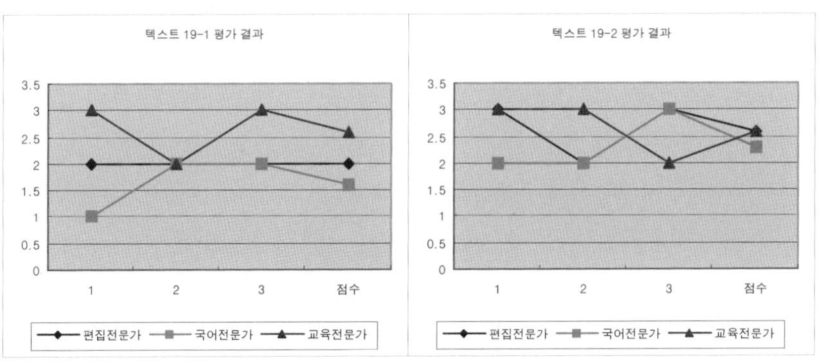

⑦ 피험자 20에 대한 가독성 평가 결과

표 24. 피험자 20에 대한 가독성 평가 점수표 25

텍스트 20－1	평가자			평균 점수	텍스트 20－2	평가자			평균 점수
	1	2	3			1	2	3	
편집전문가	2	3	2	2.3	편집전문가	3	3	3	3
국어전문가	3	3	3	3	국어전문가	3	3	3	3
교육전문가	2	3	3	2.6	교육전문가	3	3	2	2.6
전체 평균 점수				2.6	전체 평균 점수				2.8

피험자 20은 통대 재학생으로 상당히 높은 점수를 받았다. 텍스트 2에 대한 평가가 상대적으로 높았으며 국어전문가들은 텍스트 1, 2 모두 3점을 주었다. 편집전문가들도 텍스트 2에서 모두 3점을 준 것에 유의해야 할 것이다. 텍스트 1에 대한 총평이 '용어 해석이 보완된다면 전체적인 흐름은 괜찮다.', '무난함', '몇몇 실수에도 불구, 가독성이 뛰어난 텍스트' 등으로 나타났으며, 텍스트 2에 대해서는 편집전문가들이 '글 전체가 논리적이긴 하지만 다소 불필요한 연결어가 보임', '접속사 「그러나」의 사용이 적절한 것인지 의문이 감. 이것 외에는 전반적으로 좋음'으로 특정 접속사 표현을 제외하고 높이 평가하였고, '간혹 표현에 어색한 점이 보이나 글의 흐름이 매끄러움', '내용은 매우 좋으나 문법이 어긋난 곳 있음' 등, 글의 전체적인 흐름을 특히 높이 평가한 것을 알 수 있다.

그래프 33. 피험자 20의 가독성 평가 결과

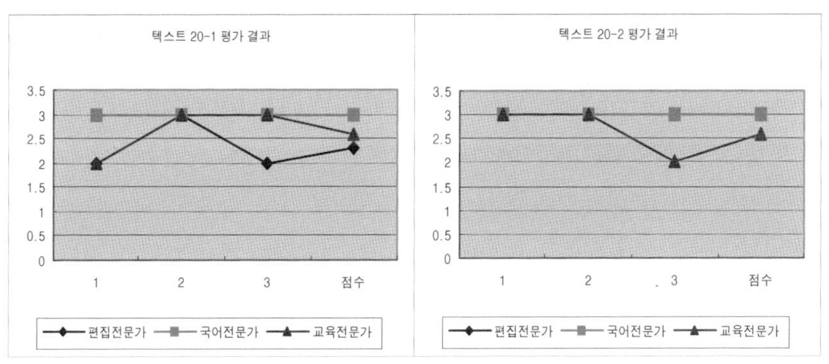

3) 학습자에 대한 가독성 평가 결과

① 피험자 21에 대한 가독성 평가 결과

표 25. 피험자 21에 대한 가독성 평가 점수

텍스트 21-1	평가자			평균 점수	텍스트 21-2	평가자			평균 점수
	1	2	3			1	2	3	
편집전문가	1	2	2	1.6	편집전문가	2	3	2	2.3
국어전문가	2	2	2	2	국어전문가	2	2	2	2
교육전문가	1	2	2	1.6	교육전문가	3	2	2	2.3
전체 평균 점수				1.7	전체 평균 점수				2.2

학습자로서 실험을 한 피험자 21~26에 대한 평가는 전반적으로 매우 낮게 나타났다. 그러나 피험자 21은 학습자 가운데에서 비교적 높은 평가를 받았다. 텍스트에 대한 평가가 상대적으로 높았고 평가자 간 편차는 크지 않았다. 텍스트 1에 대한 총평은 '부자연스러운 표현이 있지만 전체적인 흐름은 괜찮다.'의 평가도 있었지만, '문맥 이해에는 지장이 없으나 문장 표현에 있어 어색한

점이 자주 보임', '글 전체의 의미를 제대로 파악하지 않은 상태에서 개별 문장을 번역하여 뜻이 전달되지 않는 곳이 많음'이나 '한국어 표현이 부자연스러움', '부적절한 어휘 많음' 등의 부정적인 평가가 많았다. 텍스트 2에 대해서는 '주술 관계 불명확. 부자연스러운 한국어 표현이 눈에 띔', '용어 해석이나 전개가 매끄럽지 않음' 등의 평가가 있었다.

그래프 34. 피험자 21의 가독성 평가 결과

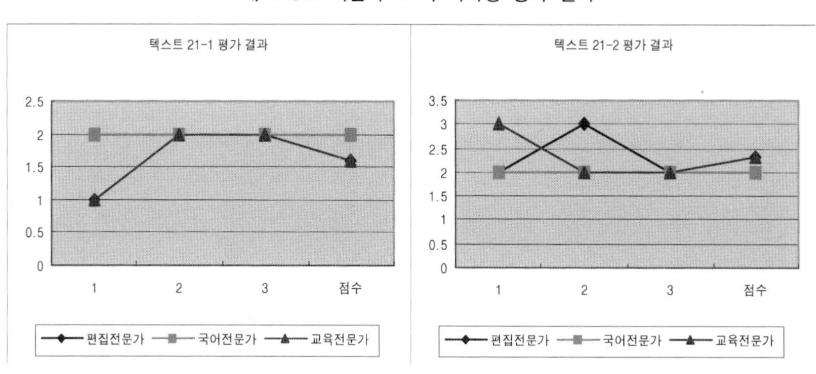

② 피험자 22에 대한 가독성 평가 결과

표 26. 피험자 22에 대한 가독성 평가 점수

텍스트 22-1	평가자			평균	텍스트 22-2	평가자			평균
	1	2	3	점수		1	2	3	점수
편집전문가	2	2	3	2.3	편집전문가	2	3	0	1.6
국어전문가	2	2	2	2	국어전문가	2	2	1	1.6
교육전문가	2	2	2	2	교육전문가	2	1	1	1.3
전체 평균 점수				2.1	전체 평균 점수				1.5

피험자 22도 학습자 중에서는 비교적 높은 평가를 받았다. 텍스트 1에 대한 평가가 상대적으로 높았으며 22-2의 편집전문가 평가를 제외하고 평가자 간 편차는 크지 않았다. 텍스트 1에 대해서는 '일본식의 연결 문체가 자주 등장하여 껄끄러운 문장이 있음', '전반적으로 만연체의 문장이 많아 쉽게 이해되지 않음', 어색한 문장이 많음' 등으로 총평하였고, 텍스트 2에 대해서는 '탈락'인 0점을 준 평가자가 '논리성 결여. 한국어 표현이 부자연스러움'으로, '문장 표현에 어색한 점이 많으며 의미 전달이 불분명한 부분이 많음', '어휘 선택이 부적절한 경우가 많음' 등, 어휘, 문장의 논리성 등에 대해 전반적으로 낮은 평가를 받았다.

그래프 35. 피험자 22의 가독성 평가 결과

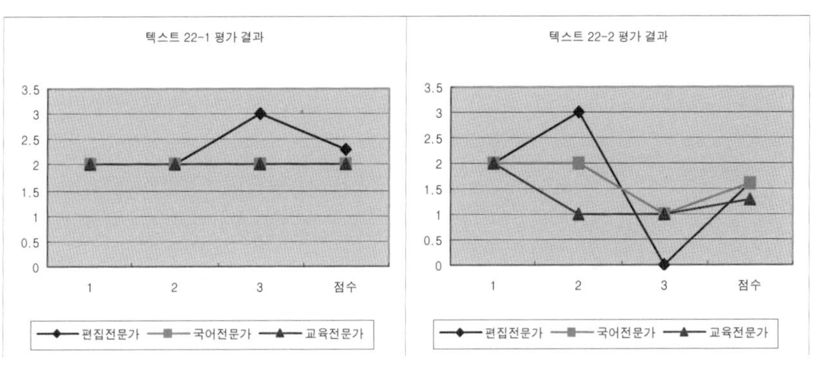

③ 피험자 23에 대한 가독성 평가 결과

표 27. 피험자 23에 대한 가독성 평가 점수

텍스트 23 - 1	평가자			평균 점수	텍스트 23 - 2	평가자			평균 점수
	1	2	3			1	2	3	
편집전문가	1	2	2	1.6	편집전문가	1	1	0	0.6
국어전문가	1	1	2	1.3	국어전문가	1	1	1	1
교육전문가	1	2	2	1.6	교육전문가	0	2	2	1.3
전체 평균 점수				1.5	전체 평균 점수				1

피험자 23에 대한 평가는 낮게 나타났다. 특히 텍스트 2에 대해 두 명의 평가자가 '탈락'인 0점을 주었다. 총평을 보면 '이해하기 힘든 표현 다수', '난잡한 문장, 쉼표의 남용', '주술 관계 불명확. 한국어 표현, 어휘 선택 미흡', '비문이 많으며 연결어의 사용에 있어 어색한 점이 많음' 등 전반적으로 가독성이 현저히 떨어진다는 평가가 많았다.

그래프 36. 피험자 23의 가독성 평가 결과

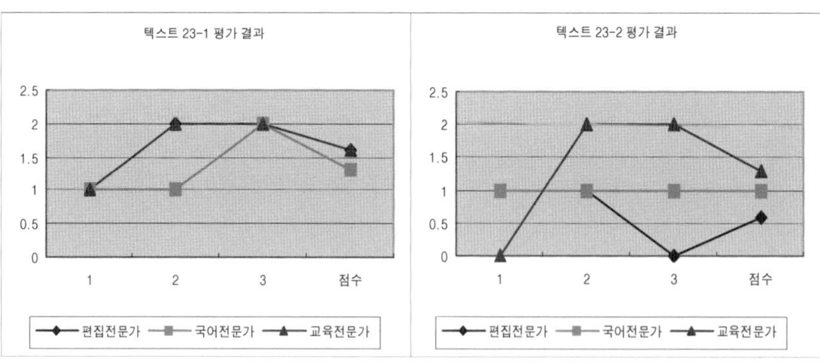

④ 피험자 24에 대한 가독성 평가 결과

표 28. 피험자 **24**에 대한 가독성 평가 점수

텍스트 24-1	평가자			평균	텍스트 24-2	평가자			평균
	1	2	3	점수		1	2	3	점수
편집전문가	1	2	0	1	편집전문가	2	2	1	1.6
국어전문가	2	2	1	1.6	국어전문가	2	2	2	2
교육전문가	1	3	2	2	교육전문가	2	2	2	2
전체 평균 점수				1.5	전체 평균 점수				1.8

피험자 24는 23번 피험자보다는 높은 평가를 받았지만, 역시 0점을 받는 등, 전반적으로 낮은 평가를 받았다. 총평을 보면 '일본어 단어나 문체를 그대로 직역한 경우가 많아 가독성이 떨어진다.', '전체적으로 흐름이 쉽게 파악되지 않는다.', '「～것」의 반복, 자연스러운 한국어 표현 미흡', '비문법적 표현과 어색한 번역이 많이 보임' 에서 알 수 있듯이 한국어 표현력 및 어법 사용이 모두 낮게 평가되었다.

그래프 37. 피험자 **24**의 가독성 평가 결과

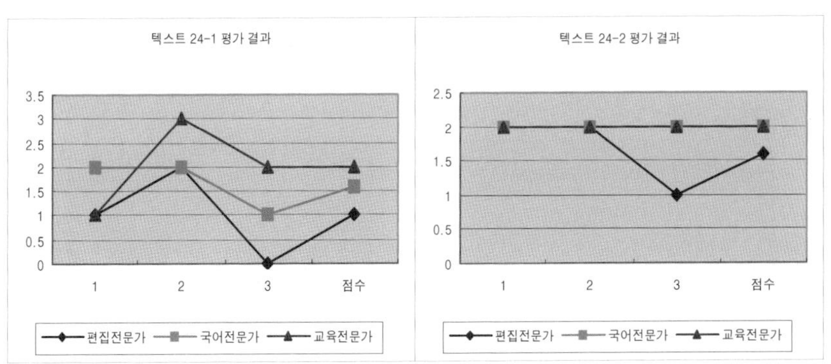

⑤ 피험자 25에 대한 가독성 평가 결과

표 29. 피험자 25에 대한 가독성 평가 점수

텍스트 25－1	평가자			평균	텍스트 25－2	평가자			평균
	1	2	3	점수		1	2	3	점수
편집전문가	1	1	0	0.6	편집전문가	1	2	1	1.3
국어전문가	1	1	1	1	국어전문가	1	2	1	1.3
교육전문가	0	1	2	1	교육전문가	1	1	1	1
전체 평균 점수				0.8	전체 평균 점수				1.2

피험자 25는 특히 텍스트 1에서 0점을 두 번 받았고 전반적인 평가도 매우 낮았다. 총평을 보면, 텍스트 1에 대해 '탈락'인 0점을 준 평가자는 '쉼표가 가독성 저해, 부적절한 어휘', '쉼표의 남발로 내용 흐름이 이어지지 않음과 동시에 어색한 표현과 용어로 논리 전개가 확연하게 들어오지 않는다.'고 하였고, 텍스트 2의 경우, '「～것」의 반복, 어휘 선택이 적절하지 못하여 논리성이 떨어진다.', '한국어 표현 매우 어색함' 등의 평가를 받아, 전반적인 가독성이 매우 떨어지는 것으로 평가되었다. 또한 쉼표의 남발을 지적한 평가자가 특히 많아 일본어 어법의 간섭을 많이 받은 것으로 판단된다.

그래프 38. 피험자 25의 가독성 평가 결과

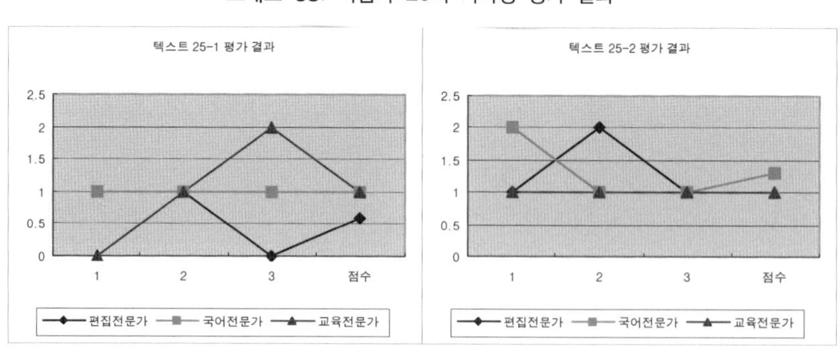

⑥ 피험자 26에 대한 가독성 평가 결과

표 30. 피험자 26에 대한 가독성 평가 점수

텍스트 26-1	평가자			평균	텍스트 26-2	평가자			평균
	1	2	3	점수		1	2	3	점수
편집전문가	3	1	1	1.6	편집전문가	1	1	1	1
국어전문가	1	2	1	1.3	국어전문가	2	2	2	2
교육전문가	0	1	3	1.3	교육전문가	2	2	2	2
전체 평균 점수				1.4	전체 평균 점수				1.6

피험자 26의 경우, 텍스트 1에 대한 평가자의 평가에 편차가 있었으나 전반적인 평가는 좋지 않았다. 텍스트 1에 대한 총평을 보면, '어휘 선택과 표현이 부자연스럽다.', '적절하지 못한 어휘 표현, 의미 전달이 분명하지 않는 문장 다수', '이해하기 어려움' 등으로 나타났고, 텍스트 2에 대해서는 '한국어 의미에 맞게 적절한 단어로 바꾸지 않아 가독성이 떨어짐', '문장 표현이 어색한 점이 많고 번역이 적절하지 않음', '논리성이 떨어지며 부자연스러운 표현이 보이며, 어휘 선택이 못하다.'로 나타났다.

그래프 39. 피험자 26의 가독성 평가 결과

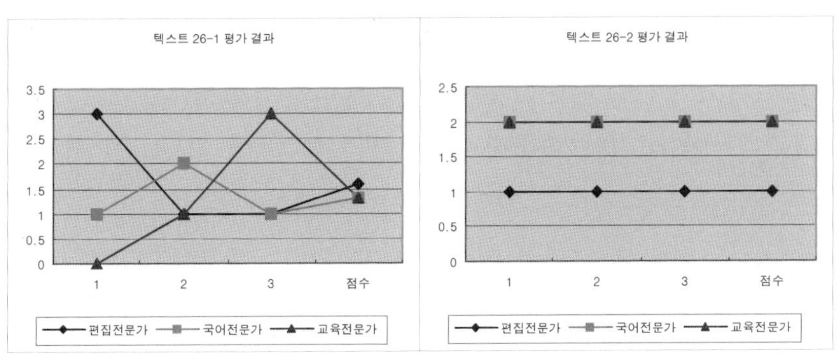

4. 가독성 평가 결과 분석

가독성 평가자의 평균 점수의 분포를 보면, TAP 피험자의 대략적인 수준을 파악할 수 있다. 가독성 실험에서 평가 점수는 상, 중, 하 각각 3, 2, 1점으로 주었지만 평가자의 견해는 2점 이하는 실제 가독성이 현저히 떨어지므로 2점 이상은 되어야 일반 독자의 가독성이 확보될 수 있는 것으로 판단하였다. 이에 평가 결과 '중'에 해당하는 2.0을 기준으로 하여 2.0에서 2.5, 2.5에서 3.0으로 나누어 분포를 확인하였다. 2.5 이상 3.0 이하의 평균 점수를 받은 피험자의 분포를 보면, 전문 번역사의 경우 약 19%, 통대 재학생은 57% 학습자는 0%로 나타났다. 2.0에서 2.5 미만인 경우는 전문 번역사가 약 58%, 통대 재학생인 약 36%, 학습자가 약 17%였다. 이번 평가 실험 결과를 보면 전문 번역사가 가독성에서 높은 점수를 받은 비율이 통대 재학생보다 훨씬 낮게 나타난 것에 주목해야 할 것이다.

한편, 전문 번역사는 2.0에서 2.5의 평균 점수 비율이 약 58%로 높게 나타났다. 그러나 통대 재학생의 점수 분포 중 2.0 이상의 비율이 전체의 약 93%로 평균적인 가독성에서도 전문 번역사보다 좋은 평가를 받았다. 평가 후 편집전문가가 밝힌 바와 같이 일한 번역사의 경우 '일정 수준 이상' 즉, 텍스트의 전체적인 내용 이해에는 지장이 없지만 훌륭한 가독성의 텍스트가 기타 언어에서의 번역보다 적다는 견해를 뒷받침하는 결과이다.

그러나 1년에서 11년까지의 번역 경력에도 불구하고 전문 번역사의 번역문에 대한 평가가 좋지 못한 것은 유의할 점이다. 2.0 미만을 받은 전문 번역사의 비중은 23%로 통대 재학생의 7.1%를 훨씬 상회하는 결과이다. 전반적인 가독성 수준도 떨어질 뿐 아니라, 전문 번역사로서는 납득할 수 없는 수준의 번역문이 생산된 것은, 일한 번역의 전문 번역사에 대한 절대적인 신뢰가 어려움을 반증하는 결과라 할 수 있다. 이에 비해 통대 재학생의 평균 점수가 높게 나타난 것은 현재 번역 교육의 방향에 대한 긍정적인 평가를 내릴 수 있게 하는 결과이다. 이번 가독성 평가 결과는 모국어 능력에 대한 의식과 향상을 위한 노력이 수반되지 않는 경우 전문 번역사라 하더라도 일한 번역의 품질이 확보될 수 없다는 점을 증명하는 결과이며, 번역 능력은 단순한 경력 및 경험 축적으로 향상될 수 있는 능력이 아니며, 번역사의 끊임없는 자각과 훈련이 필수적임을 보여 주는 결과이기도 하다. 아래 표는 피험자군별 가독성 평가의 점수 분포를 나타낸 표이다.

표 31. 피험자군별 가독성 평가 점수 분포(2.0 기준)

점수대	전문 번역사	통대 재학생	학습자	전체 평균 점수
2.5~3.0	19.2%(5/26)	57%(8/14)	0%(0/12)	2.11
2.0~2.5	57.6%(15/26)	35.7%(5/14)	16.6%(2/12)	
2.0 미만	23%(6/26)	7.1%(1/14)	83.3%(10/12)	

표 32. 피험자군별 가독성 평가 점수 분포(1.0 기준)

점수대	전문 번역사	통대 재학생	학습자
2.0~3.0	76.9%(20/26)	92.8%(13/14)	16.6%(2/12)
1.0~2.0	23%(6/26)	7.1%(1/14)	66.6%(8/12)
1.0 미만	0%(0/26)	0%(0/14)	16.6%(2/12)

본 실험 결과, 전반적인 번역 수준을 나타내기 위해 텍스트별, 피험자군별 평균 점수를 표 33에 나타내었다.

표 33. 피험자군별 평균 점수

피험자군	텍스트 1	텍스트 2
전문 번역사	2.32	2.05
통대 재학생	2.34	2.55
학습자	1.55	1.55

평균 점수에서도 전문 번역사가 통대 재학생보다 낮게 나타났으며, 전반적으로 가독성 평가 점수가 기대에 못 미치는 수준으로 나타났다.

5. TAP 데이터의 정량적 분석 결과

(1) 번역 단위 분석의 목적

본 연구의 가설은 일한 번역의 과정에 대한 관찰을 통해 번역사들이 일본어와 한국어의 언어적 유사성으로 인해 특정 번역 단위에 집중하는 경우, 독자의 가독성이 떨어질 수 있을 것이라는 가설에서 출발하였다. 과정지향적 연구방법론을 채택하여 번역사의 번역 과정을 연구한 선행 연구 결과 중에서도 번역 단위 자체에 주목한 연구 결과는 드물다. 소수의 연구 성과가 보고되고 있기는 하나, 피험자의 수가 적거나 실험 대상이 된 텍스트의 길이가 매우 짧아 TAP의 데이터가 양적으로 신뢰할 만한 수준이 못 되는 경우, 또는 전문 번역사가 아닌 학습자를 대상으로 한 연구가 대부분이다. 이러한 가운데 Kiraly(1995)는 전문 번역사와 학습자를 대상으로 BA 번역 과정을 TAP을 통해 관찰하고 특히 '번역 단위'를 집계·분석한 연구 결과를 보고하고 있어, 본 연구에도 많은 시사점을 제공하였다. Kiraly는 TAP의 발화 내용을 분석하고, 번역 결과물에 대한 품질 평가를 실시하였다. Kiraly의 연구에서도 번역 단위의 수와 문장성분별 번역 단위가 산출되었으나 품질 평가 결과와 관련시켜 논의를 진행시키고 있지는 않으며, 본 연구와 같이 독자의 '가독성'과 같이 구체화된 평가 기준을 제시하지는 않고 일반적인 품질 평가를 실시하고 있다는 점에서 차이가 있다.

전술한 바와 같이 일한 번역은 다른 언어 배합보다 쉽다는 일반적인 통념과는 달리, 언어 간섭 등 언어 간 유사성으로 인한 번역투의 문제점을 내포하고 있음을 번역사의 번역 과정에 접근함으로써 증명하고자 하였다. Ⅱ장의 번역 단위와 관련된 선행 연구 결과에서도 나타났듯이, 번역학자들은 전문 번역사일수록 '문장' 이상의 번역 단위에 집중하여 번역한다는 주장을 제기하고 있는데, 본 실험에서도 그와 동일한 결과가 나타나는지 살펴보고, 만약 다른 양상을 보인다면 일한 번역사들은 특히 어떤 번역 단위에 집중하는지, 또한 번역 단위와 가독성과는 관련성이 있는지 등을 규명하기 위해, 피험자군별로 번역 단위의 수와 문장 구성 성분별 번역 단위의 수 등을 집계하였다.

(2) 분석방법

본 실험에서 번역 단위는 피험자가 등가어를 찾기 위해 집중하는 ST의 문장성분을 말한다. 이러한 번역 단위를 찾기 위해서는 피험자의 발화 내용에 대한 세밀한 분석 작업을 요구하므로, TAP의 녹음 내용을 전사하는 과정에서부터 세심한 주의가 필요하다. TAP을 통해 녹음된 내용을 전사하는 과정은 단순히 발화자의 말을 글로 옮기는 것 이상의 중요한 의미를 지니기 때문에, 녹음 내용을 가능한 한 완전히 옮기는 것이 중요하다. 따라서 녹음 내용에 대한 가공 없이 모든 내용을 빠짐없이 기록하도록 주의를 기울였다. 전사 내용에는 번역사의 머뭇거림, 감정표현, 참조 경로 등이 빠짐없이 기록되었다. 데이터 분석 과정에서 이러한 지표(indicator)들은 '번역 단위'를 구분하는 데 중요한 기준으로 작용하게 된다. 즉, 번역사가 번역 과정에서 집중하는 번역 단위는 원문 읽기, 번역문 읽기와 같이 의식적인 번역 행위만으로는 잘 드러나지 않는 경우가 많다. 번역사가 무의식적으로 보여 주는 상기와 같은 지표들은 번역사의 의식의 흐름 및 중지, 시작을 알려 주는 표지로서의 역할을 하는 만큼, 번역 딘위를 구분하는 데 중요한 역할을 한다고 할 수 있다.

피험자의 전체 번역 단계를 파악한 후, 각 단계별로 번역 단위를 측정하였다. 번역 단위는 피험자가 번역을 해 가는 과정에서 문제점으로 인식하지 않고 어려움 없이 곧바로 번역이 되는 경우에는 문제가 없는 번역 단위인 'non-problem unit'[55]으로, 그리고

55) Kiraly(1995, p.75)는 non-problem units을 "피험자가 처리 과정에 관련한 발화를 하지 않는 번역 단위"라고 정의하였다. 또한 problem units은 "번역사에게 문제로 나타나 번역

발화 내용을 분석하여 피험자가 번역을 하는 과정에서 문제점으로 인식하거나 쉽게 번역이 안 되어 번역 전략 등이 동원되는 부분은 문제가 있는 번역 단위인 'problem unit'으로 구분하여 측정하였다. 부록 6의 표를 보면 피험자마다 각 단계별로 어떤 단위에서 어려움을 겪었는지 알 수 있다.

피험자 1부터 피험자 13까지는 통역번역대학원을 졸업한 후 전문 통번역사로 활동 중인 프로 번역사로서 11년에서 1년의 경력을 지닌 피험자로 구성되었다. 전문 번역사들에 대한 TAP 실험을 실시하여 그 번역 과정을 분석하여 우선 각 번역사들이 몇 단계를 거치는지 살펴보았다. 이때 번역 단계는 번역사들이 한 텍스트에 대한 번역 작업을 최종 완결하기까지 전체 텍스트를 퇴고하는 과정을 포함한 번역 과정을 말한다. 이때 전체 텍스트를 눈으로 읽거나 소리 내어 읽는 단순한 '읽기 과정'은 포함하지 않았다. 읽기 과정에서도 피험자의 머릿속에서는 의미 처리가 일어나고 있는 것으로 추측되지만, ST의 내용 외의 발화가 없는 경우에는 번역 단계에 포함시키지 않았다. 그러나 텍스트를 읽는 과정에서 텍스트의 장르나 저자의 의도, 예상 독자에 대한 파악 등의 발화가 포함되어 있는 경우에는 한 단계로 인정하였다. 보통 전문 번역사들은 학습자들에 비해 전체 텍스트를 읽어 텍스트 타입이나 저자의 의도, 텍스트의 수사적 구조 등을 파악할 것으로 '추측'되었으나 실험 결과는 이러한 추측과 일치하지 않았다. 전문 번역사 중 번역 전에 텍스트를 읽으면서 텍스트 타입이나 구조, 내용 등을 파악하고 전체 번역의 전략 등을 결정한 경우는 피험자 7뿐이었다. 피험자의 발화 내용에 대해서는 '정성

전략이 적용되는 번역 단위"로 정의하였다.

적 분석' 및 '가독성 평가 결과'에서 다소 언급하기로 한다.

부록 6의 번역 단위를 나타낸 표를 보면 번역문을 완성하기까지 몇 번의 번역 단계, 즉 퇴고 과정을 거치면서 번역 단위의 개수가 줄어듦을 알 수 있는데, 이는 번역 과정에서 부딪친 문제점들을 해결해 나가면서 피험자가 번역 시 어려움으로 인식하는 번역 단위가 감소해 가기 때문이다.

번역 단위 산출 과정에 대한 이해를 돕기 위해 실제 번역 단위를 산출한 예를 제시하도록 하겠다. 다음은 텍스트 1에 대한 전문 번역사의 발화 내용이다.

> 올해, 금년도. 혼넨와. [올해는]. [개인소비와 주택투자를] [환기]? 환기한다고? 이건 좀 이상하다. 놔두고. [내수 중심의 지속적 성장을 확실한 것으로 만들어 가지 않으면 안 된다.] 환기시켜. [..그 열쇠를 쥐고 있는 것이,] 관건이 되는 것이, 그 열쇠를 쥐고 있는 것이 [기업의 활력이다.]

우선 위의 예문은 6개의 번역 단위로 이루어졌고, 네모로 표시하였다. 일본어 원문에 '혼넨와(本年は)'라는 단어 수준의 번역 단위고, '개인 소비와 주택투자를'은 구 수준의 번역 단위, '환기'는 단어 수준의 번역 단위로 즉각 번역이 되지 않는 'problem unit'으로 분류되었다. 다음 '내수 중심의 지속적 성장을 확실한 것으로 만들지 않으면 안 된다.'도 문제없이 번역이 이루어져 구 수준의 번역 단위이자 'non-problem unit'으로 분류되었다. '그 열쇠를 쥐고 있는 것이'는 최종 등가 표현을 찾기까지 몇 차례의 번역어를 찾고 있는 구 수준의 번역 단위고, 마지막으로 '기업의 활력이다.'도 문

제없이 즉각 번역이 된 구 수준의 번역 단위로 분류되었다. '조사'가 번역 단위인 경우도 있는데, 조사는 단어 수준으로 분류하였다.

(3) 피험자군별 번역 단위 산출 결과

각 피험자의 데이터에 대해 번역 단위를 산출한 결과는 부록 6의 표에 자세히 나와 있다. 또한 문장구성 성분별 번역 단위도 부록에 그래프로 나타내었다. 본 장에서는 번역 단위의 수와 가독성과의 관계를 중심으로 살펴보도록 하겠다. 피험자가 번역을 할 때 나타난 총 번역 단위의 수를 산출한 뒤, 이를 각 피험자의 번역 단계 횟수로 나누어, 피험자가 각 번역 단계당 평균 몇 개의 번역 단위로 번역을 했는지 분석하였다. 그 결과는 다음 표와 같다. 시각적 효과를 위해 가독성 평가에서 2.5 이상의 점수를 받은 텍스트는 음영으로 표시하였다.

표 34. 번역 단위와 가독성 평가 결과

피험자군 구분	피험자 번호	텍스트 번호	번역 단계	번역 단위 총수	번역 단계당 번역 단위	가독성 평가 점수
전문 번역사	1	1 - 1	3	105	35	1.96
		1 - 2	3	88	29.3	2.2
	2	2 - 1	2	69	34.5	2.76
		2 - 2	2	63	31.5	1.43
	3	3 - 1	2	63	31.5	2.3
		3 - 2	2	58	29	2.06
	4	4 - 1	3	103	34.3	2.5
		4 - 2	3	68	22.6	2.06

피험자군 구분	피험자 번호	텍스트 번호	번역 단계	번역 단위 총수	번역 단계당 번역 단위	가독성 평가 점수
전문 번역사	5	5－1	1	18	18	2.4
		5－2	1	22	22	2.2
	6	6－1	2	58	29	2.06
		6－2	2	51	25.5	2.2
	7	7－1	3	74	24.6	2.76
		7－2	3	66	22	2.6
	8	8－1	3	62	20.6	3
		8－2	3	92	30.6	2.3
	9	9－1	2	98	49	2.2
		9－2	3	70	23.3	1.76
	10	10－1	2	73	36.5	1.6
		10－2	2	79	39.5	1.63
	11	11－1	1	23	23	2.06
		11－2	1	32	32	1.6
	12	12－1	3	115	38.3	2.4
		12－2	3	119	39.6	2.2
	13	13－1	2	96	48	2
		13－2	2	97	48.5	2.4
통대 재학생	14	14－1	3	94	31.3	2.86
		14－2	3	94	31.3	2.5
	15	15－1	4	105	26.2	2.6
		15－2	4	75	18.7	2.4
	16	16－1	3	94	31.3	2.5
		16－2	3	94	31.3	2.3
	17	17－1	3	94	31.3	1.73
		17－2	3	94	31.3	2.4
	18	18－1	3	94	31.3	2.4
		18－2	3	94	31.3	2.63
	19	19－1	4	107	26.7	2.06
		19－2	4	63	15.7	2.5
	20	20－1	3	94	31.3	2.63
		20－2	3	122	30.5	2.86

피험자군 구분	피험자 번호	텍스트 번호	번역 단계	번역 단위 총수	번역 단계당 번역 단위	가독성 평가 점수
학습자	21	21-1	2	83	41.5	1.73
		21-2	3	83	27.6	2.2
	22	22-1	2	47	23.5	2.1
		22-2	3	66	22	1.5
	23	23-1	1	60	60	1.5
		23-2	3	99	33	0.96
	24	24-1	2	101	50.5	1.53
		24-2	1	74	74	1.86
	25	25-1	2	88	44	0.86
		25-2	2	112	56	1.2
	26	26-1	2	59	29.5	1.4
		26-2	2	53	26.5	1.66

(4) TAP의 정량적 분석 결과와 가독성과의 관계에 대한 논의

1) 녹음 시간 및 발화량, 번역 단계와 가독성과의 관계

데이터 분석 결과 피험자군별로 녹음 시간 및 발화량에 큰 편차가 나타났으며 특히 학습자군과 다른 두 피험자군과의 차이가 큰 것으로 나타났다. 이는 전술하였듯이, 번역 능력이 충분히 향상되지 않은 결과, 번역 과정에서 문제점을 인식하지 못하거나, 문제점으로 인식하였다 하더라도 적절한 번역 전략을 적용하려는 노력이나 능력이 부족하여, 번역 시간 자체가 단축된 결과로 볼 수 있다. 학습자들은 번역단계도 다른 피험자군에 비해 1～2단계 이상 적은 결과를 보였는데, 이는 충분한 퇴고 과정을 거치지 않은 채, 번역 과정을 종결한 결과로 가독성 평가에서도 낮은 점수를 받은 것과 무관하지 않은 것으로 판단된다.

그러나 전문 번역사와 통대 재학생의 경우는 다른 양상을 나타냈는데, 두 피험자군은 대개 3단계 이상의 번역 단계를 거치고 녹음 시간이나 발화량에 큰 차이가 없었다. 특히 전문 번역사 중에서 피험자 4와 피험자 13은 가장 긴 녹음 시간과 발화량을 기록하였으나, 가독성 평가에서는 높은 점수를 받지 못하였다. 따라서 일정 수준, 즉 통역번역대학원을 졸업한 수준의 번역 능력을 지닌 경우에 단순한 퇴고 과정의 반복이나 번역 시간과 같은 양적 노력만으로는 높은 가독성을 기대하기 어려운 사실을 보여 주는 결과라 할 수 있다.

2) 텍스트 타입과 가독성과의 관계

표 34를 보면 가독성 평가 결과 2.5 이상을 받은 텍스트는 총 52개 텍스트 중 13개로 25%였다. 텍스트별로 보면, 텍스트 1에서 2.5 이상을 받은 것은 26개 중 8개로 30.7%, 텍스트 2는 26개 중 5개로 19.2%로 나타났다. 평가 결과를 보면 번역사별로 텍스트 1, 2에 따라 가독성 평가의 결과에 차이가 난 경우가 많은 것으로 보아, 텍스트 타입이 가독성 평가 결과에 영향을 미쳤음을 알 수 있다. 텍스트 1은 8개, 텍스트 2는 5개였는데, 전문가의 총평과는 다른 양상을 보이고 있다. 즉, 전체적인 가독성에 대한 질문에 대해 9명 중 6명의 평가자가 텍스트 2의 이해도가 높다고 평가하였지만 평가 결과는 텍스트 1에서 높은 평가를 받은 경우가 더 많아, 번역문을 읽은 전체적인 느낌과는 상반된 결과를 보여 주었다. 피험

자군별로 보면, 텍스트 1에서 2.5 이상을 받은 피험자는 전문 번역사와 통대 재학생이 각각 4명으로 동수를 기록한 반면, 텍스트 2는 2.5 이상을 받은 5개 중, 4개가 통대 재학생이고 전문 번역사로서 텍스트 2에서 2.5 이상을 받은 것은 피험자 7뿐이었다. 따라서 본 실험의 피험자들이 텍스트 1에 더 익숙했던 것이 비교적 높은 점수를 받게 된 결과로 이어진 것으로 유추되며, 한국어 표현력과 윤문의 필요성이 상대적으로 요구되는 텍스트 2에서 높은 평가를 받은 피험자가 적은 결과 또한 뒷받침해 주는 결과라 할 수 있다. 또한 텍스트 2에서 높은 점수를 받은 피험자가 번역 경력이 일천한 통대 재학생 피험자들이 5개 중 4개로 80%를 차지한 것은 의외의 결과로서, 단순한 번역 경력이 독자의 가독성을 보장할 수 없으며, 거듭된 퇴고 과정 등으로 최종 TT의 완성도를 높이는 과정이 우선되어야 함을 보여 주는 결과이다.

3) 번역 단위의 수와 가독성과의 관계

피험자의 단계당 번역 단위의 수는 최소 15.75개에서 최다 74개를 기록했다. 전문 번역사는 번역 단위의 수가 18개에서 49개, 통대 재학생은 15.75개에서 31.3개, 학습자는 22개에서 74개로 나타났다. 특히 학습자의 단계별 번역 단위의 수가 큰 편차를 보이고 있다. 또한 통대 재학생의 단계별 번역 단위의 수는 31.3개인 텍스트가 12개 텍스트 중 9개로, 전체의 75%가 일치한 점에 주목하고자 한다. 전문 번역사의 경우에는 피험자별로 단위 수가 다양한 분포를 보일뿐만 아니라, 한 피험자가 텍스트 1, 2에 따라 번역 단위의 수에 16개까지 차이를 보이고 있는 반면, 통대 학습자는 거의 비슷한 번역 단계에 번역 단위의 수에서도 유사성을 보이고 있는 것은, 번역 교육의 영향으로 번역 과정에 유사성을 보이게 되었고 또한 긍정적인 의미에서 '번역 과정의 동일화'가 진행되었다고 본다. 그 결과 통대 재학생에 대한 가독성 평가 결과가 전문 번역사보다 평균 점수가 높고 안정적인 결과에 영향을 미친 것으로 판단된다. 학습자의 경우에는 일본어 구사 능력은 있으나 본격적인 번역 교육을 받은 경험이 전무하여, 번역 능력의 향상 이전에 기초적인 번역 능력이 구축되지 않아, 피험자별로 또 동일 피험자의 텍스트별로 큰 편차를 보인 것으로 판단된다.

가독성 평가에서 평균 2.5점 이상의 고득점을 기록한 피험자의 번역 단위 분포를 보면, 총수의 경우 62개에서 122개였고 특히 50%가 60개대에 분포하였다. 통대 재학생의 경우, 94개에서 122개를 기록하였고 특히 4개의 텍스트가 94개의 번역 단위를 기록하였다. 번역 단계와의 관계를 보면 2단계에서 2.5 이상을 받은 텍스트는 1개였고, 나머지는 모두 3, 4단계의 번역 과정을 거친 텍스트였다. 비교적 여러 단계를 거친 번역이 우수함을 보여 주는 결과이다.

4) 번역 단위 구성비와 가독성과의 관계

피험자들의 TAP 결과를 분석한 결과, 각 문장 구성 성분별 번역 단위의 수의 비율은 아래 표와 같다. 마찬가지로 가독성 평가에서 2.5 이상의 점수를 받은 텍스트는 음영으로 표시하였다.

표 35. 텍스트 1의 번역 단위 구성비

피험자 번호	텍스트 번호	번역 단위(단위: %)			
		단어	구	문장	텍스트
1	1－1	26	70	3.8	
2	2－1	23	70	6.6	
3	3－1	22	75	3.1	
4	4－1	30	65	3.8	1 (4.8)
5	5－1	39	56	5.5	
6	6－1	21	76	3.4	
7	7－1	31	57	11	1 (12.1)
8	8－1	31	61	8	
9	9－1	21	76	3	
10	10－1	32	63	5	
11	11－1	35	61	4	
12	12－1	19	77	3	
13	13－1	32	68		
14	14－1	27	66	7	
15	15－1	20	72	7.6	
16	16－1	27	66	7	
17	17－1	27	66	7	
18	18－1	27	66	7	
19	19－1	26	67	7	
20	20－1	27	66	7	
21	21－1	27	70	4	
22	22－1	13	81	2	
23	23－1	17	82	2	
24	24－1	36	64		
25	25－1	23	70	7	
26	26－1	29	69	2	

표 36. 텍스트 2의 번역 단위 구성비

번역사 번호	텍스트 번호	번역 단위(단위: %)			
		단어	구	문장	텍스트
1	1-2	33	58	9	
2	2-2	18.8	59.4	21.7	
3	3-2	16	71	14	
4	4-2	16	68	15	1
5	5-2	50	40.9	9	
6	6-2	18	65	18	
7	7-2	22.7	62.1	13.6	(15.5)
8	8-2	33	58	10	
9	9-2	24	64	11	
10	10-2	28	63	9	
11	11-2	50	44	6	
12	12-2	24	66	10	
13	13-2	11	80	8	
14	14-2	27	66	7	
15	15-2	28	59	13	
16	16-2	27	66	7	
17	17-2	27	66	7	
18	18-2	27	66	7	
19	19-2	21	65	14	
20	20-2	30	57	11	단락1
21	21-2	32	65	3	
22	22-2	29	66	5	
23	23-2	24	75	1	
24	24-2	32	65	3	
25	25-2	22	65	13	
26	26-2	21	64	15	

분석 결과를 정리하면, 전문 번역사의 경우 단어의 평균 비율은 27.1%이고 11~50%의 분포, 구의 평균은 64.4%, 40.9~80%의 분포, 문장 평균은 8.25%, 0~21.7%의 분포, 텍스트는 0~4%의 분포로 나타났다. 통대 재학생은 단어 평균인 26.2%, 20~30%의 분포,

구 평균이 65.2%, 57~72%의 분포, 문장 평균이 8.25%, 7~14%의 분포로 나타났다. 학습자는 단어 평균이 25.4%, 13~36%의 분포, 구가 69.6%, 64~82%의 분포, 문장 평균이 5.08%, 0~15%의 분포로 나타났다. 번역 단위에 대한 연구가 활발히 이루어지고는 있지 않지만, 독일어에서 영어로의 번역 과정과 번역 단위를 연구한 Kiraly(1995)의 연구 결과에서, 문장 번역 단위의 비중은 전문 번역사, 아마추어 번역사 모두 10% 이하인 것과 비교해 볼 때, 본 실험의 피험자들이 특히 문장 단위의 비중이 적은 것은 아닌 것으로 판단된다.

결과에 따르면 전문 번역사와 통대 재학생의 구성비가 유사성을 보인 반면, 학습자는 특히 문장 구성비가 다른 두 피험자군에 비해 낮았다. 또한 전문 번역사와 통대 재학생의 문장 평균값이 8.25%로 동일하게 나타남으로써, 번역 능력의 정도에 따라 단위별 구성비가 동일한 양상을 보임을 알 수 있다. 또한 통대 재학생의 경우 14개 텍스트 중 8개 텍스트가 단어, 구어, 문장의 구성비가 27%, 66%, 7%로 동일하였고, 그중 4개 텍스트가 가독성 평가에서 2.5 이상을 받은 것은 유의해야 할 부분이다. 피험자의 수가 적은 한계가 있기는 하나, 이 구성비가 비교적 높은 가독성 평가를 받은 텍스트에서 동일하게 산출되었다는 결과는, 일한 번역에서 최적의 번역 단위의 구성비일 가능성을 배제할 수 없는 것으로 보인다. 또한 전문 번역사 중 '텍스트'가 번역 단위에 포함된 4개 텍스트 중 3개 텍스트가 2.5 이상을 받은 것에 주목할 필요가 있다. 텍스트가 번역 단위라는 것은 텍스트의 전반적인 내용 이해뿐 아니라, 텍스트 장르, 저자의 의도, 예상 독자 가정, 독자의 이해도 고려, 전체적인 번역 전략의 구상 등이 발화에 나타난 경우를 의미한다. 따라서 이러한 과정이 포함된 번역문의 가독성이 높게 나타난 것은 당연한 결과이면서도 전체적으로 이러한 번역 전략을 택한 번역사가 전문 번역사에 한정되면서 그 수가 매우 적다는 사실에 주목하여야 할 것이다.

6. 발화 내용에 대한 정성적 분석 결과

피험자의 발화 내용을 분석한 결과, 일반적인 번역 과정에서 나타나는 번역 행위인 원문 읽기, 번역문 읽기, 검색하기, 자기 평가, 추론 등의 발화 이외에도 다양한 내용의 발화가 포함되어 있었다. 즉, 번역 과정에서 부닥치는 어려움으로 인한 번역사의 감정 표현과 문제 해결을 위해 동원하는 수단에 대한 '설명'이나 '의견'에 대한 발화이다. 또한 피험자가 번역 과정에서 문제점을 해결하기 위해 동원하는 번역 전략도 드러나게 되는데, 이러한 발화 내용을 분석하면, 피험자가 어떤 부분에서 어려움을 겪으며, 이러한 문제점을 해결하기 위해 어떤 전략을 적용하는지 파악할 수 있다. 또한 피험자의 발화 내용을 통해, 피험자가 언어 간섭에 대한 의식 여부와 의식이 있는 경우 적용한 전략에 대한 분석을 통해 가독성 평가 결과와의 관계를 규명할 수 있었다.

정성적 분석방법은 가독성 평가에서 전문가들이 가독성을 저해하거나 문제가 있는 것으로 지적한 부분에 대한 피험자의 발화 내용을 대조하여, 번역사가 문제의 소지나 번역의 질에 영향을 주는 부분을 인식하고 있었는가에 대한 의식 여부와 그에 따른 해결방법 등을 분석함으로써, 일한 번역에서 발생하는 언어 간섭 현상에 대한 전문 번역사 및 학습자들의 의식과 가독성과의 관계를 규명할 수 있었다.

각 피험자가 번역한 텍스트의 가독성 평가에서 지적을 받은 부분의 발화 내용을 추적하여, 피험자가 간섭 현상 등에 대해 의식이 있었는지의 여부를 밝히고, 번역 문제를 해결해 가는 전략이나 방법 등을 파악할 수 있었다. 각 피험자들의 발화 내용 및 지적 사항은 부록 7을 참고하도록 한다.

(1) 피험자군별 발화 내용 분석 결과

가독성 평가에서 평가자의 지적을 받은 부분에 대해 피험자의 발화 내용을 추적하여, 피험자가 문제의 소지가 있는 부분에 대한 의식이 있었는지에 대해 알아보았다. 자세한 내용은 부록 7을 참조하도록 한다.

1) 전문 번역사의 발화 내용 분석 결과

텍스트 유형에 따라 지적 사항이 달라졌는데, 텍스트 1의 경우는 특히 한자어의 직역으로 인한 가독성 저하와 일본어 어형의 직역으로 인한 한국어 표현의 번역투에 대한 지적이 많았다.

대부분의 피험자들이 공통적으로 지적을 받은 사항 중 일본어 한자어의 직역이 문제가 된 것은, '환기', '매력적인 신제품', '불상사', '소자녀화/소자화', '캐치업형', '다이나미즘', '사회적 책임의 일환', '정책 본위', '정치와 정면으로' 등이 있었다. 이에 대한 피험자들의 발화 내용을 추적하여 분석한 결과, 두 가지 패턴으로 나뉘었는데, 언어 간섭 및 직역으로 인한 번역투를 인식하거나 전혀 인식하지 못한 경우였다. 또한 번역의 어려움으로 인식한 경우에도, 적절한 번역 전략을 통해 성공적으로 해결한 경우도 있었지만, 문제의 인식에도 불구하고 자연스럽고 가독성이 있는 한국어 표현에 실패한 경우가 대부분인 것으로 나타났다. 이는 전문 번역사의 경우임을 생각할 때, 모국어의 능력 부족 및 적절한 한국어 표현에 민감하지 못함을 나타내는 결과이며, 재교육 및 번역사 자신의 자각이 요구된다고 본다.

구체적인 발화 내용은 부록 7에 표로 정리하였지만, 일부 피험자의 발화 내용 및 지적 사항을 소개하여 이해를 돕도록 하겠다.

텍스트 1에서는 특히 ST의 한자어의 간섭을 많이 받은 것으로 나타났다. 공통적으로 지적된 단어 중, '환기', '불상사', '소자녀화/소자화', '정책 본위' 등에 대한 피험자의 발화 내용을 표로 정리하였다.

표 37. 텍스트 1에 대한 전문 번역사의 발화 내용의 예

지적 사항 (본문)	발화 내용	의식 여부	평가 및 문제점 (간섭의 대상)
환기 (喚起)	개인소비와 주택투자를 환기? 환기한다고? 이건 좀 이상하다. 놔두고. 올해는 개인소비와 주택투자를 환기시킨다, 촉진시켜, 환기시킨다.	O	간섭에 대한 의식 있으나 한국어 표현에 문제(어휘)
매력적인 신제품 (魅力ある新製品)	창출로 연결시킬 수 있는 매력적인 신제품 및 서비스의 개발에 과감히.	x	어휘 간섭

지적 사항 (본문)	발화 내용	의식 여부	평가 및 문제점 (간섭의 대상)
불상사 (不祥事)	동시에 불상사 및 사고방지를 위해……	×	어휘 간섭
소자녀화 (少子化)	쇼시카, 이게 참 소자녀화…… 하나만. 소자녀화라는 말이. 이게. 쇼시카. 소자녀화. 어? 잠깐만. 이거 왜 계속해서. 이거 소자녀화 고령화는 일본어에서의 독특한 거네. 출산율 저하도 아니고. 노령화를 찾아볼까? (인터넷 검색) 노령화 인터넷 지금 검색하고 있는데, 결국은 쇼시카라는 게 자체가 너무 일본 관련된 내용으로만 사용이 되는 거니까. 결국은 이 소자녀화라는게 한국어로서는. (인터넷 검색) 저출산인데, 결국은. 이게. 츳. 소자녀화라고 하면 알아듣기는 하나? 하. 소자녀화, 고령화로 바꿉시다.	O	의식 있으나 한국어 표현에 문제 (어휘)
캐치업형 (キャッチアップ型)	캐치업형? 캐치업형 경제사회. 따라잡는다는 경제사회. 캐치업. 이거는 그냥 놔두고. 영어를 넣어 주겠습니다.	×	어휘 간섭
다이나미즘 (ダイナミズム)	작년에 우리는 다양성의 다이나미즘. 다음에. 다양성의 다이나미즘. (인터넷 검색) 다이나미즘이 역동주의, 역동적인. 으…… 역동적인 다양성과 다양성의 다이나미즘. 놔둡시다.	O	의식 있으나 한국어 표현에 문제 (어휘)
매력 있는 일본 (魅力溢れる日本)	활력과 매력이 넘치는 일본을 향하여.	×	어휘 간섭
일환 (一端)	사회적 책임의 잇탄토시테. 야, 책임의 일, 하나로서, 하나로. 기업은 사회적 책임의 하나로 정책본위의 정치 실현에 협력하는 것이 필요하다. 기업은 사회적 책임의 일환으로서. 그리고 일환으로서.	O	의식 있으나 한국어 표현에 문제 (어휘)
본위 (本位)	정책본위의 정치실현에 협력하. 협력해야 한다.	×	어휘 간섭
합의를 하다 (申し合わせを行った)	기업의 자발적 정치기부에 관한 모오시아와세(申し合わせ). 자발적 정치에는. 에 관한 모오시아와세. 잠깐만 봅시다. 실시 오코낫타(行った). 실시했다. 일단 놔두고 나중에 어떻게 바꿀지 보고. 합의를 하였다. 기분에 관한 합의를 실시하였다. 실시하였다? 합의를 하였다. 관해 합의하였다.	O	문맥에 맞는 한국어 표현에 실패 (어휘)
정치와 정면으로 (政治と正面から)	일본 경단련은 정치와 정면으로 맞서면서.	×	어휘 간섭

표 37을 보면, 일본어 어휘나 어형 간섭의 가능성을 인식하고

있는 경우와 인식하지 못하고 있는 경우를 발화 내용을 통해 알 수 있다. 가독성 평가자의 지적 사항은 거의 대부분의 전문 번역사에게 해당되는 사항으로서, TAP에서 번역된 TT의 품질이 독자의 가독성 측면에서 결코 만족할 수 없는 수준임이 증명되었다. 전문 번역사의 발화 내용을 정성적으로 분석한 결과, 지적을 받은 부분에 대해 전혀 의식이 없는 경우도 있었지만, 번역 과정에서 피험자들은 언어 간섭의 가능성이나 ST와 등가를 이루는 적절한 TT의 생산에 고심하였음을 알 수 있다. 그러나 비교적 높은 의식에도 불구하고 평가 결과가 좋지 않은 것은, 일한 번역에서 언어 간섭 및 번역투의 문제점을 해결하기 위한 적절한 번역 전략의 부재를 드러내는 결과이며, 또한 모국어 표현력의 부족을 지적할 수 밖에 없는 결과라 할 수 있다.

텍스트 2의 경우는 한자어의 직역에 대한 지적 사항과 함께, 내용 이해를 위해 필수적인 경제 관련 표현 및 일본 고유어의 번역이 공통적으로 지적을 받았다. 내용은 '수요가 포화되지/포화하지 않는', '확대되어 있는', '거품경제', '이는 모두 이상하다', '조류', '디플레 불황기', '하레의 날/게의 날(ハレの日・ケの日)' 등이었다. 텍스트 1의 경우와 마찬가지로 언어 간섭이나 번역투에 대한 인식 여부와 해결방법에 문제가 있었으며, 텍스트의 성격상, 텍스트 1과는 달리 유려한 한국어 표현을 요구하는 평가자의 요구 수준에 미치지 못하는 경우가 많은 것으로 나타났다. 이는 전술한 바와 같이, 평가자 9명 중 6명이 텍스트 2의 이해도가 전체적으로 높았다고 총평했음에도 높은 점수를 받은 피험자는 오히려 적은 결과에서도 유추할 수 있다. 텍스트 2의 발화 내용을 분석한 예를 표로 나타내었다.

표 38. 텍스트 2에 대한 전문 번역사의 발화 내용의 예

지적 사항 (본문)	발화 내용	의식 여부	평가 및 문제점
잔칫날 (ハレの日)	하레노히(ハレの日)는 경사스러운 때, 경사스러운 때, 이상하네. 하지만 여기서는 비유적인 표현을 사용한 거 같으니까 전체 텍스트를 하면서 적당한 표현을 찾아보도록 하자.	O	적절한 한국어 표현으로 가독성이 높은 것으로 평가됨
뒷받침한다 (支える)	포화 상태에 이르지 않는 시장을 뒷받침하는	×	어휘 간섭
포화상태에 이르지 않는 (飽和しない)	포화되지 않는다는 표현도 좀 그런 거 같은데, 포화상태가 되지 않는다기보다는 수요가 끊임없이 발생하는 그런 거 아닐까. 나중에 찾아봐야겠다. 포화의 적절한 의미를 충분히 생각한 후에 번역을 해야 되겠다. 일단은 수요가 포화상태에 이르지 않는 시장으로 우선 하고. (2, 3단계) 이 텍스트의 성격상 저자는 굉장히 비유적인 표현을 많이 사용했지만, 결국 그 비유표현이라는 것 자체가 읽다가 녹아들어 있기 때문에 이거를 수요 포화 없는 시장으로 하지 말고 한국 독자들이 자연스럽게 고가품 시장이라고 하자. 잔칫날이 고가품 시장을 뒷받침한다. 잔칫날이 고가품 시장을 뒷받침한다. 잔칫날이란 표현도 그래, 어떻게 할까 나중에 또다시 생각해 보자. 너무 비유적인 표현이 많으면 알 수가 없으니까, 내용을 읽지 않으면 알 수가 없으니까 일단 타이틀을 보고 한국의 독자들이 잘 이해할 수 있게끔, 일단 이 텍스트가 어떤 내용에 관한 것인지는 파악할 수 있게끔, 고가품 시장이라고 해 주자. 수요 포화 없는 시장이라고 하지 말고, 그래. 그렇게 하자.	O	의식은 있으나 적절한 한국어 표현에 실패 (한국어 표현)
수집 (コレクション市場)	콜렉션 시장, 수집시장? 아, 이상하다, 수집시장. 그냥 수집시장이라고 하자. 수집시장.	O	의식은 있으나 적절한 한국어 표현에 문제 (어휘)
위력적 (力が強い)	위력적이 낫겠다. 위력적이다 할 수 있다.	×	적절한 한국어 표현에 실패 (한국어 표현)
확대(拡大)	소득격차가 확대되는 아, 확대되는 소득격차가 확대되는 조류 속에서.	×	어휘 간섭
말 것이다 (なってしまうのだろうか)	고소득자들만이 구매하는 상품으로, 상품이 되고 말 것이다.	×	일본어 어형의 간섭을 받음
서핑애호가 (サーファー)	사화. 서퍼라고 하나, 그냥? 서퍼, 서핑애호가? 서퍼라고 하나?	×	어휘 간섭
이상하다 (おかしい)	그 어느 쪽도 아…… 어색하다. 오카시이(おかしい)는 여기서는 어색하다. 어색하다. 부자연스럽다. 낯설다, 생소하다?	×	한국어 표현에 문제(어휘)

표 38은 가독성 평가에서 텍스트 1, 2 모두 높은 점수를 받은 피험자의 발화 내용을 정성적으로 분석한 표이다. 다른 피험자에 비해 높은 평가를 받기는 하였으나, 역시 원문의 어휘나 어형의 간섭을 받아 평가자의 지적을 받았으며, 번역상 문제점에 대한 의식이 있는 경우에도 적절한 번역 전략 적용에 실패하거나 한국어 표현이 유려하지 못한 경우가 있는 나타났다.

텍스트 1, 2에 대한 전문 번역사의 발화 내용을 분석한 결과, 언어 간섭이나 번역투에 대한 의식 여부가 있는 경우에도 인터넷 검색 등 단선적(linear) 번역 전략 적용에만 국한되어 있어, 통대 재학생 등 아마추어 번역사와 차별화되지 못하고 있는 것으로 나타난 것은 문제점으로 지적될 수 있으며, 기존 번역학자들의 주장처럼 전문 번역사들이 거시적(global)인 번역 전략을 적용하고 있지 못하는 점은 문제점으로 지적할 수 있다.

2) 통대 재학생의 발화 내용 분석 결과

지적 사항의 내용은 전문 번역사의 경우와 거의 동일하였다. 텍스트 1의 경우 지적된 부분은 동일하나, 한자어의 직역을 피하려는 노력이 보인 피험자가 많았던 점은 특기할 만한다. 예를 들면 동일한 지적 사항이지만, 번역문의 표현은 '불상사'를 '기업 부정'으로 하거나 '정치와 정면으로 마주하면서'를 '정치와 발맞춰 나가면서', '처방전'을 '방책'으로 하는 등의 경우이다. 한국어 표현이 어색한 것으로 평가되었지만 적어도 언어 간섭이나 번역투에 대한 인식이 있고, 등가어를 찾기 위한 노력이 번역 과정에서 확인됨으로써, 통대 재학생의 전체적인 평가 결과가 전문 번역사를 상회한 결과를 뒷받침해 주는 내용이다.

텍스트 1에 대한 통대 재학생의 발화 내용을 정성적으로 분석한 예를 표로 정리하여 보았다.

표 39. 텍스트 1에 대한 통대 재학생의 발화 내용의 예

지적 사항 (본문)	발화 내용	의식 여부	평가 및 문제점
활성화시켜 (喚起し)	환기하여. (2단계) 주택투자를 환기하여. 활성화한. 수요를 환기하다라는 말도 쓰긴 하는데. 개인소비와 주택투자를 활성화하다, 이상하다. 주택투자를 살려, 활성화시켜. 개인소비와 주택투자를 활성화하다, 이상하다. 주택투자를 살려, 활성화시켜. 개인소비와 주택투자를 활성화시켜.	O	의식은 있으나 한국어 표현이 매끄럽지 못함
이루어 내지 않으면 안 된다 (確実なものとしていかなければならない)	특별히 발화 없음	×	어형 간섭, 직역으로 가독성 저하
질 높은 (質の高い)	질 높은 다양한 인재 육성.	×	어휘 간섭
비리(不祥事)	비리나.	×	어휘 간섭
민이 주도하는 (民主導)	특별히 발화 없음	×	어휘 간섭
신비전 (新ビジョン)	신비전.	×	어휘 간섭
입안으로부터 (立案から)	정책 입안에서.	×	어휘 간섭
전 과정에서 (すべての過程で)	전 과정에서	×	어휘 간섭
있어서의 협력이 요구되고 있다 (実現への協力が求められている)	정치를 실현하는 게 있어서 협력이 요구된다. 정치를 실현하기 위한? 정치를 실현하는 과정에 있어서의? 그래서 기업에는 사회적 책임의 일환으로서 정책 위주의 정치를 실현하는 데 있어서의. 정책 위주의 정치를. 음. 어렵네. 음. 실현에서의 협력이 요구된다. 정책 위주의 정치를 실현하는 데 있어서의 협력이 요구되고 있다.	×	일본어 문형 간섭, 직역으로 가독성 저하

지적 사항 (본문)	발화 내용	의식 여부	평가 및 문제점
경제 간의 (経済との間の)	정치와 경제 간의	×	の처리 미숙으로 가독성 저하
정면으로 마주하면서 (正面から向き合いながら)	일본 경단련은 정치와 정면으로 무키아이나가라(向き合いながら). 음. 정치와 정면으로, 음. 무키아우(向き合う)는 다른 데서는 대치하다. 정면으로 대처하다는 의미가 좀 이상한데. 맞서다? 무카이아우. 정치와 정면으로 맞서다는 대립한다는 의미니까. 어쨌든 정치와 정면으로…… (2단계) 정치와 정면으로 대응하면서. 무키아우. 마주보면서. 음. 정치와 마주보다, 맞서다. 음. (3단계) 일본 경단련은 정치와 정면으로, 음. 무키아이나가라. 어차피 일한사전을 봐도 도움이 될 만한 게 나와 있을 것 같지는 않은데. (사전 찾기) 무키아우, 무키아우, 마주보다. 마주보면서. 일본 경단련은 정치와 정면으로, 음. 정치와 공조하면서는 좀 다르지. 음. 정치와. 정면으로. 어차피 일본어로 찾아봤자. (인터넷 검색) 음. 무키아우를 일본 인터넷에서 찾아서 어떤 식으로 쓰이는지. (검색 내용 읽기) 정치와 함께 하면서. 정치. 음. 정치 분야와 함께. 정치와 정면으로 마주보면서, 역시. 어떻게 대처해 나갈 것인가, 어떻게 마주. 일본 경단련은 정치와 정면으로…… 정치와 정면으로……rlrl	○	의식은 있으나 한국어 표현이 미숙하여 가독성 저하
확신하고 있다 (確信している)	확신하고 있다.	×	어형(진행형) 간섭

표 39의 피험자는 가독성 평가에서 텍스트 1, 2 모두 2.5 이상의 점수를 받았다. 비교적 높은 점수를 받았지만, 발화 내용을 보면 번역 전략의 부재와 문제 해결 전략이 인터넷 사용 등으로 한정되어 있음을 알 수 있다. 이 피험자도 역시 언어 간섭 및 가독성 저하 등에 대한 의식 여부가 발화 내용에 나타났는데, 원문의 어휘, 어형의 간섭을 받은 부분에서는 ST를 자동적으로 번역하여

특별히 발화 내용이 많지 않은 것을 알 수 있다. 또한 전문 번역사의 발화 내용에서도 지적하였듯이, '정치와 정면으로 마주하면서'와 같은 부분에서는 피험자 스스로가 자신의 번역 결과에 만족하지 못하여 적절한 TT 생산을 위해 노력하고 있음이 발화 내용에 드러나지만, 결국 가독성 있는 한국어 표현에 실패하였음을 알 수 있다. 전문 번역사의 경우와 마찬가지로 한국어 표현에 문제가 있는 것으로 드러났다.

텍스트 2도 전문 번역사와 거의 동일한 지적을 받았다. 전문 번역사와 마찬가지로 언어 간섭이나 번역투에 대한 인식이 있는 경우에도 가독성 평가가 좋지 않은 것은 적절한 한국어 표현에 대한 지식이 부족하고 표현력 부족을 반영하는 결과라 할 수 있다. 텍스트 2에 대한 발화 내용의 예를 표로 나타내었다.

표 40. 텍스트 2에 대한 통대 재학생의 발화 내용의 예

지적 사항 (본문)	발화 내용	의식 여부	평가 및 문제점
위축되지 않는 (飽和しない)	수요가 포화, 포화되지 않는, 포화상태가 되지 않는. (2단계) 지금까지 수요가 포화상태에 이르지 않는 시장은. (3단계) 수요가 포화상태가 되지 않는, 어 되게 어렵네. 이것도. 수요가 포화상태가 되지 않는 시장을 지탱하는 경사스러운 날. 음, 포화상태가 되지 않는다. 수요를 적당히 유지한다는 뜻인가? 적절히 유지하고 있는 시장에, 시장의 에, 버팀목. (4단계) 많이 이해되지 않는 부분이 많아서 인터넷에 들어가서 모리나가 씨의 글을 1회부터 몇 개씩 읽어 봤습니다. 그리고 자, 수요가 포화상태에 이르지 않는 시장을 지탱하는 경사스러운 날이라고 했는데, 제목이 왜 이렇게 긴지. 조금은 줄여야 되는지 고민이 되는데.	O	의식은 있으나 한국어 표현에 문제, 가독성 저하

지적 사항 (본문)	발화 내용	의식 여부	평가 및 문제점
위축되지 않는 (飽和しない)	포화상태에 이르지 않는다는 말이 이 아저씨의 글에서는 수요가 정말 포화상태에 이르러서 더 이상 팔리지 않는다거나 재고를 투매를 한다거나 그런 게 아니라 뭐라고 그러지? 수요가 위축되지 않는 분야가 따로 있다. 그 분야가 컬렉션 시장, 예술문화시장, 연애시장이라는 얘긴데. 근데 여기다가 제목에다가 수요가 위축되지 않는 시장을 지탱하는 이렇게 해도 되는 건가? 포화상태에 이르지 않는 시장, 이렇게 하면 약간 뭔가 뉘앙스가, 의미가 와 닿지 않는 것 같은 느낌이 들어요. 수요가 위축되지 않는 시장을 지탱하는 경사스러운 날. 그런데 지금까지 말했던 원문에서는 포화라는 말을 계속 썼기 때문에, 이거를 갑자기 위축이라는 말로 내가 바꿔도 될 것인가. 그거에 대한 고민은 있습니다. 수요가 위축되지 않는 시장을 지탱하는 경사스러운 날. 한번 바꿔보겠습니다. 수요가 위축되지 않는 시장을 지탱하는 경사스러운 날. 어, 왠지 깔끔한 느낌이 드는데. 혼자만의 생각일지도 모릅니다. 수요가 위축되다를 찾아봐서. 인터넷 검색 중. 내용 읽는 중. 수요가 계속 있는 시장이라는 의미겠죠. 포화상태가 되지도 않고, 그렇다고 해서 뭐라고 그러지. 수요가, 수요가 꾸준한 시장. 지금까지 수요가 포화상태에 이르지 않는 시장은 위축이라고 바꾸기로 하겠습니다.	O	의식은 있으나 한국어 표현에 문제, 가독성 저하
이라고 말해 왔다 (ということを述べてきた)	이라고 말해 왔다. 이 사람이 이렇게 말했다고? (2단계) 말해 왔다.	×	어형 간섭 직역으로 가독성 저하
잠재적 구매자를 많이 확보하고 있는 (購買者がこの3市場に広がっている)	구매자가 이 세 가지 시장에 확산, 확대? 확산되어 있는 상품일수록. (4단계) 이 앞의 상품을 구매하고 있다는 소린데. 그러니까 구입하는 사람들이 각각 같은 상품을 구입하고 있는 것이다. 가방을 예로 들면, 수집을 목적으로 구입하는 사람, 디자인이…… .모두가, 모두가 각각 같은 상품을 구입하고 있는 것이다. 모두가 각각 같은 상품의 구매자로 존재하는 것이다. 애인에게…… 모두가 각각 같은 상품의 구매자인 것이다. 같은 상품의 구매자로 존재하는 것이다. 같은 상품을 구매하는 것이다. 슷. 구매자로 존재하는 것이다. 루이비통…… 각각 같은 상품의 구매자로 존재하는 것이다. 음. 루이비통…… .각각 같은 상품을 구입하고 있는 것이다. 구매자로 존재한다. 그냥 각각 같은 상품을 구매하고 있는 것이다. (5단계) 구매자가 이 세 시장에. 이 사람이 무슨 뜻으로 얘기한 걸까? 구매자가 이 세 가지 시장에…… 스, 아! 시장에. 시장에. 구매자를 잠재적 아닌가? 구매자를 많이 확보하고 있는 상품일수록. 어, 바꿔 말하면 이 세 가지 시장에 잠재적 구매자를 많이 확보하고 있는. 확보하고 있는. 바꿔 말하면 이 세 가지 시장에. 이 세 가지 시장, 세 가지 시장. 유치하지 않은가? 이 세. 세 가지. 이, 앞서 말한. 세 분야의 시장의 잠재적 구매자를 많이 확보하고 있는 상품일수록……	O	어휘 간섭 의식하여 직역을 피했으나 문맥상 적절한 한국어 표현에는 실패

지적 사항 (본문)	발화 내용	의식 여부	평가 및 문제점
경쟁력이 강하다 (力が強い)	음. 경쟁력? 상품성? 경쟁력. 경쟁력이. 경쟁력. 경쟁력이 강하다고 할 수 있다. 그렇군요.	×	한국어 표현 어색
확대(拡大)	이러한 소득격차 확대.	×	어휘 간섭
서핑가 (サーファー)	어. 서퍼. 서퍼? 서퍼라는 직업이 있나? 서퍼. 서퍼. 아. 어디서 퍼오나요? 훗. 서퍼. 파도 타는 서퍼. 서퍼. 자 그러면 사전. 영어사전. 서핑. 슷. 음…… 이거는 한국말론 뭐라고 그러는지 모르겠네. (2단계) 서퍼? 서퍼는 한국말로 해도 알았으니까. 서핑. 서핑을 좋아하는 사람. 서핑하는 사람. 서핑. 서핑가? 서핑가를 찾아볼까? 서핑가. 어! 나왔다. 어~ 서핑가라고 하면 되겠구나.	×	어휘 간섭

표 40의 피험자는 가독성 평가에서 평균 2.8의 높은 점수를 받았다. 지적을 받은 부분에 대한 발화를 보면 다른 피험자보다 발화량이 상대적으로 많아, 신중한 번역 과정을 보여 주고 있다. '위축되지 않는'이나 '잠재적 구매자를 많이 확보하고 있는'과 같은 TT의 표현을 보면, ST의 간섭을 의식하여 직역을 피하기 위해 노력하고 있음을 알 수 있지만, 보다 가독성이 높은 한국어 표현에는 미치지 못한 것으로 평가되었다. 피험자가 아직 학습 단계에 있음을 감안한다면, 적절한 번역 전략이나 문제 해결을 위한 보다 거시적인 전략의 적용 등에 대한 교육을 통해 보다 높은 수준의 번역문이 생산될 수 있는 고무적인 결과로 평가된다.

3) 학습자에 대한 발화 내용 분석 결과

학습자는 다른 피험자군과 비교하여 다른 양상을 보였다. 전문번역사나 통대 재학생이 지적받은 사항뿐 아니라 수동형 표현이나 일본어 특유의 조사를 그대로 직역한 경우가 많아, 어휘뿐 아니라 통사적 간섭도 심한 것으로 나타났다. 텍스트 1에서는 '기업단체에 의한', '협력이 요구된다', '공표함과 함께', '자주적인 정치기부에 있어서', '대응하지 못하게 되는' 등의 지적 사항이 있었다.

텍스트 1에 대한 학습자의 발화 내용의 예를 표로 나타내었다.

표 41. 텍스트 1에 대한 학습자의 발화 내용의 예

지적 사항 (본문)	발화 내용	의식 여부	평가 및 문제점
재인식 (喚起し)	개인소비나 주택투자를 ……개인, 개인소비나 주택투자를 환기하고? 개인투자나 주택. 개인소비나 주택투자를. 쩝…… 개인소비나 주택투자를…… 쩝…… 재검토하고…… 쓰읍. 재검토? (2단계) 개인소비와 주택투자를 재인식하고? 재인식하여.	O	한국어 표현 어색
적극적인 기업전략을 (攻めの企業戦略)	세메노키교센랴쿠오(攻めの企業戦略を), 적극적인 기업 전략을 강화해. 적극적인 기업 전략을 강화하는 것을	×	어휘 간섭
크게 기대한다 (強く期待する)	크게 기대한다. 적극적인 기업 전략의 강화를 크게 기대한다.	×	한국어 표현 어색
총점검함과 동시에 (総点検を行うとともに)	사내체제. 사내체제를 총점검함과 동시에.	X	어휘, 어형 간섭
소자녀화(少子化)	소자녀화	×	어휘 간섭
목표로를 공표하고 (めざしてを公表し)	일본을 목표로 ……를…… 공표하고.	×	어휘 간섭
에 대한 협력이 요구된다 (への協力が求められている)	의 정치 실현에 대한 협력이 요구된다.	×	어형(수동형) 간섭
공표함과 동시에 (公表するとともに)	정책사항을 공표함과 동시에.	×	어휘 간섭
강령을 발표 (申し合わせを行った)	모오시아와세(申し合わせ)? 슬로건? 아…… 약속을 발표했다. 모오시아와에 발표했다. 모오시아와세 쯔읍…… 하나시앗테키메루 고토(話し合って決めること). 에 대한. 뭐라고 해야 되나? 기업의 자발적인 정치 기부에 관한. 음. 강령. 쩝. 다음의 십 항목, 우선 정책 사항을 공표함과 동시에, 기업의 자발적 정치 기부에 관한 강령을 발표했다.	×	어휘 간섭

지적 사항 (본문)	발화 내용	의식 여부	평가 및 문제점
기업・단체에 의한 자주적인 (企業・団体による自主的)	기업 단체의 아, 기업, 기업 단체에 의한. 자주적인 정치 기부. 기업이나 기업 단체에 의한 자주적인 정치 기부	×	어휘 간섭
정치와 정면 대응하면서 (政治と正面から向き合いながら)	정치와, 정면에서. 세이지토 쇼멘카라 무키아이나가라(政治と正面から向き合いながら). 정치와 정면 대결? 일본 경제인 연합은 정치와 정면에서 마주보면서, 마주 보면서. (2단계) 정치와 정면에서. 정면. 대응하면서, 정면에서 마주보면서, 정면 대응. 정치와 정면 대응하면서.	×	어휘 간섭
전력을 다해 임한다 (全力で取り組む)	전력을 다해? 젠료쿠데(全力で). 해서 전력을 다해 토리쿠무(取り組む). 임한다, 토리쿠무, 나선다, 수행하다, 전력을 다해 수행한다. 비전을 실현하기 위해 계속해서 전력을 다해.	×	한국어 표현 어색
극복함으로써	이를 극복함으로써.	×	어휘 간섭

학습자들에 대한 가독성 평가 결과는 매우 낮았으나, 표 41의 피험자는 그중에서는 가장 높은 점수를 받았다. 학습자들의 발화 내용을 분석한 결과 공통적으로 나타난 양상은 다른 피험자군과 비교하여, 언어 간섭이나 번역투에 대한 인식 여부 이전에 '등가'에 대한 개념조차 정립되어 있지 않아, ST의 어휘를 '해석'하는 수준에 머무르고 있는 점이다. 다른 피험자군에 비해 번역 능력의 부족이 발화 내용의 정성적 분석에서도 극명하게 드러났다고 할 수 있다. 표 41의 발화 내용에서도 알 수 있듯이, ST의 어휘의 사전적 뜻 자체가 TT가 되는 경우가 많으며, 다른 학습자들의 발화에도 번역 전략과 관련된 내용이 부재함을 확인할 수 있었다.

텍스트 2의 경우에도 기초적인 한국어 표현력조차 부족한 것으로 나타났다. 예를 들면 '휩싸이는 것 없이', '사용해 버린다는', '사고 있는', '소비를 행한다', '최근의 소비의', '양분화' 등이었다.

학습자들은 언어 간섭이나 번역투에 대한 인식이 다른 피험자군에 비해 현저히 부족한 것으로 나타나, 번역 전략이 필요한 경우에도 직역하는 경우가 많아, 발화량이 적고 번역 과정이 상당히 단축된 것과도 연관이 있는 것으로 분석되었다.

표 42. 텍스트 2에 대한 학습자의 발화 내용의 예

지적 사항 (본문)	발화 내용	의식 여부	평가 및 문제점
수요가 포화하지 않는 시장은 (需要の飽和しないマーケットは)	수요가 포화하지 않는 시장은	×	어휘 간섭
구입자의 입장으로 (購買者として)	상품의 구입자로서. 구입자로서 존재하는 것이다. (2단계) 각각 같은 상품의 구입자가 구입자의 입장에서, 입장으로 존재하는 것이다.	×	어휘 간섭
반대로 말하면 (逆に言えば)	갸쿠니이에바(逆に言えば), 갸쿠니, 반대로 말하면.	×	어휘 간섭
구입자가 이 세 시장에 펼쳐져 있는 상품만큼 (購買者がこの３市場に広がっている商品ほど)	구입자가. 고노산시죠니히로갓테이루 쇼힌호도(この３市場に広がっている商品ほど). 이 세 시장에서. 슷. 히로갓테이루 쇼힌호도. 히로갓테이루? 펼쳐져 있는? 전개되어 있는? (사전 찾기) 히로가루(広がる), 히로가루? 히로갓테이루? 히로갓테이루? 음. 펴져 있는? 펴져 있는? 음. 펴져 있는? 아하. 펴져 있는? 펼쳐져 있는 상품만큼	×	어휘 간섭
힘이 강하다고 할 수 있다 (力が強いと言える)	힘이 강하다고 할 수 있다.	×	어휘 간섭
이 시장에 공통되는 것은 (これらの市場に共通するのは)	이 시장에 공통되는 것은.	×	어휘 간섭
되어 버린 것일까 (なってしまうのだろうか)	상품이 되어 버린 것일까.	×	어형 간섭
이극분화 (二極分化)	이극. 분화됨과 동시에. 스, 이극분화? 스, 이극분화? 분화? 이극분화? 이극분화? 분화? 이극분화?	×	어휘 간섭
현실에서 (現実に)	현실에는, 현실에는. 현실. 스. 겐지츠니(現実に). 현실, 현실에. (2단계) 현실에, 현실에서, 현실에서.	×	어휘 간섭 오역

지적 사항 (본문)	발화 내용	의식 여부	평가 및 문제점
거품경제 시기 (バブル期)	버블? 거품 경제기. (2단계) 거품경제 시기.	×	어휘 간섭
이상하다 (おかしい)	이상하다.	×	어휘 간섭

표 42의 피험자의 발화 내용을 보면, 간섭 현상이나 번역투에 대한 의식이 없고, 발화 내용이 매우 단순하여, 번역 전략이 전혀 적용되지 않고 참고 경로도 없는 것을 확인할 수 있어, 번역 능력의 차이가 현저한 것을 알 수 있다.

(2) 발화 내용의 정성적 분석 결과에 대한 논의

TAP의 실험 결과, 각 피험자군의 발화 내용에 대해 분석한 결과, 일한 번역사들의 번역 양상 및 번역 전략을 파악할 수 있었다. TAP 실험과 함께 실시한 가독성 평가 결과, 본 실험에 참가한 피험자들에 대한 평가 결과는 전반적으로 기대에 못 미치는 것으로 나타났으며, 특히 전문 번역사에 대한 평가 결과가 좋지 않은 것은 예상하지 못한 결과로서, 각 피험자군의 발화 내용을 정성적으로 분석함으로써 그 원인을 유추할 수 있었다.

학습자들은 일본어의 어휘 및 어형의 간섭에 대한 의식이 거의 없었고, ST와 등가를 이루는 TT를 생산하기보다는 원문의 언어적 해석 가까운 번역 수준을 보여 주었고 이러한 학습자들의 번역 능력 부족 및 언어적 치환에 가까운 번역 과정은 발화 내용의 정성적 분석을 통해 극명하게 드러났다.

전문 번역사와 통대 재학생의 경우, 학습자와는 달리 언어 간섭 및 번역투의 위험성을 상당히 의식하고 있는 경우가 많았음에도 불구하고, 가독성 평가에서 지적 사항이 많았고, 이는 모국어 능력이 충분하지 못한 결과이며, 또한 적절한 번역 전략 적용에 실패한 결과라 할 수 있다. 부록 7의 피험자별 발화 내용 분석 결과에서 확인할 수 있지만, 지적을 받은 부분의 TT가 동일한 경우가 많은 결과에서도 알 수 있듯이, 일한 번역이 내포한 언어 간섭 현상의 영향으로 인한 '번역투'로 인해 전반적으로 가독성이 떨어질 수 있는 위험성을 보여 준다고 할 수 있다. TAP 데이터의 정성적 분석에서도 일한 번역은 다른 언어 배합의 번역에 비해 결코 용이하지 않으며, 독자의 가독성 측면에서 독자의 기대 수준에 도달하기 어려울 수 있는 개연성이 있음을 확인할 수 있었다.

Ⅵ. 결 론

1. 실험 결과의 요약

본 연구는 일본어와 한국어의 유사성으로 인해 일한 번역이 다른 언어 배합보다 쉽다고 생각하는 일반적인 통념과는 달리 일한 번역의 품질에 대한 가독성이 높지 않다는 문제의식에서 시작하였다. 기존 ST－TT 대조 분석이라는 연구방법의 한계를 극복하고자 번역사의 번역 과정을 탐구할 수 있는 연구방법으로서 TAP를 채택하였다. TAP의 피험자로서 통역번역대학원을 졸업한 전문 번역사 13명과 현재 통역번역대학원에 재학 중인 1학년 학생 4명과 2학년의 번역순차반 학생 3명, 일본어 전공자로서 현재 통역번역대학원 입학을 준비 중인 학습자 6명 등 총 26명을 선정하여, 2종류의 일본어 텍스트를 번역하도록 하고 번역 과정을 녹음하는 TAP 실험을 실시하였다. 또한 독자의 가독성을 평가하기 위해 편집, 국어, 번역 교육의 전문가 각 3명, 총 9명으로 구성된 가독성 평가자를 선정하여 TAP 실험에서 번역된 번역문에 대한 가독성을 평가하였다.

또한 TAP에서 생산된 피험자의 발화를 전사한 데이터를 정량적·정성적으로 분석하였다. 정량적 분석은 피험자의 녹음 시간, 발화량에 대한 분석과 번역 과정에서 산출된 '번역 단위'를 단계별, 문장 구성 성분별로 분석한 결과이다. 정성적 분석은 TAP 실험 결과 수집된 각 피험자의 발화 내용에 대한 분석으로, 번역사의 언어 간섭에 대한 의식 여부와 가독성과의 관계, 번역사의 전략과 가독성과의 관계를 알 수 있었다. 또한 TAP의 한계를 극복하기 위해 번역사에 대한 설문 조사와 TAP 실험 전후에 작성하도록 한 설문 내용을 분석하여 번역사의 배경 및 번역에 대한 의식이 미치는 영향도 일부 파악할 수 있었다.

정량적 분석 결과에서는 피험자의 녹음 시간, 발화량 및 번역 단계(번역 과정에서의 번역 횟수)를 기준으로 분석한 결과, 녹음 시간 및 발화량 자체 가독성에 영향을 미친 것으로 볼 수는 없으며, 피험자 개인의 번역 성향 차이에 의한 결과로 판단된다. 번역 과정에서 파악된 번역 단계, 즉 최종 TT 생산까지 몇 단계의 퇴고 과정을 거쳤는가 하는 부분은 가독성에 영향을 미친 것으로 나타났다. 분석 결과 번역 시간과 평가 결과와의 관계는 전문 번역사와 통대 재학생의 녹음 시간이 평균적으로 학습자보다 길었으며 전체적인 번역 단계도 학습자는 대개 1, 2단계에 그쳐 최고 5단계까지를 기록한 다른 피험자군보다 훨씬 단축되어 있었다. 따라서 번역문의 수정 및 퇴고의 횟수가 확실히 번역 결과에 영향을 주는 것이 확인되었다. 그러나 전문 번역사의 경우 번역 단계가 많은 것이 반드시 번역문의 품질과 비례하지는 않는 것으로 나타나, 번역 과정에서 부닥친 문제에 대한 적절한 전략 및 한국어 표현력이 수반되지 않는 단순한 퇴고 과정으로는 전문 번역사에게 기대할 수 있는 수준의 높은 가독성이 확보되지 않는 사실이 확인되었다.

이처럼 번역 능력에 대한 일반적인 예상과 일치하는 부분도 있었으나 예상을 벗어난 결과가 나오기도 하였다. 학습자가 번역한 번역문에 대한 가독성 평가 점수는 전문 번역사 및 통대 재학생과의 평가 결과에 비해 상당히 떨어진 것으로 나타나 번역 능력의 현격한 격차가 독자의 가독성 저하로 직결된 결과를 나타냈다. 그러나 통대 재학생과 전문 번역사의 평가 결과를 비교한 결과, 전체적으로 통대 재학생이 번역한 텍스트의 가독성이 높게 나타난 것은 전혀 예상하지 못한 결과라 할 수 있다.

텍스트 타입과 가독성과의 관계는 한국어 표현력에 의해 평가가 엇갈리게 나타났다. 전문가들의 총평에 따르면 한자어가 많은 텍스트 1보다 비교적 내용이 부드러운 텍스트 2의 이해도가 높았다고 평가하였으나, 평균 점수는 비슷하거나 텍스트 1보다 낮은 경우도 많았다. 또한 피험자의 평가에서 2.5 이상을 받은 것은 텍스트 1이 오히려 더 많았다. 텍스트 1은 일본어 한자어의 간섭의 영향이 큰 반면, 텍스트 2는 유려한 한국어 표현력을 요구하는 텍스트로서 피험자들의 가독성이 떨어지는 원인으로 작용하였음을 알 수 있다.

번역 단위의 총수와 가독성과의 관계는 직접적인 상관관계에 있다고 볼 수 없는 결과가 나타났다. 전체적으로 번역 단위의 총수는 최소 18개에서 최다 122개의 분포를 보였다. 가독성 평균 점수 2.5점 이상을 받은 13개의 텍스트는 62개에서 122개를 기록하였고, 그중 60~70개인 텍스트가 13개 중 5개로 38.4%, 90개대가 13개 중 5개로 38.4%, 100~122개가 13개 중 2개로 15.3%로 나타났다. 또한 번역 단위 총수에서 피험자군별로 차이가 있었는데, 전문 번역사의 경우 5개 텍스트 중 4개 텍스트가 60~70개대로 80%를 기록한 반면, 통대 재학생의 경우 8개 중 5개 텍스트가 94개(62.5%)였고, 높은 평가를 받은 텍스트의 경우, 통대 재학생의 번역 단위의 총수가 전문 번역사군보다 많은 것으로 나타났다. 그러나 이는 단순한 번역 단위의 총수로서 단계별 번역 단위를 고려할 필요가 있는 것으로 판단하여, 번역단계별 번역 단위의 수를 분석한 결과, 최소 15.75개에서 최다 34.5개를 기록하였고, 특히 13개 텍스트 중 7개가 30개대(53.8%)였다. 특히 통대 재학생의 경우에 31.3개인 텍스트가 8개 중 5개(62.5%)였고 30.5개인 텍스트를 포함하면 8개 중 6개(75%)의 텍스트가 거의 동일한 단계당 번역 단위의 수를 보인 것으로 나타나, 가독성에서 높은 평가를 받은 텍스트의 '최적의 단계당 번역 단위의 수'로 나타났다. 실험 결과만을 볼 때 단계당 번역 단위는 번역사의 전체 번역 단계의 횟수를 고려하지 않을 때, 최적의 번역 단위의 수로 생각할 수 있다.

번역 단위의 분석에서 problem unit 중 각 문장 성분의 구성비와 전체 번역 단위에서 각 문장 성분의 problem unit이 차지하는 비중을 산출한 결과, 통대 재학생들은 단계당 번역 단위 총수와 단계당 번역 단위의 수에서 상당한 유사성을 보였을 뿐만 아니라, 문장 성분별 구성비에서도 완전히 동일한 수치를 보인 경우가 많았다. 이는 학교 번역 교육의 긍정적인 효과가 나타난 결과로 판단되며, 번역 과정이 일정한 패턴을 보이고 또한 안정된 번역 과정이 상대적으로 높은 가독성을 받는 요인 중 하나로 작용했음을 증명하는 결과로 볼 수 있다.

번역 단위의 분석 결과, 연구 초기 가설에서 예측했던 것과 같이, 특정 문장 성분의 비중이 높은 것과 가독성과의 관계가 드러날 것으로 기대하였으나, 본 실험의 피험자의 실험 결과를 보면 번역 단위의 비중이 극단적인 경우는 없었으며, 가독성 평가에서 높은 점수를 받은 피험자의 경우에도, 텍스트가 번역 단위에 포함된 점을 제외하면 번역 단위의 비중과 관련하여 특기할 만한 사항이 발견되지 않았다. 다만 비교적 좋은 평가를 받은 통대 재학생의 번역 단위의 비중이 동일하게 나타남으로써, '적절한 수준'의 번역 단위의 비중의 가능성을 유추할 수 있게 되었다.

TAP의 결과에 대한 정량적 분석뿐 아니라 정성적 분석을 통해서도 번역사의 의식 및 조절 능력과 번역 전략의 유무 및 적절성을 파악할 수 있었다. 분석 결과, 학습자들은 전체 텍스트에 대한 이해도가 매우 떨어지며 직독직해 즉, '시역(sight translation)' 기법을 거친 후 실제 번역 작업에 들어가는 공통점을 보였는데, 여전히 단어 치환 수준의 번역관을 가지고 있는 것으로 나타났고 일한 번역의 문제점으로 지적되는 간섭 현상에 대한 의식이 매우 떨어지고 있음이 확인되었다. 이에 비해 전문 번역사와 통대 재학생의 경우는 사전 설문 조사에서 확인된 바와 같이 일본어 원문의 간섭, 특히 일본어 한자어 등의 간섭의 가능성을 비교적 크게 의식하고 있는 것으로 나타났으나 가독성 평가에서는 좋지 않은 평가를 받은 경우가 많았고, 특히 TAP의 발화 내용 중에 원문의 간섭 현상을 배제하기 위한 노력의 흔적이 보인 경우에도 결과적으로 한국어 표현에 대한 지적을 받은 경우가 대부분인 사실은 시사하는 바가 크다고 본다. 즉, 전문 번역사는 학습 및 번역 경험을 통해 일본어 원문의 간섭에 따른 번역투의 가능성에 대한 지식이 충분히 축적되어 있고 평소 문제점을 인식하고 있음에도 불구하고, 평가 결과가 좋지 않았던 것은 모국어, 즉 한국어 실력의 향상이 수반되지 않고 있으며 번역 경험의 축적 및 외국어 능력의 향상에 비례하지 않고 있다는 증거로 볼 수 있다. 또한 발화 내용의 분석 결과, 원문 단어의 간섭 현상을 인식한 경우에도 문제 해결을 위한 번역 전략에 문제가 있는 것으로 드러났는데, 텍스트의 문맥 및 텍스트 전체를 통한 유추 과정을 거치기 전에 인터넷 검색 결과에만 의존하는 단선적인 전략 구사 경향이 공통적으로 드러났다. 특히 인터넷 검색 결과를 분석하거나 선별적으로 이용하기보다, 양적 결과에 더욱 주목하는 것은 반드시 지양해야 할 전략이며 교육과정에서 이에 대한 지도가 필요할 것으로 본다.

2. 번역 교육에 대한 시사점

결론적으로 전문 번역사보다 통대 재학생의 가독성 평가 결과가 더 높게 나타난 점은 상당히 고무적인 동시에 의외의 결과이다.

결국 일한 번역은 다른 언어 배합에 비해 쉽다는 일반적인 통념이 성립되지 않음을 증명하는 결과임과 동시에 일한 번역이 오히려 번역의 어려움을 내포하고 있음을 보여 주는 결과이다. 통대 재학생에 대한 평가 결과가 전문 번역사에 비해 상대적으로 높게 나타남으로써, 기존 통역번역대학원에서 실시하고 있는 번역 교육이 올바른 방향으로 나아가고 있다고 판단할 수 있는 것으로 긍정적 결론을 내릴 수 있지만, 일한 번역의 전반적인 품질 향상을 위해 크게 두 가지 과제 및 시사점을 준다고 본다.

첫째, 전문 번역사의 능력에 대한 절대적인 신뢰가 불가능해짐으로써 일한 번역의 품질에 대한 독자의 가독성에 대한 평가가 어떤 방식으로든 이루어져야 한다는 과제를 남겼다고 본다. 무엇보다 시급한 교육상 과제는 번역 교육 자체가 재고되어야 한다는 점이다. 본 연구 결과만 보면 재학생의 일한 번역 능력이 전문 번역사에 결코 뒤지지 않는 것으로 나타난 것은 현재의 번역 교육에 대해 일단 긍정적인 평가를 가능하게 하는 결과이다. 전문 번역사로서 실제 번역을 하는 전문가가 교육자로서 가장 적합하다는 지적을 증명하듯, 현재 통역번역대학원의 번역 교육은 전문 번역사로 활동 중이면서 이론을 공부하고 있는 사람들의 비중이 늘어나고 있는 추세로서, 그러한 교육상의 영향도 실험 결과에 일부 영향을 준 것으로 유추된다. 이는 가독성 평가에서 1, 2 텍스트에서 모두 높은 점수를 받은 전문 번역사가 특히 박사과정에서 번역 이론을 연구하고 있으며, 높은 점수를 받은 전문 번역사 4명은 모두 대학원에서 번역 교육을 담당하고 있다는 점에서도 확인된다. 따라서 이론과 실제가 겸비된 교육자를 확보하고, 번역 수업에서 독자의 가독성에 대한 강조 및 이해가 선행되어야 할 것이다.

둘째, 가독성을 평가한 전문가의 견해에서 나타났듯이 전체적인 가독성 수준이 낮았으며 최종 독자가 만족할 수 있는 수준의 텍스트가 하나도 없었다는 편집전문가의 평가는 일한 번역이 내포한 어려움을 반증한다고 볼 수 있다. 이를 극복하기 위해서는 일본어 원문의 간섭의 가능성을 인식할 수 있도록 교육의 방향 전환이 이루어지고, 또한 이를 극복할 수 있는 전략 및 실제 번역 과정을 통한 실습이 이루어져야 하며 특히 모국어 교육의 강화가 절실히 요청된다. 현재 통역번역대학원에는 교포 학생을 대상으로 한 한국어 교육 외에 한국어 교육 과정이 없다. 그러나 현실을 보면 재학생 스스로가 자신의 한국어 실력에 의문을 갖고 대거 청강하고 있는 실정이다. 이처럼 학생들의 수요와 필요성에도 불구하고 한국어 교육이 방기되어 있는 현실을 반성하고, 학생들의 한국어 실력 향상을 위한 적극적인 노력이 이루어져야 한다고 본다. 이는 TAP의 발화 내용에서도 발견되었듯이 미래의 일한 번역을 담당할 전문 번역사를 양성하는 교육기관이 수행해야 할 중요한 역할이 아닐 수 없다. 이상과 같은 교육의 문제점을 개선하기 위해 다음과 같은 방안을 제안하고자 한다.

첫째, 독자의 높은 가독성을 확보하기 위해서 실제 최종 독자의 평가를 받는 방법을 채택할 수 있을 것으로 본다. 본 연구에서 실시한 가독성 평가에서 번역 교육자의 평가가 편집전문가나 국어전문가의 평가보다 엄격하지 못한 것은 평가 실험 자체의 한계도 배제할 수는 없으나, 번역 교육자는 실제 독자의 입장보다는 '평가자'의 역할에 오랫동안 익숙해진 한계를 지니고 있는 만큼, 최종 독자의 평가를 받을 수 있는 교육 방법을 고안하는 방안을 고려할 수 있을 것으로 본다. 실제 번역 현장에서 사용된 텍스트로 번역한 후, 당시 발주자에 대해 가독성 평가를 의뢰하는 등의 방법을 고려할 수 있다.

둘째, '직관적 첨삭 지도'에 치중되어 있는 기존의 번역 교육 방법을 재고하고, 번역 행위 자체에 대한 이해를 높이는 한편 거시적이고 전략적 관점이 더욱 강조되어야 할 것으로 본다. 직관적인 방법에 의존하는 번역 교육은 번역을 '타고난 재능'으로 보는 관점을 거부하고 번역사는 어디까지나 '교육'을 통해 양성될 수 있는 후천적 영역임을 수용하는 번역 교육기관이 당연히 지향해야 할 방향이다.

3. 연구의 한계와 향후 연구 과제

본 연구의 설계 및 실시 과정에서 문제점을 TAP 실험과 가독성 평가 실험으로 나누어 살펴보았다. TAP 실험과 관련된 문제점은,

첫째, 피험자의 확보였다. 특히 전문 번역사들은 개인적으로 작업을 하는 특성이 있고, 본인의 번역 결과를 공개하여야 한다는 심리적 부담으로 인해 실험 대상이 되는 것에 상당한 부담감과 거부감을 지니고 있기 때문에 보다 많은 수의 피험자를 확보하기 어려웠다.

둘째, 번역 경력의 차이를 분석 과정에 반영하기 어려운 문제이

다. 모두 본 연구의 실험 대상이 된 피험자들은 모두 무작위로 선정되었으나 동일한 경력의 전문 번역사라 할지라도 한국어로의 번역 경험의 차이 등이 일한 번역의 결과에 미치는 영향까지를 측정할 수 없는 한계가 있었다. 이는 통대 재학생과 학습자의 경우에도 해당되는 한계이다. 이를 극복하기 위해 정량적 분석에서도 단순한 번역 단위 총수만을 산출하지 않고 단계당 번역 단위의 수, problem unit과 non-problem unit의 산출 등으로 번역 과정에서 번역사가 주목하는 번역 단위를 가능한 한 객관적으로 분석할 수 있도록 노력하였다.

셋째, 실험 실시상의 문제점이다. TAP를 실시하는 과정은 번역사의 실제 번역 상황과 가장 유사한 상황의 확보가 필수적이기 때문에 각 피험자가 스스로 실시한 후 그 결과물을 수집하였으나, 모든 피험자들이 동일한 정도의 의식과 노력을 들였는가를 측정할 수는 없다. 실제 번역 상황의 경우에 있는 번역사라 하더라도 번역 상황 및 번역 조건에 따라 번역의 품질에 차이가 있을 수 있는 만큼, 주관적인 상황에 대한 조절에는 한계가 있을 수밖에 없다. 이와 같은 한계를 극복하기 위해서는 무엇보다 비슷한 조건의 실험을 상이한 피험자군을 대상으로 반복하여, 그 분석 결과가 축적되어야 할 것이다.

넷째, 실험 대상 텍스트의 난이도와 텍스트 타입이 번역 결과에 미치는 영향 또한 향후 다양한 텍스트에 대한 실험이 이루어져 그 결과가 축적되어야 할 것으로 본다. 본 실험에서 채택한 텍스트 타입은 가독성에 영향을 미치지 못한 것으로 나타나, 텍스트 타입과 가독성과의 관계를 규명할 수 없었던 것은 텍스트 선정에 문제가 있었다고 할 수 있다.

가독성 평가와 관련된 한계는 크게 두 가지로 요약된다. 평가자의 선정 및 평가 방법의 한계이다. 번역 결과물에 대한 객관적인 평가 방법이 번역학 내에서도 여전히 정립되어 있지 않은 상황에서, 평가자의 경험 및 주관에 전적으로 의존할 수밖에 없었다. 이러한 한계를 극복하기 위해 평가자의 선정에 특히 유의하여, 각 분야에서 상당한 경력을 쌓은 전문가로 구성할 수 있도록 유의하였다. 그러나 TAP 실험과 마찬가지로 각 평가자가 평가 실험에 임하는 태도가 모두 동일할 수 없다는 점과 비슷한 텍스트에 대한 평가가 반복됨으로 발생할 수 있는 평가의 엄격성 유지의 어려움 등은 한계라 할 수 있다. 따라서 장기간에 걸쳐 다양한 일한 번역 텍스트에 대한 독자의 가독성 평가를 실제 발주자나 의뢰인이 하도록 하여 번역물의 품질 확보를 위한 시스템 확립을 통해 이러한 문제점을 일부나마 극복할 수 있을 것이다.

향후 연구 과제로는 본 연구와 동일한 실험을 다른 언어 배합의 번역,

예를 들면 영어에서 한국어로의 번역 과정에 실시하여 그 결과를 일한 번역의 결과와 비교 분석하는 공동 연구를 진행한다면, 언어 간 유사성과 차이점에 따른 번역사의 번역 단위 및 번역 전략을 비교 분석할 수 있을 것으로 기대한다.

사고발화법(TAP: Think-Aloud protocol)을 통해 나타난 일–한 번역과정 연구

참고문헌

〈국내〉

김련희. (2001). 번역사와 언어학습자의 영한번역 과정. *국제회의 통역과 번역*, 3. 59－82.

김윤경 (역). (1998). 외국어 습득론. R. Ellis(1985). *Understanding Second Language Acquisition*. 서울: 한국문화사.

김혜림. (2001). 중한 통번역에서 발견되는 한자어로 인한 언어 간섭. *국제회의 통역과 번역*, 3. 87－103.

김혜림. (2003). 한중 번역에서 나타난 同源記標素의 간섭에 대한 연구. 한국외국어대학교 대학원 중어중문학과 박사학위논문.

박경자, 장영준. (역). (2000). *번역과 번역하기*. Bell, R, T. (1991). Translation and Translating: Theory and Practice. 서울: 고려대학교 출판부.

박갑수. (1998). 일반국어의 문체와 표현. 집문당.

박용삼 (역). (1990). 번역학이란 무엇인가. W. Koller(1987, first appeared in 1978). *Einführung in die Übersetzungswissenschaft*. 서울: 숭실대학

교 출판부.
이혜란 외 (공역). (1995). 2개언어상용과 그 이론. J. F. Hamers & M. H. A. Blanc(1987). *Bilinguality and Bilingualism*. Cambridge Univ.
이희재 (역). (2001). *번역사 산책*. 辻 由美 翻譯史のプロムナード. (1993). 서울: 궁리.
정호정 (역). (2002). *국제회의통역에의 초대*. Seleskovitch, D. (1978). Interpreting for international conferences. 서울: 신론사.
지광신 외 (공역) (2003). 번역의 언어학적 문제. Diller, H. & Kornelius, J. (1978). *Linguistische Problem der Übersetzung*. Max Niemeyer Verlag Tübingen.
진윤아(역). (2000). 의미라는 밀알&단어라는 밀겨울: 통역에서의 화체의 충실성. 미출판 석사논문. J. Delisle. 1990. *Le Froment Du Sens, La Paille Des Mots. Etudes Traductologiques*.
최정화. (1989 초판, 1997). 통역의 실제. 서울: 신론사.
최정화. (1998). *통역번역입문*. 서울: 신론사.
최정화. (2001). 통역번역의 충실성. *국제회의 통역과 번역*, 3. 267－283.

〈국외〉

藤堂明保. (1969 초판, 1991). 漢語と日本語. 秀英出版.
佐藤喜代. (1988 초판, 1989). 近代文學と漢字. 明治書院.
柳父 章. (1982 초판, 2001). 飜譯語成立事情. 岩波新書.
中村保男. (1973). 翻譯の技術. 中央公論社.
Alves, F. (Ed). (2003). *Triangulating translation: Perspectives in process oriented research*. Amsterdam/Philadelphia: John Benjamins.
Anderman, G. (1998). Finding the right word: Translation and language teaching. In Malmkjær, K. (Ed.). (1998). *Translation & language teaching: Language teaching & translation*. (pp.39－46). ST. Jerome.
Anderman, G & M. Rogers. (Eds.). (1999). Word, text, translation: Liber *Amicorum for Peter Newmark*. Clevedon: Multilingual Matters.
Baker, M. (1992). *In other words*. London & New York: Routledge.

Baker, M. (1996). Corpus－based translation studies: The challenges that lie ahead. In Somers, H. (Ed). *Terminology, LSP and Translation: Studies in language engineering in honour of Juan C. Sager*. (pp.175－185). Amsterdam/Philadelphia: John Benjamins.

Baker, M. (Ed.). (1998). *Routledge encyclopedia of translation studies*. London & New York: Routledge.

Bassnet, S., & Lefevere, A. (Ed.). (1995, first published in 1990). *Translation, history, and culture*. London: Pinter Publishers.

Beeby, A. (2000). Choosing an empirical－experimental model for investigating translation competence. The PACTE model. In Olohan, M., *Intercultural faultlines*. (pp.43－53). Manchester/Northampton: St. Jerome.

Bell, R. (1991). *Translation and translating: Theory and practice*. London & New York: Longman.

Bernardini, S. (2001). Think－aloud protocols in translation research: Achievements, limits, future prospects. *Target* 13(2). 241－263.

Brown, G. & Yule, G. (1983). *Discourse analysis*. New York: Cambridge University.

Campbell, S. (1997). *Translation into the second language*. New York: Longman.

Cao, D. (1996). On translational language competence. In *Babel* 42(4). (pp.231－238).

Chesterman, A. (1998). Communication strategies, learning strategies & translation strategies. In Malmkjær, K. (Ed.). (1998). *Translation & language teaching: Language teaching* & translation. St. Jerome.

Chesterman, A. (2000). *Translation in context*. Amsterdam & Philadelphia: John Benjamins.

Cruse, D. A. (2000). *Meaning in language: An introduction to semantic and pragmatics*. Oxford University.

Dancett, J. (1997). Mapping meaning and comprehension in translation: Theoretical and experimental issues. In Danks, J. H., Shreve, G.

M., Fountain, S. B., and Mcbeath, M. K. M. (Eds.), *Cognitive processes in translation and interpreting*(pp.77－103). London & New Delhi: SAGE.

Danks, J. H., Shreve, G. M., Fountain, S. B., and Mcbeath, M. K. M. (Eds.). (1997). *Cognitive process in translation and interpreting*. London & New Delhi: SAGE.

De Beaugrande, R. & Gorcum, V. (1978). *Factors in a theory of poetic translating*. Van Gorcum/Assen: The Netherlands.

Dejean, K. (1988). *The importance of background knowledge in translation*. Lecture given at the translation seminar held at Thammasat University, Bangkok.

Dejean, K. (1991). Perfecting active and passive languages as a conference interpreter. *presented text at the Autumn Congress of Japanese French Teachers* in Nagasaki on October 27, 1991.

Farghal, M. (1992). Ideational equivalence in translation. In De Beugrande, R., Shunnag, A. and Heliel, M. H., *Language, discourse and translation*(pp.55－62). Amsterdam /Philadelphia: John Benjamins.

Fawcett, P. (1997). *Translation and language: Linguistic theories explained*. Manchester: St. Jerome.

Fraser, J. (1996). The translator investigated: Learning from translation process analysis. *The Translator* 2(1). 65－77.

Fraser, J. (2000). What do real translators do? Developing the use of TAP from professional translators. In Tirkkonen－Condit, S., Jääskeläinen, R. (Ed.). *Tapping and Mapping the process of translation and interpreting: Outlooks on empirical research*(pp.111－119). Amsterdam/Philadelphia: John Benjamins.

Gerzymisch－Arbogast, H. (2001). Equivalence Parameters and Evaluation. In *Meta*, XLVI(2). 227－240.

Gutt, E. A. (1991). *Translation and relevance: Cognition and context*. Oxford: Basil Blackwell, 1991.

Gutt, E. A. (1998). Pragmatic aspects of translation: Some Relevance-Theory observations. In L. Hickey (Ed.), *The Pragmatics of translation* (pp.41 – 53). Clevedon: Multilingual Matters.

Gutt, E. A. (2000). *Translation and Relevance: Cognition and Context*(2nd Ed.). Manchester & Boston: St. Jerome.

Halverson, S. (1997). The concept of equivalence in translation studies: Much ado about something. *Target* 9(2), 207 – 233.

Harris, B. & Sherwood, B. (1978). Translating an innate skill. In Gerver, D. & Sinaiko, H. W. (Ed.). *Language interpretation & communication* (pp.155 – 169). New York: Plenum Press.

Hatim, B. & Mason, I. (1990). *Discourse and the translator*. London & New York: Longman.

Hatim, B. (1997a). *Communication across cultures: Translation theory and contrastive text linguistics*. Devon, UK: University of Exeter.

Hatim, B. & Mason, I. (1997b). *The Translator as communicator*. London & New York: Routledge.

Hatim, B. (2001). *Teaching and researching translation*. Harlow & New York: Longman.

Hervey, S. & Higgins, I. (2001). (First appeared in 1992). *Thinking translation*. London & New York: Routledge.

Hickey, L. (Ed.). (1998). *The pragmatics of translation*. Clevedon: Multilingual Matters.

House, J. & Blum-Kulka, S. (Eds). (1986). *Interlingual and intercultural communication: Discourse and cognition in translation and second language acquisition studies*. Tübingen: Guter Narr Verlag.

Hönig, H. G. (1991). Holmes' "Mapping Theory" and the landscape of mental translation process. In van Leuven-Zwart, K. M. & Naaijkens. (Ed.)., *Translation studies: The state of the art*(pp.77 – 88).

Hyun, T. (1992). Translation policy and literary/cultural changes in early modern Korea(1895 – 1921). *Target*, 4: (2), 191 – 208. John Benjamins.

Ivanova, A. (1998). Educating the 'Language Elite': Teaching translation for translator training. In Malmkjær, K. (Ed.). (1998). *Translation & language teaching: Language teaching & translation*. St. Jerome.

Ivir, V. (1998). Linguistics and communicative constraints on borrowing and literal translation. In Beylard－Ozeroff, A., Kralord, J, and Moser－Merser, B. *Translators' strategies and creativity*(pp.127－135). Amsterdam & Philadelphia: John Benjamins.

Jääskeläinen, R. (1993). Investigating translation strategies. In Tirkkonen－Condit, S. & Laffling, J. (Ed.). *Recent trends in empirical translation research*(pp.99－117). Joensuu: University of Joensuu Faculty of Arts.

Jääskeläinen, R. (2000). Focus on methodology in think－aloud studies on translating. In Tirkkonen－Condit, S., Jääskeläinen, R. (Ed.). *Tapping and Mapping the process of translation and interpreting: Outlooks on empirical research*(pp.71－81).

Kaise－Cooke, M. (1992). Translatorial expertise－a cross－cultural phenomenon from an inter－disciplinary perspective. In Snell－Hornby, M., Pöchhacker. F., Kaindl, K. (Ed). (1992). *Translation sdueis: An interdiscipline*. (pp.135－139). Amsterdam/Philadelphia: John Benjamins.

Kiraly, D. C. (1995). *Pathways to Translation*. Kent: The Kent state University.

Kiraly, D. C. (1997). Think－Aloud Protocols and the construction of a professional translator self－concept. In *Cognitive process.*

Kovačič, I. (2000). Thinking－aloud Protocol－Interview－Text analysis. In Tirkkonen－Condit, S., Jääskeläinen, R. (Ed.). (2000). *Tapping and Mapping the process of translation and interpreting: Outlooks on empirical research*(pp.97－108). Amsterdam/Philadelphia: John Benjamins.

Krings, H. P. (1986). Translation problems and translation strategies of advanced German learners of French(L2). In *Interlingual and intercultural communication*(pp.263－274). Gunter Narr Verlag

Tübingen.

Kussmaul, P. (1991). Creativity in the translation process: Empirical approaches. In van Leuven – Zwart, K. M. & Naaijkens. (Ed.)., *Translation studies: The state of the art*. (pp.91 – 99). Amsterdam/ Atlanta: Rodopi.

Kussmaul, P. (1995). *Training the translator*. Amsterdam/Philadelphia: John Benjamins.

Kussmaul, P. & Tirkkonen – Condit, S. (1995). Think – Aloud Protocol analysis in translation studies. In *TTR* Vol Ⅷ(1). 177 – 191.

Lambert, J. (1992). The cultural component recosidered. In Snell – Hornby, M., Pöchhacker. F., Kaindl, K. (Ed). (1992). *Translation sdueis: An interdiscipline*. (pp.17 – 25). Amsterdam/Philadelphia: John Benjamins.

Lang, M. F. (1992). The problem of mother tongue competence in the training of translators. In Snell – Hornby, M., Pochhacker, F., Kain, K. (Eds.), *Translation studies: An interdiscipline*(pp.395 – 399). Amsterdam & Philadelphia: John Benjamins.

Lederer, M. (1994). La *traduction aujourd'hui – le modèle interprêtatif*: Paris: Hachette.

Lederer, M. (1998). The interpretive theory of translation: A brief survey. In *Teoría de la tracucción*. Año 1 Número 1 – Abril de 1998. 35 – 43.

Leppihalme, R. (1997). *Culture bumps: An empirical approach to the translation of allusions*. Clevedon & Philadelphia: Multilingual Matters.

Levinson, S. (1983). *Pragmatics*. New York: Cambridge University.

Lévy, J. (1967). Translation as a decision process. In *To honor Roman Jakobson: Essays on the occasion of his 70th birthday*, 2(pp.1171 – 1182). The Hague.

Li, D. (2001). Language teaching in translator training. *Babel* 47(4). (pp.343 – 354).

Lörscher, W. (1992). *Investigating the translation process.* Meta, 37(3).

Malmkjær, K. (Ed.). (1998). *Translation & Language Teaching: Language Teaching & Translation.* Manchester: St. Jerome.

Malmkjær, K. (2000). Multidisciplinary in process research. In Tirkkonen – Condit, S., Jääskeläinen, R. (Ed.). (2000). *Tapping and Mapping the process of translation and interpreting: Outlooks on empirical research* (pp.163 – 169). Amsterdam/Philadelphia: John Benjamins.

Muday, J. (2001). *Introducing translation studies: Theories and applications.* London & New York: Routledge.

Neubert, A. (1992). Competence in translation: A complex skill, how to study and how to teach it. In Snell – Hornby, M., Pochhacker, F., Kaindl, K. (Ed).,Translation Studies: An interdiscipline. (pp.411 – 420). Amsterdam/Philadelphia: John Benjamins.

Neubert, A. & Shreve, G. (1992). *Translation as Text.* Kent: Kent state University.

Neubert, A. (1997). Postulates for a theory of translatio. In Shreve, G. M., Danks, J. H., Fountain, S. B., and Mcbeath, M. K. M. (Eds.)., *Cognitive process in translation and interpreting*(pp.1 – 24). London & New Delhi: SAGE.

Neubert, A. (2000). Competence in Language, in language, and in translation. In Schäffner, C., & Adab, B. (Eds.), (2000). *Developing translation competence.* Amsterdam & Philadelphia: John Benjamins.

Newmark, P. (2001, first appeared in 1991). *About translation.* Clevedon: Multilingual Matters.

Nida, E., & Taber, C. (1982, First appeared in 1969). *The theory and practice of translation.* Leiden: E. J. Brill.

Nida, E.A. (1998) Translators' creativity vs. linguistic and contextual constraints. In Beylard – Ozeroff, A., Kralord, J, and Moser – Merser, B. *Translators' strategies and creativity*(pp.127 – 135). Amsterdam & Philadelphia: John Benjamins.

Nida, E.A. (2001). The role of context in translating. In *Contexts in translating*(pp.79 – 83). Amsterdam & Philadelphia: John Benjamins.

Nord, C. (1997). *Translating as a purposeful activity: Functional approaches explained*, Manchester: St. Jerome.

Olohan, M. (2000). *Intercultural faultlines: Research models in translation studies I Textual and cognitive aspects*. Manchester/Northampton: St. Jerome.

Orozo, M. & Hurtado, A. (2002). Measuring translation competence acquisition. *Meta*, XLVII, 3.

PACTE. (2000). Acquiring translation competence: Hypotheses and methodological problems of a research project. In *Investigating translation paradigms*(pp.99 – 106). Amsterdam & Philadelphia: John Benjamins.

PACTE group. (2003). Building a translation cometence model. In Alves, F. (Ed). *Triangulating translation: perspectives in process proented resaerch* (pp.43 – 61). Amsterdam/Philadelphia: John Benjamins.

Pedersen, V. H. (1999). Accuracy in translation. In G. Anderman & M. Rogers(Eds.), *Word, text, translation: Liber amicorum for Peter Newmark*(pp.47 – 55). Clevedon: Multilingual Matters.

Pokorn, N. K. (1998). Translation into a non – mother tongue in translation theory: Deconstruction of the traditional. In Chesterman, A. Sanador, G., Ciambier, Y. (Eds.). *Translation in context* (pp.61 – 69). Amsterdam & Philadelphia: John Benjamins.

Presas, M. (2000). Bilingual Competence and Translation Competence. In Schäffner, C., & Adab, B. (Eds.). (2000). *Developing translation competence*. Amsterdam & Philadelphia: John Benjamins.

Puurtinen, T. (1998). Syntax, Readability and Ideology in Children's Literature. In Meta, XLIII, 4.

Reiss, K. (2000). *Translation criticism: The Potentials and limitations: Categories and criteria for translation quality assessment*. (Trans. by E. F. Rhodes). Manchester: St. Jerome.

Riccardi, A. (2002). *Translation studies: Perspecitves on an emerging discipline*.

UK: Cambridge.

Ruuskanen, D. D. K. (1992). The translation of Finnish medical text: Who is expert? In Snell – Hornby, M., Pöchhacker. F., Kaindl, K. (Ed). (1992). *Translation sdueis: An interdiscipline*(pp.291 – 300). Amsterdam/Philadelphia: John Benjamins.

Sager, J. C. (1993). Language engineering and translation – Consequences of automation. Amsterdam/Philadelphia: John Benjamins.

Santos, D. (2003). *On grammatical translationese*: Retrived October 2, 2003, from http://www.linguateca.pt/Diana/download/nodalida96.rtf

Schäffner, C., & Adab, B. (Eds.). (2000). *Developing translation competence*. Amsterdam & Philadelphia: John Benjamins.

Schiffrin, D. (1994). *Approaches to discourse*. Oxford and Cambridge: Blackwell.

Séguinot, C. (1996). Some thoughts about Think – Aloud Protocols. In *Target* 8(1). 75 – 95.

Séguinot, C. (1997). Accounting for variability in translation. In Danks, J. H., Shreve, G. M., Fountain, S. B., and Mcbeath, M. K. M. (Eds.). *Cognitive process in translation and interpreting*. London & New Delhi: SAGE.

Séguinot, C. (1999). Translation theory, translating theory and the sentence. In Anderman, G & M. Rogers. (Eds.). *Word, text, translation Word, Text, Translation: Liber Amicorum for Peter Newmark*(pp.84 – 93). Clevedon: Multilingual Matters

Seleskovitch, D. (1977). Threlford Memorial Lecture 1997: Why interpreting is not tantamount to translating languages. In *The Incorporates Linguist*. Vol. 16 No.2. 16 – 33.

Seleskovitch, D. (1987). Context – free language and sense in translation. In *Perspectives on language in performance: studies in linguistics, literary criticism, and language teaching and learning*. Lörscher, W., and Schulze, R. (Eds.). Gunter Narr Verlag Tübingen. 441 – 446.

Seleskovitch, D., and Lederer, M. (1989). *A Systematiic approach to teaching interpretation*. Translated by J. Harmer. (1995). Luxembourg: European Communities.

Shreve, G. M., Schäffner, C., Danks, J. H. (1993). Is there a special kind of "Reading" for translation? An empirical investigation of reading in the ranslation process. In *Target* 5(1). (pp.21 – 41).

Shreve, G.M. (1997). Cognition and the evolution of translation competence. In Danks, J. H., Shreve, G. M., Fountain, S. B., and Mcbeath, M. K. M. (Eds.). (1997). *Cognitive process in translation and interpreting*(pp.120 – 133). London & New Deli: SAGE.

Shuttleworth, M. & Cowie, M. (1997). *Dictionary of translation studies*. Manchester: St. Jerome.

Snell – Hornby, M., Pöchhacker. F., Kaindl, K. (Ed). (1992). *Translation sdueis: An interdiscipline*. Amsterdam/Philadelphia: John Benjamins.

Snell – Hornby, M. ([1987] 1995). *Translation studies: An integrated approach*. Amsterdam & Philadelphia: John Benjamins.

Snell – Hornby, M. (1995, first published in 1990). Linguistic transcoding or cultural transfer? A critique of translation theory in Germany. In Bassnet, S., & Lefevere, A. (Eds.). *Translation, history, and culture*. London: Pinter Publishers.

Sorvali, I. (1996). *Translation studies in new perspective*. Peter Lang.

Sperber, D., and Deirdre Willson. (1995, first appeared in 1986). *Relevance: Communication and cognition*. Cambridge: Blackwell.

Tirkkonen – Condit, S. (Ed.). (1991). *Empirical research in translation and intercultural studies: Selected papers of the TRANSIF seminar, Savonlinna* 1988. Tübingen: Gunter Narr Verlag Tübingen.

Tirkkonen – Condit, S. (1992). The interaction of world knowledge and linguistic knowledge in the process of translation. A Think – Aloud Protocol study. In Thesen, M. & Lewandowska – Tomaszczyk, B. *Translation & meaning II*(pp.433 – 440). Maastricht: Rykswgeschoot Maastricht.

Tirkkonen – Condit, S., Jääskeläinen, R. (Ed.). (2000). *Tapping and*

Mapping the process of translation and interpreting: Outlooks on empirical research. Amsterdam/Philadelphia: John Benjamins.

Tirkkonen–Condit, S. (2000). Uncertainty in translation processes. In. Tirkkonen–Condit, S., Jääskeläinen, R. (Ed.). *Tapping and Mapping the process of translation and interpreting: Outlooks on empirical research* (pp.123–141). Amsterdam/Philadelphia: John Benjamins.

Tirkkonen–Condit, S. (2002). Translationese–a myth or an empirical fact? A study into the linguistic identifiability of translated language. *Target* 14(2). 207–220.

Trosborg, A. (Ed.). (1997). *Text typology and translation*. Amsterdam & Philadelphia: John Benjamins.

Toury, G. (1995). *Descriptive translation studies and beyond*. Amsterdam & Philadelphia: John Benjamins.

Wai–yee, E. P. (2002). The pitfalls of linguistic equivalence: The challenges for legal translation. In *Target* 14(1). 75–106.

Wakabayashi, J. (2003). An alternative tradition: Translation theory in Japan. 웹자료.

Weatherby, J. (1998). Teaching translation into L2: A TT–Oriented approach. In Malmkjær, K. (Ed.). (1998). *Translation & language teaching: Language teaching & translation*. Manchester: St. Jerome.

Wierzbicka, A. (1997). *Understanding cultures through their key words: English, Russian, Polish, German, and Japanese*. New York, Oxford: Oxford University.

Wilss, W. (1996). *Knowledge and skills in translator behavior*. Amsterdam & Philadelphia: John Benjamins.

Wilss, W. (1999). *Translation and interpreting in the 20th century: Focus on German*. Amsterdam & Philadelphia: John Benjamins. van Leuven–Zwart, K. M. & Naaijkens. (Ed.). *Translation studies: The state of the art. –Proceedings of the first James S Holmes symposium on translation studies*. Amsterdam/Atlanta: Rodopi.

부록 1. 분석 대상 텍스트 1

企業の活力で新たな発展の時代を目指す

~日本経団連會長新年メッセージ~

2004年1月1日

(社)日本経済団体連合會

會長 奥田 碩

バブル崩壊後、長期の低迷を續けてきた日本經濟にも、輸出環境の改善と設備投資の

回復を背景に、ようやく明るさが見え始めてきた。本年は、個人消費や住宅投資を喚

起し、內需中心の持續的な成長を確實なものとしていかなければならない。

その鍵を握るのは企業の活力である。各企業が、不斷の経營改革と質の高い多様な人材の育成を行いながら、新たな需要の創造につながる魅力ある新製品・サービスの開發に果敢に取り組み、攻めの企業戰略を强化していくことを强く期待する。同時に、不

祥事や事故の防止に向け社内体制の總点検を行うとともに、良き企業市民として、主体的に社會的責任を果たしていくことを求めたい。

企業の活力を存分に引き出すためには、少子化・高齢化、グローバル化、情報化といった內外の劇的な環境変化に對応できなくなっている「官主導・キャッチアップ型経済社會」の抜本的改革が不可欠である。そこで、昨年、われわれは、「多樣性のダイナミズム」と「共感と信頼」を基本理念とする、新ビジョン「活力と魅力溢れる日本をめざして」を公表し、「民主導・自律型経済社會」の確立の必要性を訴えるとともに、具体的な處方箋を示した。

しかし、経済社會の改革は、政治の強いリーダーシップなしには實現し得ない。政策の立案から實行に至るすべての過程で、政治が、より中心的な役割を果たしていかなければならない。そして、企業には、社會的責任の一端として、政策本位の政治の實現への協力が求められている。こうしたことから、日本経団連は、政治と経済との間の、透明で緊張感ある新たな關係の構築に向け、以下の10項目の「優先政策事項」を公表するとともに、「企業の自發的政治寄付に關する申し合わせ」を行った。今後、各政党の政策評価を公表し、企業・団体による自主的な政治寄付の參考に供する予定である。

日本経団連は、政治と正面から向き合いながら、新ビジョンの實現に引き續き全力で取り組む。目の前の道は險しいが、これを乘り越えることで、必ずや新たな發展の時代を築くことができると確信している。

부록 2. 분석 대상 텍스트 2

ビジネストレンド

森永卓郎のこのビジネスに注目

第24回「需要が飽和しないマーケットを支えるハレの日」

(経濟アナリスト　森永　卓郎氏)

これまで、需要の飽和しないマーケットは「好きなモノ、好きなコト、好きなヒト」、すなわち、(1)コレクション市場、(2)芸術・文化市場、(3)戀愛市場だということを述べてきた。

實は、これらの市場というのは、それぞれが獨立して存在するのではない。例えば、ルイ・ヴィトンのバッグは、蒐集のために買っている人、デザインが氣に入って買っている人、彼女へのプレゼントで買っている人、それぞれが同じ商品の購買者として存在するのだ。逆に言えば、購買者がこの３市場に廣がっている商品ほど、力が强いと言える。

ただ、これらの市場に共通するのは、価格競爭に卷き込まれることがなく、高付加価値を維持できているということだ。一言で言えば「高い」のである。

そのような高い商品が、今後も成長を續けていけるのだろうか。例えば、家計経濟研究所の「消費生活に關するパネル調査」によると、最低所得層と最高所得層の所得格差は1994年の2.82倍から2002年には3.07倍に擴大している。そうした所得格差擴大の潮流のなかで、高付加価値商品は、数少ない高額所得者たちだけが購買する商品になってしまうのだろうか。

實はそうではない。所得が二極分化すると同時に、個人の消費も二極分化していくからだ。現實に、年收200万円のサーファーが50万円もするサーフボードを買っているのだ。普段の生活費は絞り込んで、自分がこだわる部分には思い切って使うというライフスタイルが主流を占めつつある。

それは何も最近始まった話ではない。古來から日本人は、生活を「ハレの日」と「ケの日」に分けてきた。日常であるケの日は淡々と節約して暮らし、村祭りや結婚式などのハレの日には思い切った消費をする。そうやって、生活にメリハリをつけてきたのだ。

毎日がハレの日だったバブル期、毎日がケの日となったデフレ不況。そのどちらもおかしい。最近の消費の二極分化は、單に日本人のライフスタイルが本來に戻っただけなのだ。

부록 3. 번역사 대상 설문지

설문지 1

본 설문지는 통역번역학 박사논문 집필을 위한 사전자료로 쓰이게 됩니다.

본 설문지에 기입된 내용은 논문 집필을 위한 참고자료로 쓰일 뿐, 어떠한 경우에도 전재 · 도용 · 유출되지 않을 것임을 약속드립니다.

여러분이 해 주신 내용은 논문 집필에 귀중한 자료로 쓰이게 되오니, 많은 협조 바랍니다.

〈설문 내용〉

1. 성명/연령: / 세
2. 프로 번역사로서 활동한 기간: 년
3. 번역언어 방향(평소 번역하는 언어 방향의 대략적인 비율을 기재)

   B→A

   A→B
4. 지금까지 번역했던 문서의 내용을 기재해 주십시오(예: IT 관련, 매뉴얼, 계약서 등).

5. 본인이 생각하는 '번역의 정의'를 써 주십시오.

6. 한국어로의 번역(BA)의 경우, 발주처(혹은 번역 의뢰인)의 특별한 요구사항이 있었던 경우, 그 내용을 기재해 주십시오.

7. 번역물 납기 후, 의뢰인이 본인이 수용할 수 없는 문제를 제기한 경우가 있었습니까?
만약 있었다면 그 내용을 구체적으로 명기해 주십시오.

8. B→A 번역 시 특히 주의하거나 신경을 쓰는 점은 무엇입니까?

9. B→A 번역의 어려움은 무엇이라고 생각합니까?

설문지 2-1

본 실험에 참가해 주셔서 감사합니다. 본 설문지는 TAP 실험 직후 작성하는 설문지입니다.

실험으로 인해 많이 피로하셨으리라 사료되지만, 실험 내용의 보완을 위해 본 설문지 작성에 협조해 주시기 바랍니다.

아울러 여러분이 작성해 주신 설문 내용은 논문 집필을 위한 참고자료로 쓰일 뿐, 어떠한 경우에도 전재·도용·유출되지 않을 것임을 약속드립니다.

〈설문 내용〉

1. 번역을 끝낸 후 출발어 텍스트(원문)에 대한 느낌(내용이나 난이도 등)을 기재해 주십시오.

2. 시험 대상 텍스트와 비슷한 내용의 텍스트를 번역한 경험이 있습니까?

3. 본 텍스트를 번역하면서 특히 주의하거나 염두에 두었던 점은 무엇입니까?

4. 번역 시 어려웠던 부분을 전부 기재해 주십시오(본문 내용).

5. 4번에서 기재한 문제점을 어떻게 해결했는지 그 해결방법을 구체적으로 기재해 주십시오.

6. 본인의 도착어 텍스트(번역문)의 품질에 만족하십니까?

7. 6번에서 불만족하다고 답하신 분은 그 이유를 적어 주십시오.

설문지 2-2

본 설문지는 마지막 텍스트의 번역을 끝낸 후 작성하는 설문지입니다.

장시간의 번역으로 상당히 피로하시리라 사료되오나 많은 협조 바랍니다.

〈설문 내용〉

1. 번역을 끝낸 후 출발어 텍스트(원문)에 대한 느낌(내용이나 난이도 등)을 기재해 주십시오.

2. 시험 대상 텍스트와 비슷한 내용의 텍스트를 번역한 경험이 있습니까?

3. 본 텍스트를 번역하면서 특히 주의하거나 염두에 두었던 점은 무엇입니까?

4. 번역 시 어려웠던 부분을 전부 기재해 주십시오(본문 내용).

5. 4번에서 기재한 문제점을 어떻게 해결했는지 그 해결방법을 구체적으로 기재해 주십시오.

6. 본인의 도착어 텍스트(번역문)의 품질에 만족하십니까?

7. 6번에서 불만족하다고 답하신 분은 그 이유를 적어 주십시오.

8. 두 가지 텍스트를 번역한 결과, 어떤 텍스트가 더 어려웠습니까? 또 그 이유는 무엇인지 구체적으로 적어 주십시오.

부록 4. 가독성 평가 요청서

가독성 실험 요청서

본 요청서는 박사논문 작성을 위한 연구 자료로 사용되게 됩니다.

귀하는 국어국문학을 전공한 전문가 독자로서, 제공된 텍스트를 읽고 가독성을 평가하게 됩니다.

본 자료는 논문 작성을 위한 자료로 사용될 뿐, 어떠한 이유에서도 전재·유출되지 않을 것을 약속드립니다.

실험 방법:

(1) 우선 번역물을 읽고 난 후 텍스트에 대한 가독성의 수준, 즉, 귀하가 독자로서 얼마나 텍스트의 내용을 쉽게 이해할 수 있었는지에 대한 거시적인 평가 결과를 평가표에 기입해 주십시오. 평가 기준은

1) 텍스트 내용의 전체적인 논리성

2) 한국어 문(文) 구조

3) 문맥상 적절한 어휘의 사용

4) 자연스러운 한국어 표현

이며, 독자로서 텍스트를 읽은 후, 텍스트의 가독성 수준을 상·중·하·탈락으로 나누어 기입해 주십시오. 이때, '탈락'은 독자로서 텍스트를 거의 이해할 수 없는 수준을 의미합니다.

(2) 원문을 읽는 과정에서 한국어 표현으로서 적절하지 못하다고 생각되는 부분에는 원문에 **밑줄**로 표시해 주십시오. 이때 텍스트상에 간단한 **코멘트**를 기입할 수도 있습니다.

(3) 평가표의 총평 난에는 각 텍스트에 대한 귀하의 주관적인 견해를 기입하여 주십시오.

텍스트를 읽고 난 후의 전반적인 느낌이나 문제점 등을 기입하시면 됩니다.

실험에 협조해 주셔서 대단히 감사합니다.

마지막으로 아래 질문에 답하여 주시기 바랍니다.

1번 번역물과 2번 번역물을 전체적으로 비교하였을 때, 어느 그룹의 텍스트가 더 이해하기 쉬웠습니까.

그 이유를 기입하여 주십시오.

다시 한번 귀하의 협조에 감사 말씀 드립니다.

한국외국어대학교 통역번역대학원 박사과정 조상은 드림

부록 5. 평가표

가독성 평가표1

번호	가독성 수준				총평
	상	중	하	탈락	
1-1					
2-1					
3-1					
4-1					
5-1					
6-1					
7-1					
8-1					
9-1					
10-1					
11-1					
12-1					
13-1					
14-1					
15-1					
16-1					
17-1					
18-1					
19-1					
20-1					
21-1					
22-1					
23-1					
24-1					
25-1					
26-1					

가독성 평가표 2

번호	가독성 수준				총평
	상	중	하	탈락	
1-2					
2-2					
3-2					
4-2					
5-2					
6-2					
7-2					
8-2					
9-2					
10-2					
11-2					
12-2					
13-2					
14-2					
15-2					
16-2					
17-2					
18-2					
19-2					
20-2					
21-2					
22-2					
23-2					
24-2					
25-2					
26-2					

부록 6. 텍스트별 번역 단위 분석 결과

표 43. 텍스트 1-1의 번역 단위

번역사의 번역단계	1단계		2단계		3단계		부분 합	%
단위	non-problem unit	problem unit	non-problem unit	problem unit	non-problem unit	problem unit		
단어	12	8	1	3		3	27	26
구	41	3	27	2	1		74	70
문장	1		2	1			4	3.8
전체 합	54	11	30	6	1	3	105	

표 44. 텍스트 1-2의 번역 단위

번역사의 번역단계	1단계		2단계		3단계		부분 합	%
단위	non-problem unit	problem unit	non-problem unit	problem unit	non-problem unit	problem unit		
단어	6	8	3	4	2	6	29	33
구	35	4	2	2	7	1	51	58
문장	5	1	1		1		8	9
전체 합	46	13	6	6	10	7	88	

그래프 40. 피험자 1의 번역 단위 구성비

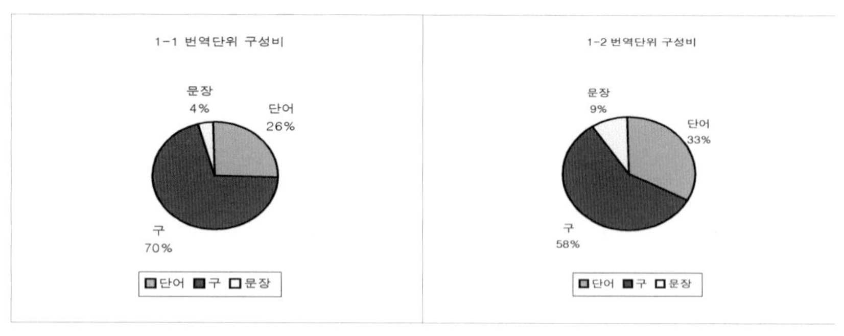

표 45. 텍스트 2-1의 번역 단위

번역사의 번역단계	1단계		2단계		3단계		부분 합	%
단위	non-problem unit	problem unit	non-problem unit	problem unit	non-problem unit	problem unit		
단어	4	10					14	23
구	35	2	1		4		42	70
문장	4						4	6.6
전체 합	43	12	1		4		60	

표 46. 텍스트 2-2의 번역 단위

번역사의 번역단계	1단계		2단계		3단계		부분 합	%
단위	non-problem unit	problem unit	non-problem unit	problem unit	non-problem unit	problem unit		
단어	1	7		4		1	13	18.8
구	26	7	4	2	2		41	59.4
문장	11	1	1		2		15	21.7
전체 합	38	15	5	6	4	1	69	

그래프 41. 피험자 2의 번역 단위 구성비

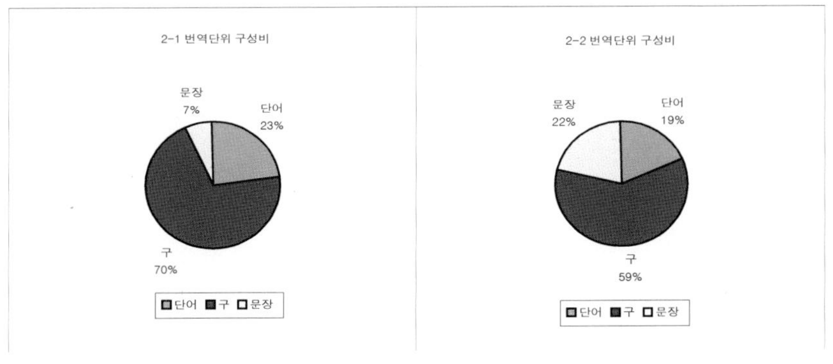

표 47. 텍스트 3－1의 번역 단위

번역사의 번역단계	1단계		2단계		부분 합	%
단위	non－problem unit	problem unit	non－problem unit	problem unit		
단어	4	7		3	14	22
구	39	6	2		47	75
문장	2				2	3.1
전체 합	45	13	2	3	63	

표 48. 텍스트 3－2의 번역 단위

번역사의 번역단계	1단계		2단계		부분 합	%
단위	non－problem unit	problem unit	non－problem unit	problem unit		
단어	1	5	1	2	9	16
구	33	1	6	1	41	71
문장	8				8	14
전체 합	42	6	7	3	58	

그래프 42. 피험자 3의 번역 단위 구성비

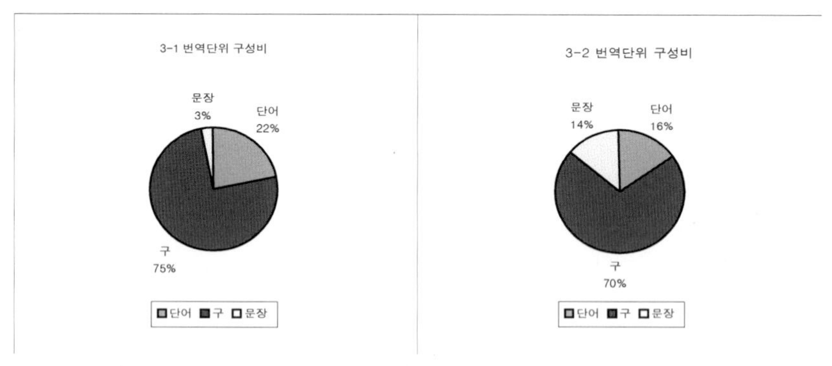

표 49. 텍스트 4-1의 번역 단위

번역사의 번역단계	1단계		2단계		3단계		부분 합	%
단위	non-problem unit	problem unit	non-problem unit	problem unit	non-problem unit	problem unit		
단어	19	9	1			2	31	30
구	56	1	7	1		2	67	65
문장	1	2	1				4	3.8
텍스트	1						1	1
전체 합	77	12	9	1		4	103	

표 50. 텍스트 4-2의 번역 단위

번역사의 번역단계	1단계		2단계		3단계		부분 합	%
단위	non-problem unit	problem unit	non-problem unit	problem unit	non-problem unit	problem unit		
단어	7	3	1				11	16
구	40	2	3		1		46	68
문장	7	1	1		1		10	15
텍스트	1						1	1.4
전체 합	55	6	5		2		68	

그래프 43. 피험자 4의 번역 단위 구성비

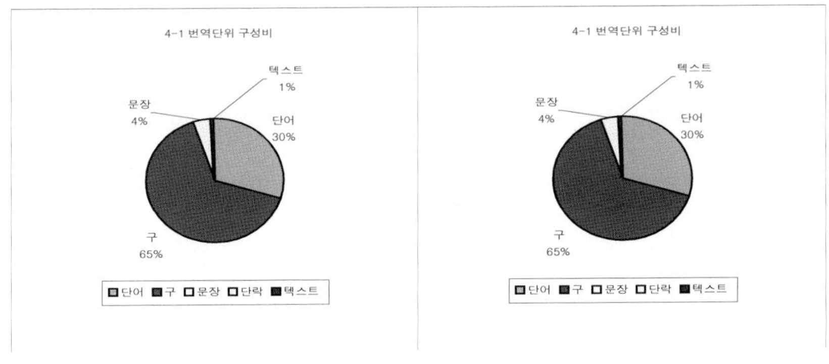

표 51. 텍스트 5-1의 번역 단위

번역사의 번역단계	1단계		부분 합	%
단위	non-problem unit	problem unit		
단어	7		7	39
구	10		10	56
텍스트	1		1	5.5
전체 합	18		18	

표 52. 텍스트 5-2의 번역 단위

번역사의 번역단계	1단계	부분 합	%
단위	problem unit		
단어	11	11	50
구	9	9	40.9
문장	2	2	9
전체 합	22	22	

그래프 44. 피험자 5의 번역 단위 구성비

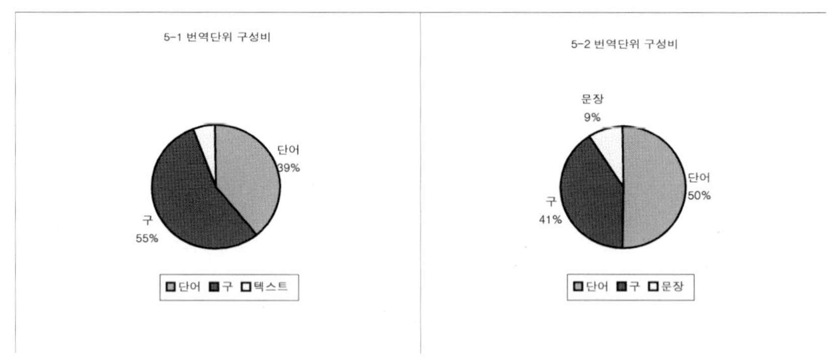

표 53. 텍스트 6 - 1의 번역 단위

번역사의 번역단계	1단계		2단계		부분 합	%
단위	non - problem unit	problem unit	non - problem unit	problem unit		
단어	7	3		2	12	21
구	31	5		8	44	76
문장	2				2	3.4
전체 합	40	8		10	58	

표 54. 텍스트 6 - 2의 번역 단위

번역사의 번역단계	1단계		2단계		부분 합	%
단위	non - problem unit	problem unit	non - problem unit	problem unit		
단어		6	3		9	18
구	30	2	1		33	65
문장	8		1		9	18
전체 합	38	8	5		51	

그래프 45. 피험자 6의 번역 단위 구성비

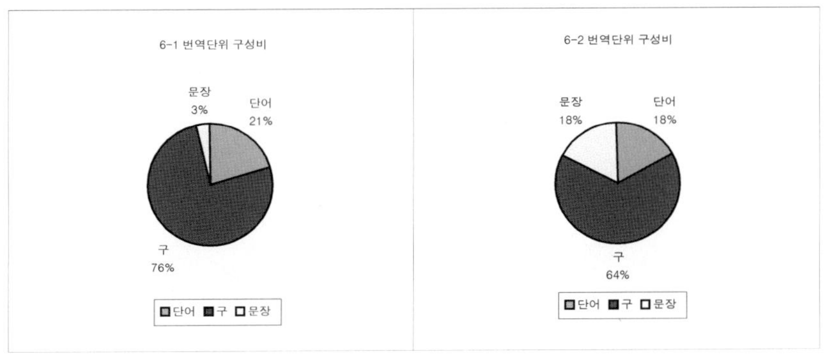

표 55. 텍스트 7－1의 번역 단위표 66

번역사의 번역단계	1단계		2단계		3단계		부분 합	%
단위	non－problem unit	problem unit	non－problem unit	problem unit	non－problem unit	problem unit		
단어	6	11		5	1		23	31
구	34	4	2		2		42	57
문장	6		1		1		8	11
텍스트	1						1	1
전체 합	47	15	3	5	4		74	

표 56. 텍스트 7－2의 번역 단위

번역사의 번역단계	1단계		2단계		3단계		부분 합	%
단위	non－problem unit	problem unit	non－problem unit	problem unit	non－problem unit	problem unit		
단어	4	9		3		1	15	22.7
구	32	3	5		1		41	62.1
문장	5		3		1		9	13.6
텍스트	1						1	1.5
전체 합	42	12	8	3	2	1	66	

그래프 46. 피험자 7의 번역 단위 구성비

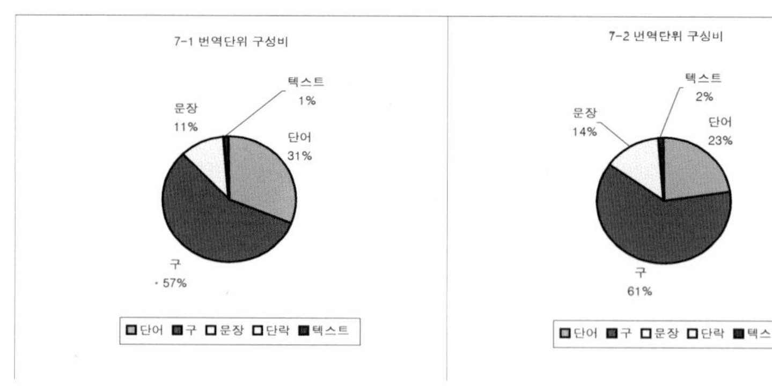

표 57. 텍스트 8－1의 번역 단위

번역사의 번역단계	1단계		2단계		3단계		부분 합	%
단위	non－problem unit	problem unit	non－problem unit	problem unit	non－problem unit	problem unit		
단어	5	11		1		2	19	31
구	29	3	1	4		1	38	61
문장	5						5	8
전체 합	39	14	1	5		3	62	

표 58. 텍스트 8－2의 번역 단위

번역사의 번역단계	1단계		2단계		3단계		부분 합	%
단위	non－problem unit	problem unit	non－problem unit	problem unit	non－problem unit	problem unit		
단어	10	15		4		1	30	33
구	36	6	4	6		1	53	58
문장	4	1	3			1	9	10
전체 합	50	22	7	10		3	92	

그래프 47. 피험자 8의 번역 단위 구성비

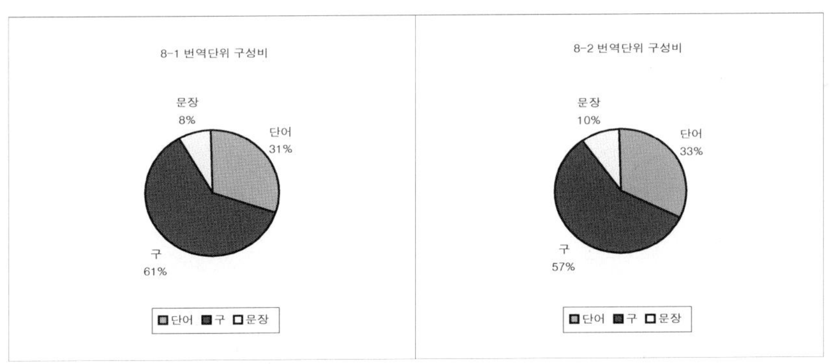

표 59. 텍스트 9-1의 번역 단위

번역사의 번역단계	1단계		2단계		부분 합	%
단위	non-problem unit	problem unit	non-problem unit	problem unit		
단어	8	9		4	21	21
구	45	2	24	3	74	76
문장	3				3	3
전체 합	56	11	24	7	98	

표 60. 텍스트 9-2의 번역 단위

번역사의 번역단계	1단계		2단계		3단계		부분 합	%
단위	non-problem unit	problem unit	non-problem unit	problem unit	non-problem unit	problem unit		
단어	5	9		2		1	17	24
구	32	3	7			3	45	64
문장	6		2				8	11
전체 합	43	12	9	2		4	70	

그래프 48. 피험자 9의 번역 단위 구성비

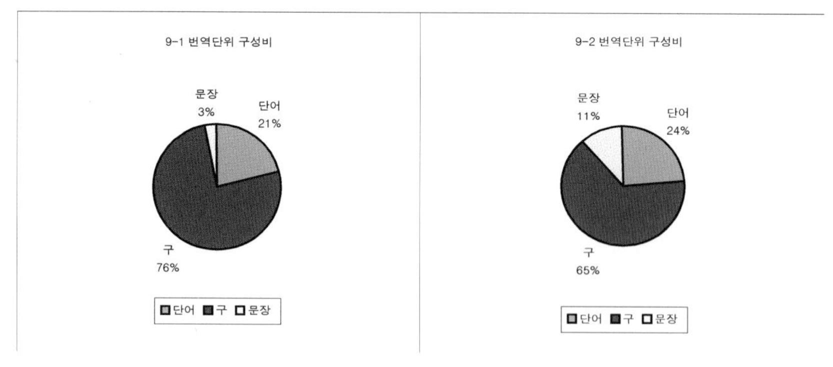

표 61. 텍스트 10-1의 번역 단위

번역사의 번역단계	1단계		2단계		부분 합	%
단위	non-problem unit	problem unit	non-problem unit	problem unit		
단어	16	3		4	23	32
구	41			5	46	63
문장	4				4	5
전체 합	61	3		9	73	

표 62. 텍스트 10-2의 번역 단위

번역사의 번역단계	1단계		2단계		부분 합	%
단위	non-problem unit	problem unit	non-problem unit	problem unit		
단어	12	10			22	28
구	40	4	6		50	63
문장	5		2		7	9
전체 합	57	14	8		79	

그래프 49. 피험자 10의 번역 단위 구성비

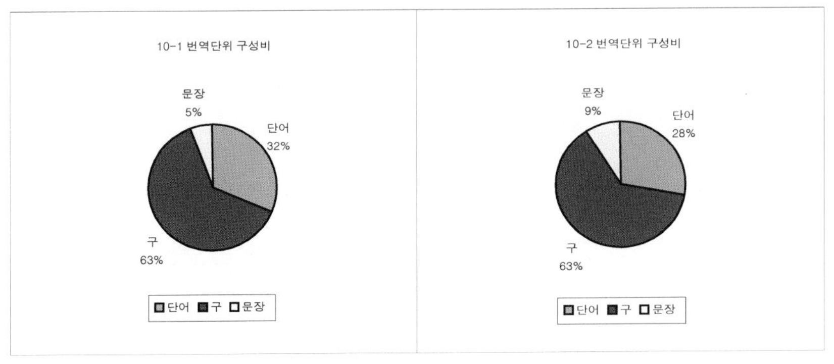

표 63. 텍스트 11－1의 번역 단위

번역사의 번역단계	1단계		부분 합	%
단위	non－problem unit	problem unit		
단어	6	2	8	35
구	14		14	61
문장	1		1	4
전체 합	21	2	23	

표 64. 텍스트 11－2의 번역 단위

번역사의 번역단계	1단계		부분 합	%
단위	non－problem unit	problem unit		
단어	7	9	16	50
구	13	1	14	44
문장	2		2	6
전체 합	22	10	32	

그래프 50. 피험자 11의 번역 단위 구성비

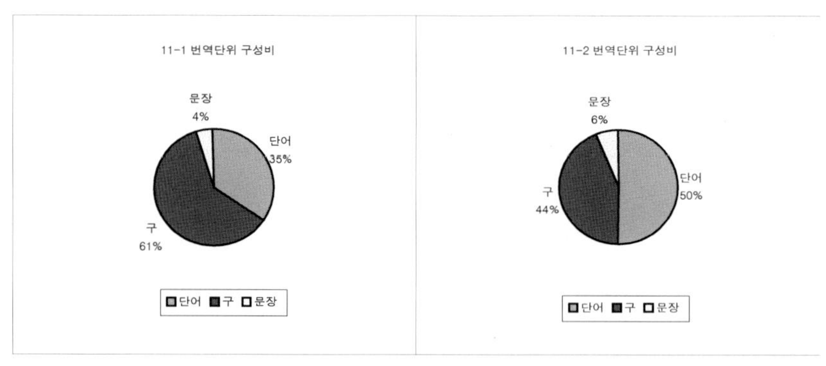

표 65. 텍스트 12-1의 번역 단위

번역사의 번역단계	1단계		2단계		3단계		부분 합	%
단위	non-problem unit	problem unit	non-problem unit	problem unit	non-problem unit	problem unit		
단어	4	12		6			22	19
구	48	7	26	5		3	89	77
문장			4				4	3
전체 합	52	19	30	11		3	115	

표 66. 텍스트 12-2의 번역 단위

번역사의 번역단계	1단계		2단계		3단계		부분 합	%
단위	non-problem unit	problem unit	non-problem unit	problem unit	non-problem unit	problem unit		
단어	8	11	1	9			29	24
구	37	17	20	2		2	78	66
문장	4		6	2			12	10
전체 합	49	28	27	13		2	119	

그래프 51. 피험자 12의 번역 단위 구성비

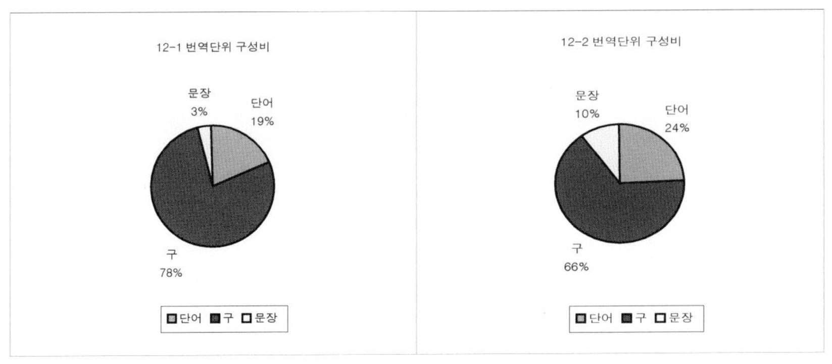

표 67. 텍스트 13-1의 번역 단위

번역사의 번역단계	1단계		2단계		부분 합	%
단위	non-problem unit	problem unit	non-problem unit	problem unit		
단어	24	2	5		31	32
구	63	1		1	65	68
전체 합	87	3	5	1	96	

표 68. 텍스트 13-2의 번역 단위

번역사의 번역단계	1단계		2단계		부분 합	%
단위	non-problem unit	problem unit	non-problem unit	problem unit		
단어	6	5			11	11
구	51	2	24	1	78	80
문장	2		6		8	8
전체 합	59	7	30	1	97	

그래프 52. 피험자 13의 번역 단위 구성비

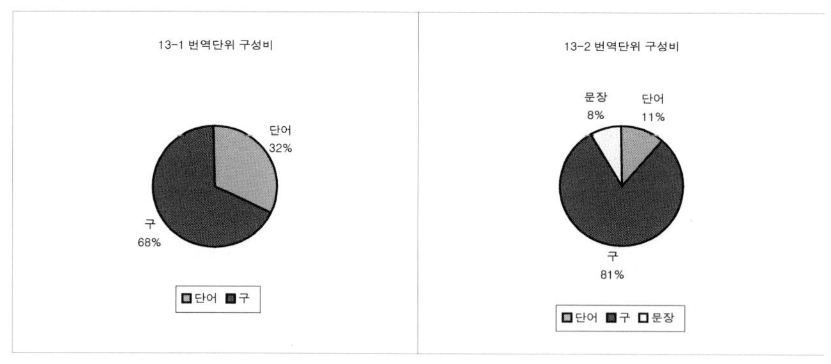

표 69. 텍스트 14 - 1의 번역 단위

번역사의 번역단계	1단계		2단계		3단계		부분 합	%
단위	non - problem unit	problem unit	non - problem unit	problem unit	non - problem unit	problem unit		
단어	4	11		7		3	25	27
구	23	10	22	2	5		62	66
문장	3	1	1	1	1		7	7.4
전체 합	30	22	23	10	6	3	94	

표 70. 텍스트 14 - 2의 번역 단위

번역사의 번역단계	1단계		2단계		3단계		부분 합	%
단위	non - problem unit	problem unit	non - problem unit	problem unit	non - problem unit	problem unit		
단어	4	11		7		3	25	27
구	23	10	22	2	5		62	66
문장	3	1	1	1	1		7	7.4
전체 합	30	22	23	10	6	3	94	

그래프 53. 피험자 14의 번역 단위 구성비

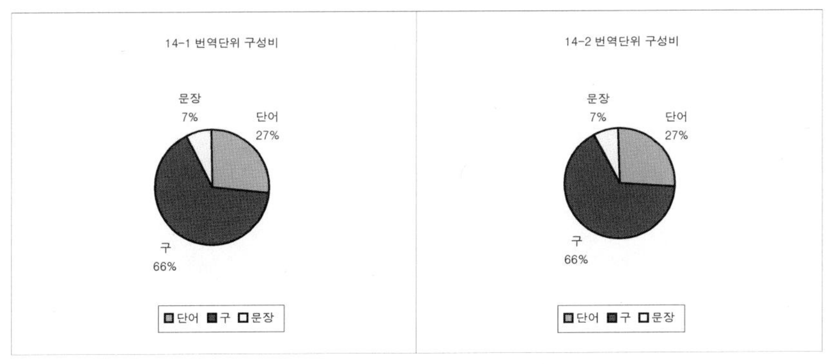

표 71. 텍스트 15－1의 번역 단위

번역사의 번역단계	1단계		2단계		3단계	4 단계	부분 합	%
단위	non－problem unit	problem unit	non－problem unit	problem unit	non－problem unit			
단어	4	11	1	4		1	21	20
구	41	4	17	5	7	2	76	72
문장	2		4	1	1		8	7.6
전체 합	47	15	22	10	8	3	105	

표 72. 텍스트 15－2의 번역 단위

번역사의 번역단계	1단계		2단계		3단계	4 단계	부분 합	%
단위	non－problem unit	problem unit	non－problem unit	problem unit	problem unit			
단어	4	9	1	4	2	1	21	28
구	35	3	5			1	44	59
문장	3	2	3			2	10	13
전체 합	42	14	9	4	2	4	75	

그래프 54. 피험자 15의 번역 단위 구성비

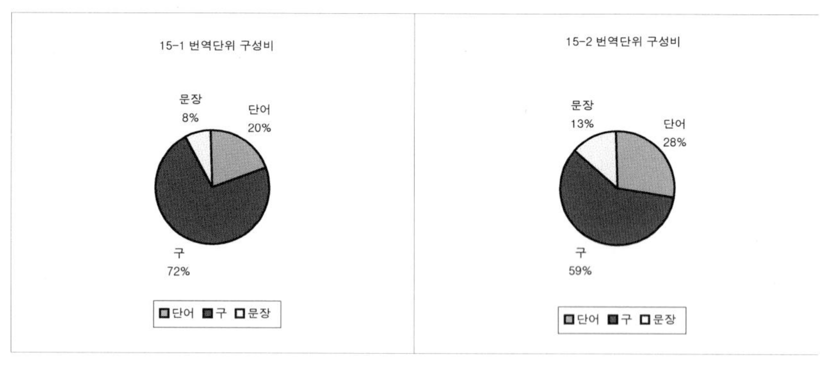

표 73. 텍스트 16 - 1의 번역 단위

번역사의 번역단계	1단계		2단계		3단계		부분 합	%
단위	non - problem unit	problem unit	non - problem unit	problem unit	non - problem unit	problem unit		
단어	4	11		7		3	25	27
구	23	10	22	2	5		62	66
문장	3	1	1	1	1		7	7.4
전체 합	30	22	23	10	6	3	94	

표 74. 텍스트 16 - 2의 번역 단위표 85

번역사의 번역단계	1단계		2단계		3단계		부분 합	%
단위	non - problem unit	problem unit	non - problem unit	problem unit	non - problem unit	problem unit		
단어	4	11		7		3	25	27
구	23	10	22	2	5		62	66
문장	3	1	1	1	1		7	7
전체 합	30	22	23	10	6	3	94	

그래프 55. 피험자 16의 번역 단위 구성비

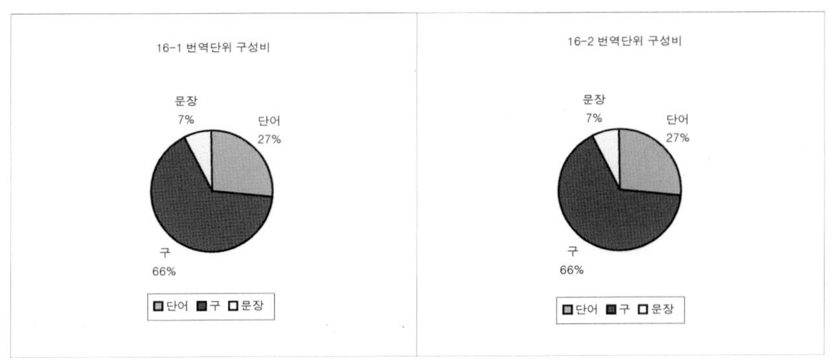

표 75. 텍스트 17－1의 번역 단위

번역사의 번역단계	1단계		2단계		3단계		부분 합	%
단위	non－problem unit	problem unit	non－problem unit	problem unit	non－problem unit	problem unit		
단어	4	11		7		3	25	27
구	23	10	22	2	5		62	66
문장	3	1	1	1	1		7	7
전체 합	30	22	23	10	6	3	94	

표 76. 텍스트 17－2의 번역 단위

번역사의 번역단계	1단계		2단계		3단계		부분 합	%
단위	non－problem unit	problem unit	non－problem unit	problem unit	non－problem unit	problem unit		
단어	4	11		7		3	25	27
구	23	10	22	2	5		62	66
문장	3	1	1	1	1		7	7
전체 합	30	22	23	10	6	3	94	

그래프 56. 피험자 17의 번역 단위 구성비

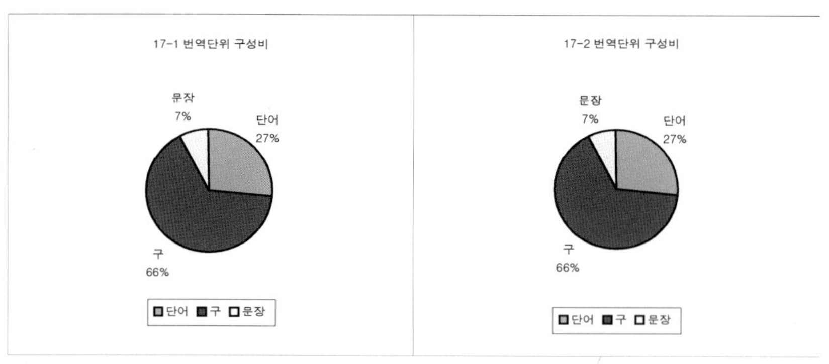

표 77. 텍스트 18 - 1의 번역 단위

번역사의 번역단계	1단계		2단계		3단계		부분 합	%
단위	non - problem unit	problem unit	non - problem unit	problem unit	non - problem unit	problem unit		
단어	4	11		7		3	25	27
구	23	10	22	2	5		62	66
문장	3	1	1	1	1		7	7
전체 합	30	22	23	10	6	3	94	

표 78. 텍스트 18 - 2의 번역 단위

번역사의 번역단계	1단계		2단계		3단계		부분 합	%
단위	non - problem unit	problem unit	non - problem unit	problem unit	non - problem unit	problem unit		
단어	4	11		7		3	25	27
구	23	10	22	2	5		62	66
문장	3	1	1	1	1		7	7
전체 합	30	22	23	10	6	3	94	

그래프 57. 피험자 18의 번역 단위 구성비

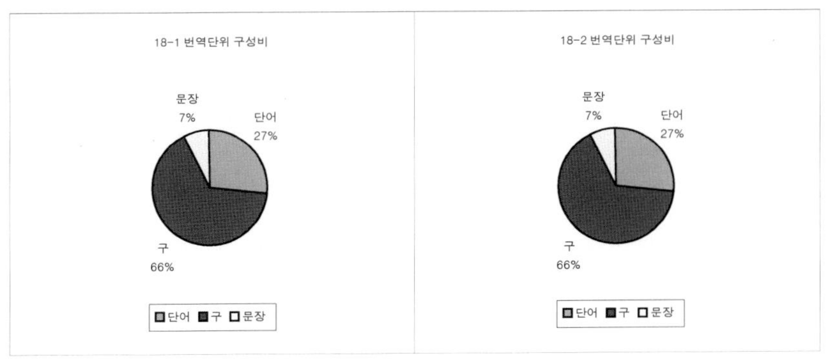

표 79. 텍스트 19-1의 번역 단위

번역사의 번역단계	1단계		2단계(검색만)		3단계		4단계		부분 합	%
단위	non-problem unit	problem unit	non-problem unit	problem unit	non-problem unit	problem unit	non-problem unit	problem unit		
단어		12		4	1	3		8	28	26
구	45	2		11	6			8	72	67
문장	1			1	2		3		7	7
전체 합	46	14		16	9	3	3	16	107	

표 80. 텍스트 19-2의 번역 단위

번역사의 번역단계	1단계		2단계(검색만)		3단계		4단계		부분 합	%
단위	non-problem unit	problem unit	non-problem unit	problem unit	non-problem unit	problem unit	non-problem unit	problem unit		
단어	1			9		3			13	21
구	28	1		1	10		1		41	65
문장	5						4		9	14
전체 합	34	1		10	10	3	5		63	

그래프 58. 피험자 19의 번역 단위 구성비

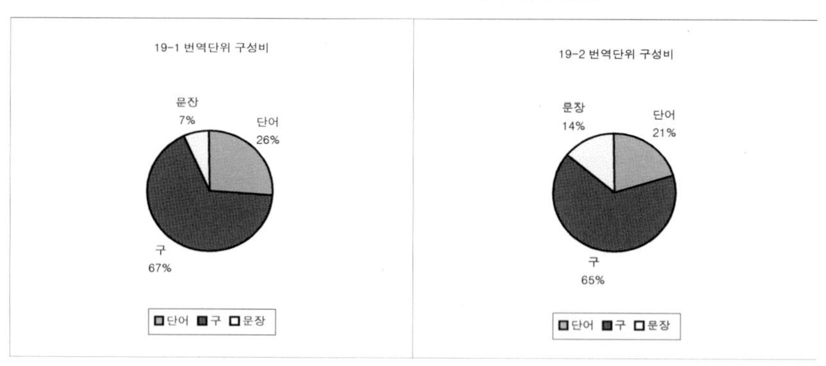

표 81. 텍스트 20-1의 번역 단위

번역사의 번역단계	1단계		2단계		3단계		부분 합	%
단위	non-problem unit	problem unit	non-problem unit	problem unit	non-problem unit	problem unit		
단어	4	11		7		3	25	27
구	23	10		2	5		62	66
문장	3	1		1	1		7	7.4
전체 합	30	22		10	6	3	94	

표 82. 텍스트 20-2의 번역 단위

번역사의 번역단계	1단계		2단계(검색만)		3단계		4단계		부분 합	%
단위	non-problem unit	problem unit	non-problem unit	problem unit	non-problem unit	problem unit	non-problem unit	problem unit		
단어	21	11		2	1			2	37	30
구	52	2		10	3		3		70	57
문장	2			4	2		6		14	11
단락							1		1	1
전체 합	75	13		16	6		10	2	122	

그래프 59. 피험자 20의 번역 단위 구성비 그림 83

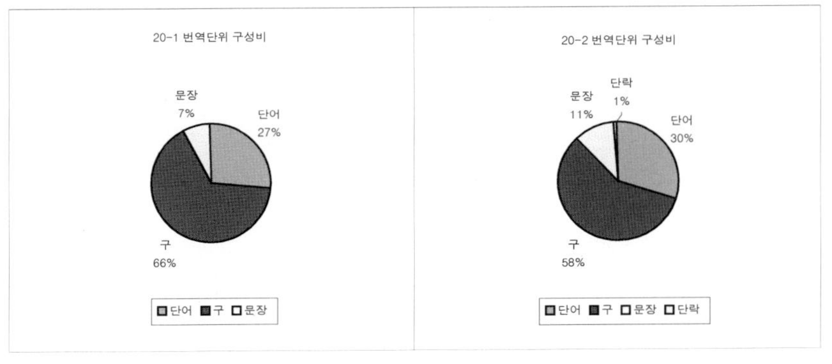

표 83. 텍스트 21-1의 번역 단위

번역단계 번역단계	1단계		2단계		부분 합	%
단위	non-problem unit	problem unit	non-problem unit	problem unit		
단어	8	9		5	22	27
구	45	2	8	3	58	70
문장	2	1			3	4
전체 합	55	12	8	8	83	

표 84. 텍스트 21-2의 번역 단위

번역단계 번역단계	1단계		2단계		3단계		부분 합	%
단위	non-problem unit	problem unit	non-problem unit	problem unit	non-problem unit	problem unit		
단어	6	15		6		1	28	32
구	49	1		6		1	57	65
문장	1					2	3	3
전체 합	56	16		12		4	88	

그래프 60. 피험자 21의 번역 단위 구성비

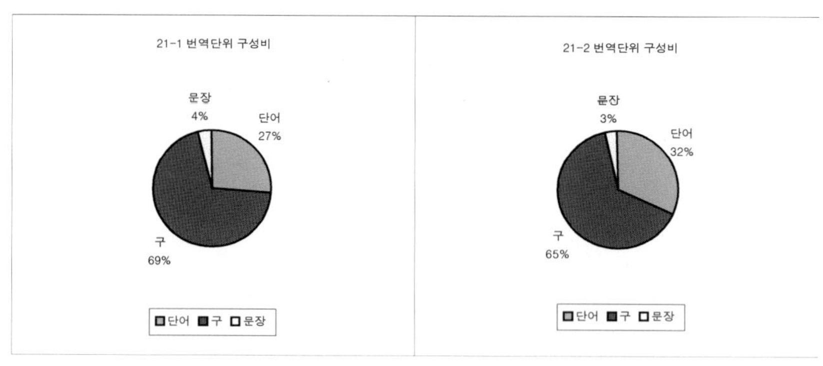

표 85. 텍스트 22 - 1의 번역 단위

번역단계 번역단계	1단계		2단계		부분 합	%
단위	non - problem unit	problem unit	non - problem unit	problem unit		
단어	2	3		1	6	13
구	34	3		1	38	81
문장	3				3	6
전체 합	39	6		2	47	

표 86. 텍스트 22 - 2의 번역 단위

번역단계 번역단계	1단계		2단계		3단계		부분 합	%
단위	non - problem unit	problem unit	non - problem unit	problem unit	non - problem unit	problem unit		
단어		11		5		3	19	29
구	25	5	8	5		1	44	67
문장	1		2				3	5
전체 합	26	16	10	10		4	66	

그래프 61. 피험자 22의 번역 단위 구성비

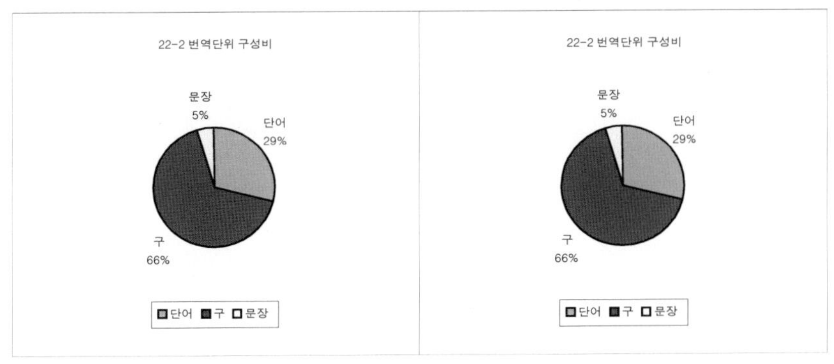

표 87. 텍스트 23－1의 번역 단위표 98

번역단계 번역단계	1단계		부분 합	%
단위	non－problem unit	problem unit		
단어	7	3	10	17
구	49		49	82
문장	1		1	2
전체 합	57	3	60	

표 88. 텍스트 23－2의 번역 단위

번역단계 번역단계	1단계		2단계		3단계		부분 합	%
단위	non－problem unit	problem unit	non－problem unit	problem unit	non－problem unit	problem unit		
단어	14	6		3		1	24	24
구	61	1	7				74	75
문장	1						1	1
전체 합	76	7	7	3		1	99	

그래프 62. 피험자 23의 번역 단위 구성비

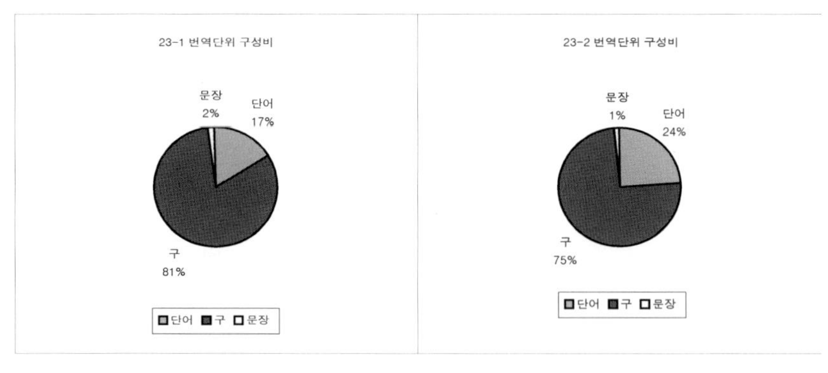

표 89. 텍스트 24 - 1의 번역 단위

번역단계 번역단계	1단계		2단계		부분 합	%
단위	non - problem unit	problem unit	non - problem unit	problem unit		
단어	21	12		3	36	36
구	59	2		4	65	64
전체 합	80	14		7	101	

표 90. 텍스트 24 - 2의 번역 단위

번역단계 번역단계	1단계		부분 합	%
단위	non - problem unit	problem unit		
단어	22	2	24	32
구	48		48	65
문장	2		2	3
전체 합	72	2	74	

그래프 63. 피험자 24의 번역 단위 구성비

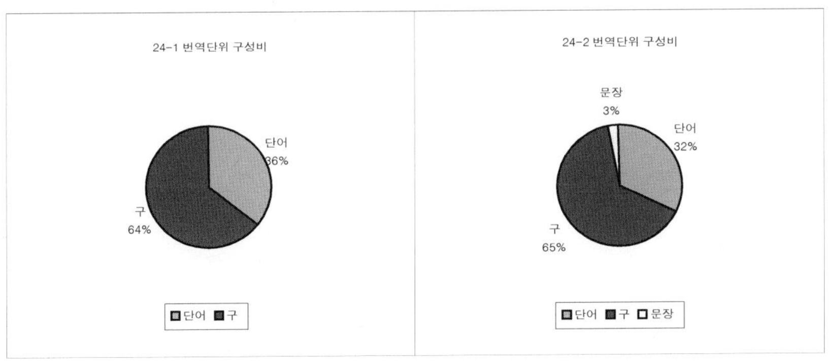

표 91. 텍스트 25－1의 번역 단위표 102

번역단계 번역단계	1단계		2단계		부분 합	%
단위	non－problem unit	problem unit	non－problem unit	problem unit		
단어	7	8	2	3	20	23
구	31	3	28		62	70
문장	2		4		6	7
전체 합	40	11	34	3	88	

표 92. 텍스트 25－2의 번역 단위표 103

번역단계 번역단계	1단계		2단계		부분 합	%
단위	non－problem unit	problem unit	non－problem unit	problem unit		
단어	10	12		3	25	22
구	53		16	4	73	65
문장	2		12		14	13
전체 합	65	12	28	7	112	

그래프 64. 피험자 25의 번역 단위 구성비

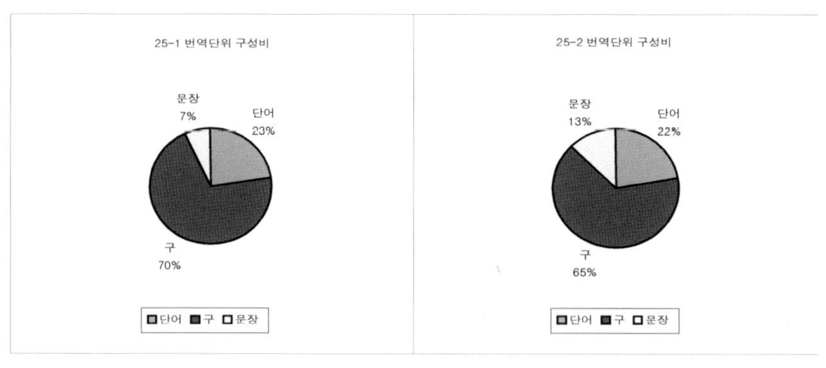

표 93. 텍스트 26－1의 번역 단위

번역단계 번역단계	1단계		2단계		부분 합	%
단위	non－problem unit	problem unit	non－problem unit	problem unit		
단어	4	11		2	17	29
구	38	3			41	69
문장	1				1	2
전체 합	43	14		2	59	

표 94. 텍스트 26－2의 번역 단위

번역단계 번역단계	1단계		2단계		부분 합	%
단위	non－problem unit	problem unit	non－problem unit	problem unit		
단어	4	6		1	11	21
구	26	1	7		34	64
문장	8				8	15
전체 합	38	7	7	1	53	

그래프 65. 피험자 26의 번역 단위 구성비

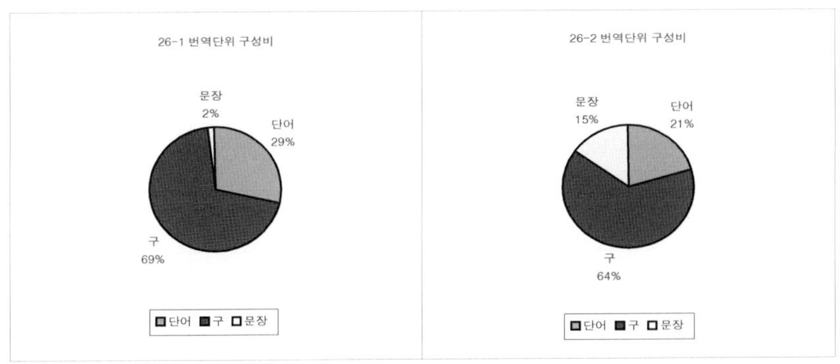

부록 7. 피험자의 발화 내용 분석 결과

텍스트 1 - 1

지적 사항 (본문)	발화 내용	의식 여부	평가 및 문제점 (간섭의 대상)
환기 (喚起)	개인소비와 주택투자를 환기? 환기한다고? 이건 좀 이상하다. 놔두고. 올해는 개인소비와 주택투자를 환기시킨다, 촉진시켜, 환기시킨다.	O	간섭에 대한 의식 있으나 한국어 표현에 문제(어휘)
매력적인 신제품 (魅力ある新製品)	창출로 연결시킬 수 있는 매력적인 신제품 및 서비스의 개발에 과감히.	x	어휘 간섭
불상사 (不祥事)	동시에 불상사 및 사고방지를 위해……	x	어휘 간섭
소자녀화 (少子化)	쇼시카, 이게 참 소자녀화…… 하나만. 소자녀화라는 말이. 이게. 쇼시카. 소자녀화. 어? 잠깐만. 이거 왜 계속해서. 이거 소자녀화 고령화는 일본어에서의 독특한 거네. 출산율 저하도 아니고. 노령화를 찾아볼까? (인터넷 검색) 노령화 인터넷 지금 검색하고 있는데, 결국은 쇼시카라는 게 자체가 너무 일본 관련된 내용으로만 사용이 되는 거니까. 결국은 이 소자녀화라는 게 한국어로서는. (인터넷 검색) 저출산인데, 결국은. 이게. 츳. 소자녀화라고 하면 알아듣기는 하나? 하. 소자녀화, 고령화로 바꿉시다.	O	의식 있으나 한국어 표현에 문제 (어휘)
캐치업형 (キャッチアップ型)	캐치업형? 캐치업형 경제사회, 따라잡는다는 경제사회. 캐치업. 이거는 그냥 놔두고. 영어를 넣어 주겠습니다.	x	어휘 간섭
다이나미즘 (ダイナミズム)	작년에 우리는 다양성의 다이나미즘, 다음에. 다양성의 다이나미즘. (인터넷 검색) 다이나미즘이 역동주의, 역동적인. 으…… 역동적인 다양성과 다양성의 다이나미즘, 놔둡시다.	O	의식 있으나 한국어 표현에 문제 (어휘)
매력 있는 일본 (魅力溢れる日本)	활력과 매력이 넘치는 일본을 향하여.	x	어휘 간섭
일환 (一端)	사회적 책임의 잇탄토시테. 야, 책임의 일, 하나로써, 하나로. 기업은 사회적 책임의 하나로 정책본위의 정치 실현에 협력하는 것이 필요하다. 기업은 사회적 책임의 일환으로서. 그리고 일환으로서.	O	의식 있으나 한국어 표현에 문제 (어휘)

지적 사항 (본문)	발화 내용	의식 여부	평가 및 문제점 (간섭의 대상)
본위 (本位)	정책본위의 정치실현에 협력하, 협력해야 한다.	×	어휘 간섭
합의를 하다 (申し合わせを行った)	기업의 자발적 정치기부에 관한 모오시아와세(申し合わせ). 자발적 정치에는. 에 관한 모오시아와세. 잠깐만 봅시다. 실시 오코낫타(行った). 실시했다. 일단 놔두고 나중에 어떻게 바꿀지 보고. 합의를 하였다. 기분에 관한 합의를 실시하였다. 실시하였다? 합의를 하였다. 관해 합의하였다.	○	문맥에 맞는 한국어 표현에 실패 (어휘)
정치와 정면으로 (政治と正面から)	일본 경단련은 정치와 정면으로 맞서면서.	×	어휘 간섭

텍스트 1-2

지적 사항 (본문)	발화 내용	의식 여부	평가 및 문제점
확대되었다 (拡大している)	2002년에는 3.07배로 확대되었다.	×	어휘 간섭
확대(拡大)	이렇게 소득격차가 확대해 가는…… 속에서, 조류.	×	어휘 간섭
되어 버릴 (なってしまう)	상품이 되어 버릴 것인가.	×	일본어 어형의 간섭
사용해 버리는 (使うという)	과감하게 사용하는, 한다는, 하는, 사용해 버리는.	×	일본어 어형의 간섭
라이프스타일 (ライフスタイル)	라이프스타일이 주류.	×	어휘 간섭
수요가 비포화인 (需要が飽和しない)	제목이 까다롭군요. 수요가 포화되지 않는 시장은. 수요가 포화에 이르지 않는. 비포화. 비포화 상태의. 음…… 제목이라 어렵군. 수요가 비포화 상태인 마켓을, 시장을. 수요가 비포화, 포화되지 않는 시장. 말이 이상하다. 포화상태가 되지 않는. 포화상태란 말을 같이 많이 쓰는 것 같아. 포화되지 않는. 포화의. 비포화인 시장은	○	의식 있으나 적절한 한국 표현에 문제 (한국어 표현)

텍스트 2-1

지적 사항 (본문)	발화 내용	의식 여부	평가 및 문제점
배경으로 (回復を背景に)	수출환경 개선과 회복을 배경으로 설비투자 회복을, 으. 배경으로. 배경으로가 좀 이상하다.	O	의식 있으나 적절한 한국어 표현에 실패 (한국어 표현)
다이나미즘 (ダイナミズム)	다양성의 다이나미즘. 다이나미즘, 아닌데. 다이나미즈므(ダイナミズム) 하면 어떻게 해야 되나? 다이나밋, 다이나믹, 뭐라고 해야돼? 다이나미즈므……(인터넷 검색)	O	의식 있으나 적절한 한국어 표현에 실패 (어휘)
매력 (魅力)	활력과 매력이 넘치는 일본을 지향하며를 발표했고.	×	어휘 간섭
일단 (一端)	책임. 잇탄(一端)…… 잇탄 하면 잇포노 하시(一方の端), 카타하시(片端), 미치. 잇탄 모오시아게루(申し上げる). 잇탄, 뭐야? 일단으로서…… 그리고 기업은 사회적인, 음…… 스, 책임의 일단으로서,	×	어휘 간섭
본위 (本位)	책임의 일부분으로서 정책 본위의 정치실현에 협력해야 한다.	×	어휘 간섭
기부 (寄付)	기업의 자발적인 정치 기부에 관한 합의?	×	어휘 간섭
약속 (申し合わせ)	정치기부에 관한 합의? 모오시아와세(申し合わせ). 모오시아와세. 으, 모오시아와세. 상담. 기업의 자발적인 정치기부에 관한, 으. 정치기부에 관한 뭐라고 해야 되나? 아고 이건 뭐라고 해야 되나? 이게 뭐니. 약속. 결의? 스. 기업의 자발적인 정치기부에 관한 결의, 약속. 약속을 행했다?	O	의식 있으나 적절한 한국어 표현에 실패 (어휘)

텍스트 2-2

지적 사항 (본문)	발화 내용	의식 여부	평가 및 문제점
포화되지 않는 마켓 (飽和しないマーケット)	수요가 포화하지 않은 수요가 포화하지 않는, 수요가 포화하지 않는 마켓은. 수요가 포화되지 않는. 지금까지 수요가 포화되지 않는 마켓을. 포화되지 않는. 수요가 포화되지 않는, 포화하지 않는. 수요가 포화하지 않는 마켓은. 수요가 포화되지 않는, 포화하지 않는 마켓을 떠받치는, 유지하는. 유지하는 마켓을. 마켓을 유지하는. 수요가 포화하지 않는 마켓을 유지하는, 마켓을 유지하는 아휴 좀 이상하네.	O	의식 있으나 문맥에 맞는 적절한 한국어 표현에 문제 (한국어 표현)
확산되어 있는 (広がっている)	확산. 스. 역으로 말하면 구매가자 이 세 시장에 퍼져 있는 상품일수록. 시장에 퍼진. 세 시장에 확산되어 있는. 확산? 좀 이상하네.	O	의식 있으나 적절한 표현에 문제(한국어 표현, 어형)
에 의하면 (によると)	예를 들면 가계경제연구소의 소비생활에 관한 패널조사에 따르면, 에, 그냥, 츳. 의하면.	×	일본어 어형 간섭
확대되었다 (拡大している)	최저소득층과 최고소득층의 소득격차는 (중략) 확대, 확대되었다.	×	어휘 간섭
확대(拡大)	이러한 소득격차 확대 조류 속에서	×	어휘 간섭
되어 버릴까 (なってしまうのだろうか)	소수의 고액소득자들만이 구매하는 상품이 되어 버릴까?	×	일본어 어형의 간섭
거품경제 (バブル期)	매일이 외출하는 날이었던 거품경제, 버블 시절, 버블 시절. 매일이. 가만있어, 일단은 전부 다 쓰자, 무조건 쓰자.	O	의식 있으나 한국어 표현에 문제 (한국어 표현)
이는 모두 이상하다 (そのどちらもおかしい)	이 모두가 다 이상하다. 이 모두가. 이. 이는 모두 이상하다. 이는 모두 이상하다. 이 모두가. 이는 모두 이상하다.	×	어휘 간섭

텍스트 3－1

지적 사항 (본문)	발화 내용	의식 여부	평가 및 문제점
배경으로 서서히 서광 (背景にようや く明るさが)	장기침체를 계속해 왔던 일본 경제에도 수출환경의 개선과 설비투자 회복을 배경으로, 요야쿠(ようやく) 아카루사(明るさが) 미에하지메테키타(見え始めてきた). 음. 서서히? 비로소? 음…… 장기침체를 계속해 왔던? 장기침체를 계속해 왔던, 말이 이상하네. 장기침체에서 벗어나지 못했던 일본 경제에도 수출환경의 개선과 설비투자 회복을 배경으로, 요야쿠. 서서히. 서광이 비치기 시작했다.	×	적절한 한국어 표현에 문제
환기 (喚起し)	올해는 개인소비와 주택투자를 환기시켜. 음. 환기? 진작이란 진작시켜 그런 말 많이 쓰지 않나? 개인소비와 주택투자를 환기시켜. 음, 진작시켜, 진작시켜, 개인소비와 주택투자를 환기시켜	O	어휘 간섭에 대한 의식 있으나 적절한 한국어 표현에 실패
매력(魅力ある)	새로운 수요를 창출할 수 있는 매력적인 신제품	×	어휘 간섭
사내체제의 총점검을 실시함과 함께(社内体制 の総点検を行 うとともに)	또한 불상사나 사고방지를 위한 사내체제의 총점검을 실시함과 함께.	×	어휘 및 어형의 간섭
소자녀화 (少子化)	음. 쇼시카(少子化). 음. 쇼시카. 쇼시카를 우리나라 말로 뭐라고 그러더라? 저출산? 저출산이든가? 저출산. 저출산화. 소자녀화? 소자녀화라는 말 쓰든가? 소자녀화. 소자녀화. 소자녀화. 소자녀화 그냥 저출산율보다는. 소자녀화, 고령화……	O	의식 있으나 적절한 한국어 표현에 실패 (어휘)
다이나미즘 (ダイナミズム)	다이나미즘과 공감과 신뢰.	×	어휘 간섭
실현 불가능하다 (実現し得ない)	리더십 없이는 실현 불가능하다.	×	한국어 표현이 어색
신비전 (新ビジョン)	일본 경단련은 정치와 정면으로 마주보며. 신비전. 신비전이라는 말로 좀 이상하네. 신비전이라는 얘기를 한번 찾아봐야겠네. 신비전이라는 말을 쓰나? 신비전. (인터넷 검색) 신은 여기서 그냥 그 한자로 표시하면 어떨까? 신비전……	O	의식 있으나 적절한 한국어 표현에 실패 (어휘)
본위(本位)	정책본위의. 정책본위의 정치를 실현.	×	어휘 간섭
요구되고 (求められて いる)	그리고 기업에는 사회적(중략) 요구되고 있다.	×	의식 없음 (어형－수동형)

지적 사항 (본문)	발화 내용	의식 여부	평가 및 문제점
협의를 실시 (申し合わせを行った)	소단시테 토리키메루고토(相談して取り決めること)니까. 음, 어떤 뭐 기준에, 협의라는 말 괜찮을 것 같은데. 기준을 마련하는 거니까. 어. 춋, 됐다, 협의로 하자.	×	의식 없음 (어휘, 한국어 표현)
단체에 의한 (企業・団体による)	기업 단체에 의한	×	의식 없음 (어형)

텍스트 3-2

지적 사항 (본문)	발화 내용	의식 여부	평가 및 문제점
포화가 없는 (需要が飽和しない)	수요의 포화가 없는 마켓이. 마켓이. 수요의 포화가 없는 시장이. 수요의 포화가 없는 시장 포진하면 너무 과장인가? 수요 포화가 없는 시장이.	×	의식 없음 (한국어 표현)
포화가 일어나지 않는 (需要の飽和しない)	수요의 포화가 없는 시장. 수요의 포화가 일어나지 않는 시장을, 시장. 최근에 수요의 포화가 일어나지 않는 시장은, 원문에 충실하게 하자.	×	의식 없음 (한국어 표현)
연애 (恋愛市場)	연애시장	×	어휘 간섭
확대되었다 (拡大している)	3.07배로 확대되었다.	×	의식 없음 (한국어 표현)
확대(拡大)	이러한 소득격차 확대의 조류 속에서. 소득격차 확대의.	×	어휘 간섭
조류(潮流)	의 조류 속에서.	×	어휘 간섭
거품경기 시절 (バブル期)	매일 매일이 맑은 날이었던 거품경기 때. 거품경기 시절.	×	어휘 간섭
주류를 차지해 가고 있다 (主流を占めつつある)	과감하게 투자하는 라이프스타일이 주류를 차지하고 있다. 주류를 차지하고 있다. 주류를 차지해 가고 있다.	×	의식 없음 (어휘, 한국어 표현)
디플레 불황기 (デフレ不況)	매일 매일이 흐린 날이 되어 버린 디플레 불황기.	×	어휘 간섭
보여지는 (最近の消費の)	최근의 소비에서 보여지는.	×	의식 없음 (어형)

텍스트 4-1

지적 사항 (본문)	발화 내용	의식 여부	평가 및 문제점
수비가 아닌 공격 중심의 적극적인 (攻めの)	세메노(攻めの). (웃음) 세메노 키교센랴쿠(攻めの企業戦略). 공격적인. 아니지. 공격적인이 아니라. 세메와 마모리(守り)가 아니라 세메니까, 적극적인. 기업전략을. 공격 중심의 적극적인 기업전략 이렇게 해도 되겠다. 공격 중심의, 공격 중심의. 꼭 남을 공격하는 것 같아. 일단 해 놓고 나중에. 공격 중심의. (2단계) 수비가 아닌 공격 중심의. 적극적인 기업 전략을. 펼쳐 줄 것을 강하게 바라 마지않는다. 너무 이상하네. 그러면. 적극적인 기업 전략을 강화할 것을 기대한다. 바라는 것이 아니라 기대한다. 신제품 서비스 개발에 과감히 착수하고 수비가 아닌 공격 중심의. 적극적인 기업전략을.	O	의식 있으나 적절한 한국어 표현에 문제 (어휘, 한국어 표현)
소자녀화 (少子化)	소자녀화. 중간점. 소자녀화. 고령화. 어, 일본어 번역하는 거 너무 어려워. (2단계) 소자녀화	×	어휘 간섭
역동성 (ダイナミズム)	다양성의 역동성. 다이나미즈므(ダイナミズム). 역동성. 좋지.	×	어휘 간섭
본위(本位)	정책 본위 정치의 실현에. 정책 본위 정치의 실현에 협력. 괜찮다. 그리고 기업은 사회적 책임의 일환으로 정책 본위 정치의 실현에 협력할 필요가 있다. 정책 본위인 정치에. 정책 본위 정치의 실현에. 정책 본위적인 정치의 실현에. 그것도 이상하네. 협력할 필요가 있다.	×	어휘 간섭
협의회를 개최 (申し合わせを行った)	모오시아와세(申し合わせ). 협의. 기업의 자발적 정치기부에 관한 협의를. 협의는 실시하는 게 아니라 여는 거지. 협의를 했다. 협의는 실시하는 건가, 여는 건가. 음, 협의는 실시하나, 여나? 협의를 했다. 그냥. 협의를 했다. 아~ 협의를 실시라고 해야 되나? 협의를. (인터넷 검색) 검색 내용 읽기	O	의식 있으나 적절한 한국어 표현에 문제 (한국어 표현)
정면으로 서로 마주보면서 (正面から向き合いながら)	일본 경단련은 정치와 정먼으로. 내치하면서. 어~ 대치하면서 괜찮나? 무키아이나가라(向き合いながら). 무키아우(向き合う). 대치하는 건 아닌데. 엊치와 정면으로. 일단 대치하면서. 정치와 정면으로 대치하면서. 일본 경단련은 정치와 정면으로. 대치하면 대립이 되는 건데. 일본 경단련은 정치와. 쇼멘카라무키아우(正面から向き合う). 무키아우를 찾으면 뭐가 나올까. (인터넷 검색). 내용 읽기. 현실과 무키아우. 현실을 직시하다지. 그래도 정치를 직시할 리는 없고. 정치와. 서로 마주보면서. 무키아우가 뭐지. 일본 경단련은 정치와 정면으로 마주보면서 새로운 비전을 실현……	O	의식 있으나 적절한 한국어 표현에 문제 (한국어 표현)

텍스트 4-2

지적 사항 (본문)	발화 내용	의식 여부	평가 및 문제점
포화상태에 이르지 않는 (重要が飽和しない)	수요가 포화상태에 이르지 않는 시장을 뒷받침해 주는. 수요가 포화상태에 이르지 않는 시장. 이것도 그냥. 너무 어렵다. (2단계) 지금까지 수요가 포화상태에 이르지 않는, 이르지 않는? 않은?	O	의식 있으나 적절한 한국어 표현에 실패 (한국어 표현)
Collection market	콜렉션, 코레큐숀(コレクション). 콜렉션 시장. 마케…… 아, 마켓.	×	어휘 간섭
막강한 힘을 발휘한다 (力が強い)	막강한 힘을 발휘한다.	×	의식 없음 (한국어 표현)
늘어났다 (拡大している)	3.07배로 늘어났다.	×	어휘 간섭
확대(拡大)	아, 소득격차 확대의 조류구나. 이러한 소득격차 확대의 흐름 속에서.	×	어휘 간섭
악센트 (メリハリ)	메리하리오츠케테키타노다(メリハリをつけてきたのだ). 악센트를 넣어 가며 살았던 것이다. 악센트? 생활에 포인트를 넣어 가면, 생활에 활력소를 넣어 가며, 활력소는 아니지.	×	의식 없음 (어휘, 한국어 표현)

텍스트 5-1

지적 사항 (본문)	발화 내용	의식 여부	평가 및 문제점
시대로 (時代を)	기업의 활력으로 새로운 발전의 시대를 지향한다. 이렇게 하면 직역인데 그거보다는 기업의 활력을 불어넣어 새로운 발전의 시대로. 이 정도로 하는 게 좋을 것 같습니다.	O	의식 있으나 적절한 한국어 표현에 문제 (한국어 표현)
배경으로 (背景に)	(발화 없음)	x	어휘 간섭
활기를 띠기 (明るさが見え始めてきた)	이 부분이 조금 번역이 까다로운데, 어. 활기를 띠기 시작했다. 이 정도로 번역을 해서, 거품 경제 후, 음. 앞부분은 다 똑같이 해도 무리가 없는 것 같고, 마지막에만 약간 표현을 조정해 줘서, 어 드디어 활기를 띠기 시작하고 있다. 이렇게 했고요.	x	의식 있으나 적절한 한국어 표현에 문제 (한국어 표현)
질 높은 (質の高い)	(발화 없음)	x	의식 없음 (한국어 표현)
다이나미즘 (ダイナミズム)	(발화 없음)	x	어휘 간섭
매력(魅力)	(발화 없음)	x	어휘 간섭
민주도 (民主導)	(발화 없음)	x	어휘 간섭
본위(本位)	(발화 없음)	x	어휘 간섭
각종 사건사고 (不祥事や事故)	그 다음에 후쇼지(不祥事)라는 표현이 갑자기 나오게 되면, 어떤 후쇼지인지 알 수 없지만은, 뒤에 지코(事故) 이런 표현이 왔기 때문에, 앞에 한국과 같은 경우에 상투적으로 따라붙는 말이 사건사고 이렇게 되기 때문에, 후쇼지는 일반적으로 사건이라고 통용도 되고 하기 때문에, 사건사고 방지를 위해.	O	의식 있으나 적절한 한국어 표현에 실패 (한국어 표현)

텍스트 5-2

지적 사항 (본문)	발화 내용	의식 여부	평가 및 문제점
수요 포화가 없는 (需要が飽和しない)	포화되다, 포화되다라는 말이 있는지 모르겠네……	○	의식 있으나 적절한 한국어 표현에 문제 (한국어 표현)
포화상태에 이르지 않는 (需要の飽和しない)	보통 포화 상태에 이르다, 포화 상태가 되다. 이렇게 쓰는 것 같은데, 수식하는 말로 포화 상태가 되지 않는 이렇게 하니까 너무 길어지는 것 같네요. 그래서 수요가 포화되지 않는 시장을 지탱하는.	○	의식 있으나 적절한 한국어 표현에 문제 (한국어 표현)
연애 (恋愛市場)	연애 시장.	×	어휘 간섭
강력한 힘 (力が強い)	(발화 없음)	×	의식 없음 (한국어 표현)
커졌다 (拡大している)	사실은 이것이 소득격차보다는 뒤에 나오는 술어 쪽에 강조점을 둬야 될 부분인 거 같은데, 그냥 별 무리가 없는 걸로 생각이 되서, 최고소득층의 소득격차가 1994년 2.82배에서 2002년에는 3.07배로 커졌다. 이렇게 하면 될 거 같고.	×	의식 없음 (한국어 표현)
확대(拡大)	(발화 없음)	×	어휘 간섭
균형 (メリハリ)	(발화 없음)	×	의식 없음 (한국어 표현)
구입하고 있는 것이다 (買っているのだ)	(발화 없음)	×	의식 없음 (한국어 표현)
이 둘 다 비정상적이다 (そのどちらもおかしい)	그 다음에는 이제 오카시이(おかしい) 인데 여기서는 비정상적이라는 말이 좋을 것 같네요.	×	의식 없음 (한국어 표현)

텍스트 6-1

지적 사항 (본문)	발화 내용	의식 여부	평가 및 문제점
를 만들다 (を目指す)	기업활력으로 새로운 발전의 시대를 메자스(目指す). 목표로 하자 이상하고 지향하다. 만들자로 여기서 하면은 될 거 같고.	O	의식 있으나 적절한 한국어 표현에 문제 (한국어 표현)
온기를 회복 (明るさが見え始めてきた)	온기를 회복. 요새 온기라는 말 많이 쓰니까. 온기를 회복하기 시작했다.	O	의식 있으나 적절한 한국어 표현에 문제 (한국어 표현)
환기 (喚起し)	올해는 개인소비와 주택투자를 환기하여	x	어휘 간섭
신수요 창출에 직결되는 (新たな需要の創造につながる)	새로운 수요, 새로운 수요, 촉진, 수요……을 창출에 츠나가루(つながる), 직결되는, 신수요 창출에 츠나가루, 직결되는	x	적절한 한국어 표현에 실패 (어휘)
불상사와 사고 (不祥事や事故)	후쇼지(不祥事). 어떤 데서는 그냥 후쇼지, 불상사라고도 쓰네. 근데 이상하네. 이거는. (인터넷 검색) 기업 관련 불상사라고 일단 해 놔야 되겠다. 불상사와 사고방지를 위해, 일단 지금은 원문에 충실해서 번역을 해 놔야 되니까. (2단계) 불상사…… 네이버는 우리가 다 쓰긴 하네. 그래도 일본에서 쓰는 표현이니까 그대로 살려 주는 것도 방법이긴 한데, 너무 그대로 살려 주면 일반적인 사람이 봤을 때는 무슨 소린지 모르지. 한국적으로 표현이 있으면 바꿔 주면 좋은데 불상사는 일본 관련해서는 다 불상사라고 쓰네. 기업 관련 너무 폭 넓은 개념이면 바꿔 주기는 조금 애매하기는 한데.	O	언어 간섭에 대한 의식이 있으나 보다 적절한 한국어 표현에는 실패 (어휘)
소자녀화 (少子化)	쇼시카(少子化), 소자녀화.	x	어휘 간섭
다이나미즘 (ダイナミズム)	다양성의 다이나미즘과	x	어휘 간섭
신비전 (新ビジョン)	신비전, 신비한 이렇게 볼 수도 있겠네. 신을 한자로 해 줘야겠다. 신비전.	O	의식 있으나 보다 적절한 한국어 표현에 문제 (어휘)
민주도 (民主導)		x	어휘 간섭
본위(本位)	정책 본위의 정치 실현에.	x	어휘 간섭
이 내포된 (透明で緊張感ある)	정치와 경제의 투명하고 긴장감 있는 새로운 긴장감. 투명하고 이거 이상해. 긴장감 있는 새로운 관계, 다시 한번 봐야 돼. 긴장감 있는 관계란 말을 쓰나? 적절한 긴장감이 내포된, 이런 식으로…… 적절한 긴장감이 내포된.	O	의식 있으나 적절한 한국어 표현에 문제 (한국어 표현)

지적 사항 (본문)	발화 내용	의식 여부	평가 및 문제점
정치 기부에 있어 (政治寄付の)	정치기부에 있어	×	어휘 간섭
합의를 추진 (申し合わせを行った)	정치기부에 관한 합의? 모오시아와세(申し合わせ), 합의. 협정, 합의 일단 합의라고 합시다. 합의를 오코낫타(行った), 체결했습니다. 체결했다. ……추진하였습니다? 체결했다고 하면 너무 뉘앙스가 강한가? 추진했다.	○	의식은 있으나 적절한 한국어 표현에 문제 (한국어 표현)

텍스트 6-2

지적 사항 (본문)	발화 내용	의식 여부	평가 및 문제점
수요가 포화되지 않는 (需要が飽和しない)	수요가 포화되지 않는. 수요가 포화되지 않는 시장. 표현이 있는지 한번 찾아봐야겠다. 음… …어디 한번 볼까. 이런 표현을 쓰나? 한국어에서도. 내가 마음대로 바꿔 줄 수도 없네. 수요가 포화되지 않는. 포화되지 않는. 이거 제목 영 마음에 안 드네. 수요가 포화되지 않는 시장, 이 표현이 여기서도 쓰는지. 음…… 수요가 포화된다. 수요가 포화된다. 이런 말 안 쓰나 보네. 잘. 포화상태, 포화상태가 아니다. 이런 식으로 쓰는 것 같은데. 이 사람 무슨 의미로 수요가 포화되지 않는다는 말을 썼는지 잘 모르겠네. 포화 상태 이런 식으로 해야 되는데. 수요가 포화되지 않는, 그냥 일단 원문을 그대로 살려 놓고.	○	의식은 있으나 적절한 한국어 표현에 문제 (한국어 표현)
각각이 (それぞれが)	각각이 독립적으로.	×	어휘 간섭
구매자로서 (購買者として)	구매자로서 존재하는 것이다	×	의식 없음 (어형)
증대 경향 속에서 (拡大の潮流のなかで)	이러한 소득격차의 증대 경향하에서	×	어휘 간섭
확산되어 있는 (広がっている)	확산되어 있는 상품일수록.	×	어휘 간섭
증가되었다 (拡大している)	3.07배로 확대, 증가되었다고 그래야지. 소득격차가 증가되었다고 그러지, 확대되었다고 안 그래야지.	○	의식 있으나 적절한 한국어 표현에 실패 (어휘)
디플레 불황 (デフレ不況)	디플레 불황	×	어휘 간섭
최근 보여지는 (最近の)	최근, 최근 보여지는 소비의 양극화 현상은……	○	의식 있으나 적절한 한국어 표현에 문제 (한국어 표현)

텍스트 7-1

지적 사항 (본문)	발화 내용	의식 여부	평가 및 문제점
경제(붕괴) 후 (バブル崩壊後)	거품 경제 후, 거품 경제 후, 거품이 붕괴된 후, 거품 경제 후, 거품 경제 후. 음…… 거품 경제 후라고 하면 알 거 같아. 거품 경제 후. 오케이. 거품 경제 후.	x	어휘 간섭
배경으로 (背景に)	설비 투자 회복을 배경으로.	x	어휘 간섭
환기 (喚起)	환기. 잠깐만 뜻은 정확히. 요비오코스고토 (呼び起こすこと). 개인소비와 주택투자를 불러 일으켜, 소비를 불러일으키다, 주택투자를 불러일으키다. 그냥 환기시켜 하면 될 거야.	x	어휘 간섭
비리 (不祥事)	이와 동시에 비리나, 후쇼지(不祥事), 각종 비리가 났겠다. 각종 비리나 사고방지를 위해 가내 체제를 총점검하는 동시에.	O	의식 있으나 적절한 한국어 표현에 문제 (어휘)
몹시 기대 (強く期待する)	강력히 기대하다. 아, 강력히 기대하다. 상당히 기대하다, 몹시 기대하는 바이다. 강화해 나갈 것을 대단히 기대하는 바이다. 몹시 기대하다, 괜찮나? 대단히, 몹시 기대. 몹시 기대가 된다. 이런 거지? 몹시 기대가 되었다. 몹시…… 그래 몹시 기대하는 바이다. 강화해 나갈 것을 몹시 기대하는 바이다. 아, 강력히 기대하다. 아, 간절히, 강력히. 몹시 기대하는 바이다, 이 정도로 하면 되겠다.	O	의식 있으나 적절한 한국어 표현에 문제 (한국어 표현)
발본적 (抜本的)	관주도의 일단 캐치업형 경제사회의 발본적 개혁이 반드시 필요하다	x	어휘 간섭
일단으로서 (一端として)	기업들에게는 사회적 책임의 일단으로서	x	어휘 간섭
본위(本位)	정책 본위의 정치 실현에 협조	x	어휘 간섭
합의를 실행 (申し合わせを行った)	합의를 실행했다	x	한국어 표현에 문제
인재의 육성을 실행 (人材の育成を行いながら)	우수하고 다양한 인재의 육성을, 우수하고 다양한 인재의 육성을. 아, 우수한 다양한 인재 육성을 하면서, 인재 육성을 실시하면서, 진행하면서 아, 추진하다! 개혁을 추진하다, 육성을 추진하다. 그래 각 기업의 부단한 경영 개혁과…… 추진하면서	x	일본어 어휘 및 어형의 간섭으로 가독성 저하
전 과정에서 (すべての過程で)	정책의 입안에서부터 실행에 이르는 전 과정에서	x	어휘 간섭
극복함으로써	이를 극복함으로써	x	어형 간섭

텍스트 7-2

지적 사항 (본문)	발화 내용	의식 여부	평가 및 문제점
잔칫날 (ハレの日)	하레노히(ハレの日)는 경사스러운 때, 경사스러운 때, 이상하네. 하지만 여기서는 비유적인 표현을 사용한 거 같으니까 전체 텍스트를 하면서 적당한 표현을 찾아보도록 하자.	O	적절한 한국어 표현으로 가독성이 높은 것으로 평가됨
뒷받침한다 (支える)	포화 상태에 이르지 않는 시장을 뒷받침하는	×	어휘 간섭
포화상태에 이르지 않는 (飽和しない)	포화되지 않는다는 표현도 좀 그런 거 같은데, 포화상태가 되지 않는다기보다는 수요가 끊임없이 발생하는 그런 거 아닐까. 나중에 찾아봐야겠다. 포화의 적절한 의미를 충분히 생각한 후에 번역을 해야 되겠다. 일단은 수요가 포화상태에 이르지 않는 시장으로 우선 하고. (2, 3단계) 이 텍스트의 성격상 저자는 굉장히 비유적인 표현을 많이 사용했지만, 결국 그 비유표현이라는 것 자체가 읽다가 녹아들어 있기 때문에 이거를 수요 포화 없는 시장으로 하지 말고 한국 독자들이 자연스럽게 고가품 시장이라고 하자. 잔칫날이 고가품 시장을 뒷받침한다. 잔칫날이 고가품시장을 뒷받침한다. 잔칫날이란 표현도 그래, 어떻게 할까 나중에 또다시 생각해 보자. 너무 비유적인 표현이 많으면 알 수가 없으니까, 내용을 읽지 않으면 알 수가 없으니까 일단 타이틀을 보고 한국의 독자들이 잘 이해할 수 있게끔, 일단 이 텍스트가 어떤 내용에 관한 것인지는 파악할 수 있게끔, 고가품 시장이라고 해 주자, 수요 포화 없는 시장이라고 하지 말고, 그래. 그렇게 하자.	O	의식은 있으나 적절한 한국어 표현에 실패 (한국어 표현)
수집 (コレクション市場)	콜렉션 시장, 수집시장? 아, 이상하다, 수집시장. 그냥 수집시장이라고 하자. 수집시장.	O	의식은 있으나 적절한 한국어 표현에 문제 (어휘)
위력적 (力が強い)	위력적이 낫겠다. 위력적이다 할 수 있다.	×	적절한 한국어 표현에 실패 (한국어 표현)
확대(拡大)	소득격차가 확대되는 아. 확대되는 소득격차가 확대되는 조류 속에서.	×	어휘 간섭
말 것이다 (なってしまうのだろうか)	고소득자들만이 구매하는 상품으로, 상품이 되고 말 것이다.	×	일본어 어형의 간섭을 받음
서핑애호가 (サーファー)	사화. 서퍼라고 하나, 그냥? 서퍼, 서핑애호가? 서퍼라고 하나?	×	어휘 간섭
이상하다 (おかしい)	그 어느 쪽도 아…… 어색하다. 오카시이(おかしい)는 여기서는 어색하다. 어색하다. 부자연스럽다. 낯설다, 생소하다?	×	한국어 표현에 문제(어휘)

텍스트 8－1

지적 사항 (본문)	발화 내용	의식 여부	평가 및 문제점
열 수 있다 (目指す)	활력으로 새로운 발전의 시대를 열어 간다. 데. 으로 하고 할 수 있을까. 활력이. 새로운 발전의 시대로 연다. 열어 간다. 열 수 있다. 새로운 발전의 시대로 열어 간다. 조금 많이 바뀌었지만.	O	보다 적절한 한국어 표현에 실패하여 가독성 저하
버블 붕괴 후 (バブル崩壊後)	버블 경제 붕괴 후. 버블 경제. 거품 경제 붕괴 후. 붕괴란 말이 나오니까 버블 그대로 쓸 수 있을 거 같아. 버블 붕괴 후.	×	어휘 간섭
해결책 (鍵)	그 열쇠를 쥐는 것이 바로 기업의 활력이다. 열쇠를 쥐는 것이 이상한데. 열쇠를 쥐는 것이. 열쇠가 바로 기업의 활력이다. (2단계) 그 열쇠를 쥐는 것이. 그 열쇠가 바로. 음…… 차라리 처음이 나은 거 같아. 제일 처음에 열쇠를 쥐는 것이 했다가 그 열쇠가 이렇게 고쳤는데. 다시 검토를 할 때 보면은 제일 처음 했던 게 마음에 들기도 하고. 그 선택의 문제가 진짜 어려운 거 같아. 번역은. 그 수많은 사전적인 뜻과 뉘앙스를 살리는 뭐라 그래야 되지. 언외의 글 안에 감춰진 의미. 그 여러 가지 의미와 단어 속에서 선택을 해야 하는 문제인 거 같아. 번역은. 어떤 거를 선택을 해서 그거를 활자화시키느냐 하는 문제가 아닐까. 그 열쇠를 쥐는 것이. 그 열쇠가. 그 열쇠가 바로 기업의 활력이다. 공유해야 할 것이다. 이 열쇠란 말이 마음에 안 드네. 그 해결책. 해결책. 그 치. 열쇠. 열쇠는 잠겨 있는 문을 여는. 그런 잠긴 문을 열 수 있는 방법. 해결책이라 할 수 있죠. 그 해결책이 바로 기업의 활력이다. 열쇠. 해결책이 뭐랄까. 비유적인 표현을 그래도 써서 이상한 경우가 많더라고. 그 비유가 참 어려운 거 같아. 비유를 번역한다는 것. 비유적인 표현.	O	간섭에 대한 강한 의식 보이나 보다 매끄러운 표현에 실패하여 가독성 저하
창조(創造)	새로운 수요의 창조로 이어지는.	×	어휘 간섭
회사 내 시스템 (社内体制)	사내 체제의. 사내. 회사 내. 체제의 총점검.	×	어휘 간섭
소자녀(少子化)	소자녀	×	어휘 간섭
이르기까지의 (に至る)	정책 입안에서 실현에 이르기까지의 모든 과정에서	×	어형 간섭
기업과 단체에 의한 자주적 (企業・団体による)	기업과 단체에 의한 자발적 정지 자금 기부 참고에.	×	어형 간섭
정치와 동등한 입장에서 (政治と正面から向き合いながら)	정치와 어깨를 나란히 하다. 이상한데…… 음…… 어깨를 나란히 하다. 일본 경단련은 정치와 정면으로 마주하면서. 동등한 입장에서. 동등한 입장에서.	O	보다 적절한 한국어 표현에 실패하여 가독성 저하

텍스트 8-2

지적 사항 (본문)	발화 내용	의식 여부	평가 및 문제점
경사스러운 날 (ハレの日)	아, 정말 이상한 말이다. 이런 한국어에 없는 그런 표현을 번역하는 게 제일 힘든 거 같아.	O	내용상 적절한 표현에 문제
무한한 수요의 (需要が飽和しない)	포화된다는 말은 역시나, 음, 화학이나, 물론 포화 상태 많이 쓰지만, 수요가 포화된다는 말은 별로 안 쓰는 것 같아. 그러니까 수요가 넘치지 않는. (3단계) 경사스러운 날이 수요에 한계가 없는 시장을…… 수요가 무한한…… 수요에 한계가 있는…… 무한한 수요의 시장. 수요가 한계가 없는 시장을 지탱한다.	O	문맥상 적절한 한국어 표현에 실패하여 가독성 저하
무한대로 확대될 수 있는 (需要の飽和しない)	(2, 3단계) 인터넷 검색, 저자의 다른 글 읽기. 아, 수요가 무한하다, 이런 뜻인 거 같은데. 수요가 포화되지 않는. 음…… 무한한 수요의 시장, 수요가 넘치지 않는 시장이라고 그러면, 무한하다는 뜻이 좋을 것 같아. 확대될수록, 수요가 무한하게 확대될 수 있는 시장. (중략) 수요가 무한대로 확대될 수 있는 시장이란…… 그렇지. 이제 좀 나을 거 같아. 수요가 무한대로 확대될 수 있다. 이런 뜻인 거 같아. 수요가 무한대로 확대되는, 그렇지, 그렇지. 수요가 무한대로 확대되는. 콜렉션이나 예술, 문화란 것은 수요에 끝이 있는 건 아니니까. 가졌다고 해서 이걸로 됐다는 그런 한계가 있는 건 아니니까 수요가 무한대로 확대될 수 있다. 수요에 한계가 없다고 그런 식으로 표현할 수 있는 거지. 수요가 포화되지 않는다는 표현은 너무나 와 닿지 않았는데. 이게 적당할 거 같아.	O	어휘 간섭에 대한 의식은 있으나 적절한 한국어 표현에 문제.
파워가 강력하다 (力が強い)	무슨 말이지? 본문이 좀 이상하네. 반대로 말하자면, 구매자가 이 세 시장에 퍼져 있는 상품일수록, 아. 그 어떤 상품에 대해 구매자가 이 세 가지 시장에, 아닌데, 퍼져 있는 상품일수록 힘이 강력하다고 말할 수 있다. 뭐 일단 지금 초벌이니까. 강하다는 좀 부족한 거 같아. 강력하다고 할 수 있다. (2단계) 퍼져 있는 그런 물건일수록 파워는 강하다. 힘이 강력하다. 힘이 강력하다고 조금…… 파워가, 파워가 세다, 파워가 강력하다고 할 수 있다. 강력하다는 치카라즈요인(力強い)데, 의미가 좀 중복되는지 하는 생각이 드는데, 파워가 강력하다고 할 수 있다.	O	어휘 간섭에 의식 있으나 적절한 한국어 표현에 실패하여 가독성 저하
확대(拡大)	소득격차 확대의 추세 속에서.	x	어휘 간섭

지적 사항 (본문)	발화 내용	의식 여부	평가 및 문제점
산다고 하자 (なってしまうのだろか)	일부 고소득자들만이 구매하는 상품이 되어 버린단 말인가? 상품이 되어 버린단 말인가도 역시 좀 이상한데. 구매하는 상품이 되어 버린다는 것일까? 되어 버린다는 것이란 말일까? 낫테시마우도다로오카(なってしまうのだろうか)? 되어 버리는 것일까? ……되어 버리는 것일까? 음. 상품이 되어 버리는 것일까? 고부가가치 상품은 일부 고소득자만이 구매하는 상품이 되어 버리는 것일까? 구매하는 상품에 지나지 않는 것일까? 지나지 않다는 좀 다른 거 같고. 고부가가치 상품은 고소득층이 구매하는 상품에 머무르다. 낫테시마우(なってしまう)…… 상품이 되어 버리는 것일까. 일단은 직역을…… 되어 버리고 마는 것일까. 상품이 되어 버리고 마는 것일까.	O	적절한 한국어 표현에 실패하여 일본어 어형을 직역, 가독성 저하
불황 시기 (デフレ不況)	데후레후쿄(デフレ不況). 데후레가 불황인데. 불황 시기. 데후레. 인플레. 데플레. 데플레 불황 말고 또 다른 말이 없나. 데플레, 인플레. 음…… 인플레. 데플레. …… 인플레는 많이 쓰지만. 불황 시기. 아무 일도 없는 날. 음…… 불황 시기. 일단 불황 시기.	O	일본어 어휘의 직역으로 가독성 저하

텍스트 9－1

지적 사항 (본문)	발화 내용	의식 여부	평가 및 문제점
배경으로 (背景に)	설비투자의 회복을 배경으로	×	어휘 간섭
질 높고 (質の高い)	경영개혁과 질 높은. 음, 다양한. 질 높고 다양한? 질 높고 다양한.	×	어휘 간섭
경영개혁을 하고 (経営改革と)		×	한국어 표현이 어색
인재육성을 하면서 (人材の育成を行いながら)	질 높고 다양한 인재 육성을 하면서.	×	일본어의 어형을 직역, 가독성 저하
과감히 참여하고 (果敢に取り組み)	서비스 개발에 과감히. 착수하며, 토리쿠미(取り組み). 과감히 착수. 과감히 대응하며, 토리쿠무(取り組む). 과감히 노력하며. 음, 신제품 서비스 개발에 과감히. 대응하며. 대응하며. 좀 이상한데. 새로운 수요 창출로 이어질 수 있는 서비스 개발에 과감히 참여하면. 그래도 이상한데. 토리쿠무. 네이버에서 찾아보자. (인터넷 검색) 토리쿠무. 몰두하다. 이 말 더 이상하다. 과감히, 음…… 참여하고.	O	어휘 간섭을 의식하면서도 한국어 표현이 어색하여 가독성 저하
사내체제의 총점검을 하는 것과 동시에 (社内体制の総点検を行うとともに)	사내, 사내 체제의 총점검을 함과, 총점검을 하는 것과 함께.	×	일본어 어형을 직역하여 가독성 저하
좋은 기업시민 (良き企業市民)	요키키교시민토시테(良き企業市民として). 되게 어렵다. 요키. 시민토시테. 좋은, 일단 다 직역. 좋은 기업시민으로서 (2단계) 좋은 기업시민. 훌륭한 기업시민.	×	어휘 간섭
소자녀화 (少子化)	소자녀화, 오래간만에 쓰는 말이다. 고령화. 소자녀화 말고 옛날에 뭐 쓰던데. 소자녀화, 쇼시카(少子化). 뭐라고 하던데. 저출산, 저출산율이라고 하든가? 고령화 일단, 일단 소자녀화, 고령화.	O	적절한 한국어 표현에 문제
다이나미즘 (ダイナミズム)	다이나미즘. 다이나미즘? 흠. (2단계) 타요세이노 다이나미즈므 (多様性のダイナミズム). 다이나미즘. 한번 찾아볼까. 다이나미즘이라는 말 쓰나? (인터넷 검색) 거! 그대로. 쓰는 데도 있고. 그냥 쓰자.	O	간섭을 의식하였으나 적절한 한국어 표현을 위한 전략에 문제
입안에서부터 (立案から)	정책의 입안에서부터	×	어휘 간섭

지적 사항 (본문)	발화 내용	의식 여부	평가 및 문제점
신비전 (新ビジョン)	신비전. 신비전의 실현에.	×	어휘 간섭
현실화 (実現し得ない)	리더십 없이는 지츠겐시에나이(実現し得ない). 현실화될 수 없다.	×	한국어 표현 어색
합의를 했다 (申し合わせを行った)	모오시아와세(申し合わせ), 모오시아와세루. 에. (원문 읽기) 모오시아와세. 모오시아와세. (인터넷 검색) 합의! 약정, 오~! 합의, 합의를 했다. 합의, 합의. 약정, 약정을 맺다. 합의, 합의를 했다. (2단계) 정치 기부에 관한 합의! 합의를 했다. 모오시아와세, 합의를. 누구와 했다는 건가? 음.	×	한국어 표현 어색
기업, 단체에 의한 (企業・団体による)	기업단체에 대한, 단체에 의한.	×	일본어 어형의 직역으로 가독성 저하
정치기부를 하는 데 있어 (政治寄付の)	정치기부. 정치기부의. 참고, 정치기부를 하는 데 있어서.	×	일본어 の의 번역에 문제
정면으로 마주보면서 (正面から向き合いながら)	일본 경단련은. 정치와 정면에서. 에, 무키아이나가라(向き合いながら), 마주보면서, 정면으로 마주보면서, 아 말이 이상하다.	O	매끄러운 한국어 표현에 실패
이것을 극복함으로써 (これを乗り越えることで)	이것을 극복하는, 극복, 노리코에루고토데(乗り越えることで), 극복함으로써.	×	일본어 어휘 및 어형의 간섭

텍스트 9-2

지적 사항 (본문)	발화 내용	의식 여부	평가 및 문제점
수요가 포화되지 않는 (需要が飽和しない)	쥬요가호와시나이(需要が飽和しない). 수요가 포화되지 않는, 포화하지, 포화하지 않는.	×	한국어 표현 어색
경쟁력이 있다 (力が強い)	상품일수록 강력하다, 힘이 있다고 할 수 있다. (2단계) 치카라가츠요이(力が強い). 경쟁력이 있다, 경쟁력. 경쟁력이 있다고 할 수 있다.	×	내용상 한국어 표현에 문제가 있어 가독성 저해
앞으로도 계속 성장할 수 있는 것일까 (今後も成長を続けていけるだろうか)	이러한, 이러한 비싼 상품이 앞으로도 성장을 계속할 수, 계속 성장할 수 있는 것일까. (2단계) 이러한. 비싼 상품이 앞으로도 계속 성장할 수 있는 것일까. 과연, 그러한. 넣어 줘야 되지 않나?	×	일본어 어휘와 문장 구조를 직역하여 가독성 저하
확대 (拡大)	이러한 소득 격차 확대는. 아, 이러한 소득 격차 확대, 소득 격차. ㅅ. 에. 소오시타(そうした). 나카데(なかで). 음. 소득 격차의 확대. 속에서. 확대 나카데. 시마우노다로오카(なってしまうのだろうか). 확대 상황에서. 이러한 소득 격차. 이러한 소득 격차가 확대되는 가운데에서. 확대되어 가면. (2단계) 이러한 소득 격차가 확대되면서, 또 확대네. 확대되면서 고부가가치 상품은 몇 안 되는 고액소득자들만이 구매하는 상품이 되는 것일까. 확대되면은. 확대되면.	×	적절한 한국어 표현에 실패 (어휘 간섭)
거품경제 시절 (バブル期)	매일같이 길일이었던 거품경제 시기. 시절.	×	어휘 간섭

텍스트 10-1

지적 사항 (본문)	발화 내용	의식 여부	평가 및 문제점
거품 붕괴 후 (バブル崩壊後)	바브루호카이고(バブル崩壊後), 거품 붕괴 후.	×	어휘 간섭
환기(喚起し)	개인소비와 주택투자를 환기시켜	×	어휘 간섭
확실한 것으로 만들어 나가야 한다 (確実なものとしていかなければならない)	지속적인 성장을 확실한 것으로 해 나가야만 한다. 시나케레바나라나이(しなければならない). 우리말로는 긍정문이 낫겠지. 지속적인 성장을 확실한 것으로 만들어 나가야 한다. 이게 낫겠지.	O	일본어 어형의 직역은 피했으나 매끄러운 한국어 표현에 문제
질 높은 (質の高い)	질 높은 다양한 인재 육성을 하면서 (2단계) 질 높은, 또는 양질의 질 높은…… 질이 높다. 그러면 저질 인재도 있단 말이야, 질 높은 인재가 있고 저질 인재가 있고. 질이 높다, 하이퀄리티. 질 높은 다양한 인재를 육성하면서.	×	어휘 간섭
우량기업시민 (良き企業市民)	우량기업. 우량기업이라고 합시다. 우량기업이다, 또는 우수기업. 우수기업이라고 하면 단순히 제품을 잘 만들고 기술 있는 기업 이런 이미지가 강할 것이고, 우량기업이라고 하면 아주 재무상태가 건전하다, 이런 거를 뜻하는 것 같은데. 요키키교시민토시테(良き企業市民として). 우량기업시민으로서.	×	적절한 한국어 표현에 실패
기업에게는 (企業には)	그리고 기업은 기업한테는, 키교니와(企業には).	×	일본어 어형의 간섭
소자녀화 (少子化)	소자녀화	×	어휘 간섭
다이나미즘 (ダイナミズム)	다양성의 다이나미즘과, 다이나미즘.	×	어휘 간섭
자율경제 확립의 필요성 (自律型経済社会の確立の必要性)	확립해서, 노노 두 번 들어갔군. 자율형 경제사회의 확립의 필요성, 말이 좀 이상하니까. 일본경제사회 이 말을 그냥 확립하면 된다.	O	의식 있으나 매끄러운 한국어 표현에 문제
일단으로서 (一端として)	사회적 책임의 잇탄(一端). 책임의 일단으로서. 이런 말 쓰나. 일단으로서, 일단, 한 부스러기로서, 한 부분으로서, 사회적 책임의 일단으로서	×	어휘 간섭

지적 사항 (본문)	발화 내용	의식 여부	평가 및 문제점
정치실현을 위한 협력을 요구한다 (政治の実現への協力が求められている)	협력이 모토메라레테이루(求められている), 협력이 요구된다. 수동태라서 문장이 어색하다. 수동태는 능동으로 바꿔라. 우리 문장은 수동보다는 능동형을 좋아한다. 그리고 기업, 기업에게는. 문장체에는 기업한테, 기업에게는 사회적 책임의…… 협력을, 요구한다. 요구한다. 요구된다는 문장이 좀 어색하니까. 협력을 요구한다. (2단계) 모토메루(求める), 요구한다. 원문에 충실합시다. 원문에 충실하면 모토메루.	○	일본어 수동태 표현의 간섭을 의식하였으나, 매끄러운 한국어 표현에 실패하여 가독성 저하
합의를 보았다 (申し合わせを行った)	모오시아와세오오코낫타(申し合わせを行った). 합의를 행하다. 합의를 했다. 합의를 보았다. 합의를 보았다라고 합시다.	×	어휘 간섭
정치기부의 참고에 (政治寄付の参考に)	무슨 말이야. 정치 기부에 참고로 하십사 하고 매뉴얼을 합의를 봤기 때문에 그것을 제공할 예정입니다 그 말이겠지.	×	일본어 の의 간섭
도움이 되게 할 예정이다 (供する予定である)	열람에 도움이 되도록 하다. 그러니까 참고에 도움이 되게 하다. 기부하다. 드리다. 바치다. 그 다음에 도움이 되다. 정치 기부의 참고에 도움이 되게 할 예정이다.	×	일본어 어형의 직역으로 가독성 저하
정면으로 대면하면서(正面から向き合いながら)	정치와 정면에서 무키아이나가라(向き合いながら), 정치와 정면으로 대적하면서, 대면하면서, 정면으로 대면하면서	×	어휘 간섭
신비전 (新ビジョン)	신비전을	×	어휘 간섭
전력으로 노력 (全力で取り組む)	앞으로도 계속 전력으로 노력할 것이다. 앞으로도 계속 최선을 다해 노력할 것이다. 에. 노력할 것이다. 전력으로 노력하면서 (2단계) 전력을 다해서 전력으로 노력할 것이다.	×	어휘 간섭

텍스트 10-2

지적 사항 (본문)	발화 내용	의식 여부	평가 및 문제점
포화되지 않는 마케트 (飽和しないマーケット)	수요가 포화되지 않는 마케트를 지지하라	×	어휘 간섭
이 세 가지 시장에 나와 있는 (この3市場に広がっている)	이 세 가지 시장에 히로갓테이루(広がっている), 뻗어 있는, 진출해 있는, 확대되어 있는, 전개되고 있는, 아고 골치야. 이 세 시장에 히로갓테이루, 뻗어 있는, 전개되고 있는, 전개되고 있는이라고 하자.	O	적절한 한국어 표현에 실패하여 가독성 저하
시장이라고 하는 것은 (これらの市場というのは)	이러한 시장이라고 하는 것은	×	일본어 어형을 직역하여 가독성 저하
힘이 세다 (力が強いと言える)	치카라가츠요이토이에루(力が強いと言える). 힘이 세다고 할 수 있다. 우리나라 말은 진짜 골치 아파.	×	일본어 문장의 직역
확대(拡大)	소득격차 확대의	×	어휘 간섭
조류 가운데에서 (潮流のなかで)	쵸류노나카데(潮流のなかで). 조류에서, 조류…… 조류 속에서, 물결, 조류, 조류라고 하면 새, 새 종류, 새가, 조류하고 헷갈리나? 우리말로 하면은 새로운 조류다, 새로운 물결이다. 일단은 초벌 번역. 일단은 직역 위주로. 소득격차 확대의 조류 가운데에서. 가운데에서. (2단계) 소득격차의 조류의 가운데에서, 쵸류노나카데, 그러한 소득격차의 조류, 조류보다는 물결, 그냥 조류라고 해. 원문에 충실해야지.	O	어휘 간섭을 의식하였으나 결국 적절한 한국어 표현에 실패하여 가독성 저하
양극분화는 (二極分化)	소득이 니쿄쿠분카(二極分化), 이극분화, 이극분화, 우리말로 하면 이극분화를 쓰나? 안 쓰지. 소득이 양극화된다, 양극화란 말이 있잖아. 그렇지. 소득이 양극분화, 양극화 분화. 소득이 양극화 분화. 화자가 들어가야 되는데. 소득이 양극분화, 일단 양극분화라고 하자. 양극분화하는 동시에. 양극분화라는 말이 없구나. 분화하는 동시에 개인의 소비도, 소비도 이극분화, 양극분화하기 때문이다.	O	어휘 간섭을 의식하면서도 적절한 한국어 표현에 실패하여 가독성 저하
주류를 점하고 (主流を占めつつある)	주류를 점하고, 점하고 있다. 뭐뭐 하고 ing 이까, 중이다. 주류를 점하고 있다. 주류를 점해 가고 있다, 주류를 점하고 있다.	×	일본어 어형(현재진행형)의 간섭
일상생활 (日常である)	일상생활인	×	어휘 및 어형 간섭
디플레 불황 (デフレ不況)	디플레이션, 디플레 불황	×	어휘 간섭
이상하다 (おかしい)	그 어느 것도 이상하다. 뭐가 이상해. (2단계) 그 어느 것도 이상하다. 그 어느 것도, 도치라모오카시이(どちらもおかしい). 그 어느 것도 모두, 모두? 이상하다. 모두 이상하다.	×	어휘 간섭

텍스트 11 – 1

지적 사항 (본문)	발화 내용	의식 여부	평가 및 문제점
이어지는 (つながる)	발화 없음	×	어휘 간섭
과감히 노력 (果敢に 取り組み)	발화 없음	×	어휘 간섭
확실한 것으로 해 나가지 않으면 안 된다 (確実なものとしていかなければならない)	확실한 것으로 해 나가지 않으면 안 된다	×	문장 표현 직역으로 가독성 저하
대단히 기대 (強く期待する)	츠요쿠키타이스루(強く期待する). 강하게 기대한다, 아.	×	어휘 간섭
사내체제의 총점검을 함과 동시에(社内体制の総点検を行うとともに)	발화 없음	×	어휘 및 일본어 어형 직역으로 가독성 저하
좋은 기업 (良き企業市民)	발화 없음	×	어휘 간섭
마음껏 이끌어 (存分に 引き出す)	발화 없음	×	어휘 간섭
소자녀화 (少子化)	발화 없음	×	어휘 간섭
할 수 없게 된 (対応できなくなっている)	발화 없음	×	어형 간섭
다이나미즘 (ダイナミズム)	다이나미즘, 다이나미즘.	×	어휘 간섭
일부분으로서 (一端として)	잇탄토시테(一端として), 잇탄…… 일부분.	×	어휘 간섭
본위(本位)	발화 없음	×	어휘 간섭
합의를 했다 (申し合わせを 行った)	모오시아와세(申し合わせ)? 모오시테아와시타데쇼(申して合わしたでしょう). 합의! 이런 건가? 모오시아와세. (사전 찾기) 합의 맞네.	×	어휘 간섭

지적 사항 (본문)	발화 내용	의식 여부	평가 및 문제점
내놓을 (供する)	산코니쿄스루(参考に供する), 참고로 내놓다, 이 뜻이구먼.	×	어휘 간섭
정면으로부터 마주보면서 (正面から向き合いながら)	발화 없음	×	어휘 간섭
확신하고 있다 (確信している)	확신하고 있답니다.	×	어형(진행형) 간섭

텍스트 11－2

지적 사항 (본문)	발화 내용	의식 여부	평가 및 문제점
수요가 포화되지 않는 (需要が飽和しない)	수요가 포화하지, 포화되지 않는인가? 포화하지 않는, 포화하지 않는.	O	어휘 간섭
지탱하는 (支える)	지탱하는 하레노히(ハレの日)?	×	어휘 간섭
파워 (力が強い)	힘, 힘이 세다? 파워가 있다고 할 수 있다. 이게 좋겠다.	×	어휘 간섭
늘었다 (拡大している)	확대되었다. 이상하니까 늘었다.	O	한국어 표현에 문제
확대(拡大)	발화 없음	×	어휘 간섭
조류 속에서 (潮流のなかで)	발화 없음	×	어휘 간섭
되어 버리기 때문일까 (なってしまうのだろうか)	발화 없음	×	어형 간섭
디플레이션 불황 (デフレ不況)	데후레(デフレ) 불황. 디플레이션.	×	어휘 간섭
이상하다 (おかしい)	그 어느 것도 이상하다.	×	어휘 간섭

텍스트 12－1

지적 사항 (본문)	발화 내용	의식 여부	평가 및 문제점
한 줄기 빛 (明るさ)	밝음, 아카루사(明るさ), 빛, 여명? 일본경제에도 한 줄기 빛이라고 할까? 한 줄기 빛이. 일단 이렇게 해 놓고 나중에 또 체크를 하지.	×	매끄러운 한국어 표현에 실패하여 가독성 저하
불러일으켜 (喚起し)	환기시키고, 이상한데. 칸키(喚起). 투자를, 음…… 개인소비를 일으키다? 투자를 일으키다? 환기시키다, 환기하고, 환기는 좀 이상한데. 주택투자를, 소비를 불러일으키다? 불러일으키다로 할까. 불러일으키고. (2단계) 개인소비와 주택투자를 불러일으키고, 불러일으키고? 활성화시키고 할까? 개인소비와 주택투자를 활성화하고, 불러일으키고. 올해는 개인소비와 주택투자를 칸키시(喚起し). 활성화가 좋겠다. 한자어가 이 문장에 더 어울리겠다. 활성화시키고. 올해는 개인소비와 주택투자를 그냥 일으키고 할까? 활성화시키고, 활성화하면 원래 있던 거에서 더 그걸 활성화시킨다는 의미인데. 틀린데. 칸키는 원래 없던 걸 새로 만들어 내는 게 불러일으키다인데. 칸키 찾아볼까. 다른 좋은 뜻이 나와 있나? (사전 찾기) 환기밖에 없네. 어. 올해는 개인소비와 주택투자를 불러일으키고, 불러일으키고 그대로 놔둘까? 불러일으키고, 에후 본문에 충실하자.	O	어휘 간섭에 대한 의식은 있으나 문맥에 적합한 한국어 표현에 문제가 있어 가독성 저하.
질 높고 (質の高い)	질 높은, 양질의? 양질의 하니까 제품 같고. 어…… 인재육성이니까. 인재를 질이 높다? 질이 높은은 좀 이상한데. 양질도 아니고. 수준 높은? 질 높은? 좀 이상한데. 수준 높은으로 할까?	O	간섭에 대한 의식은 있으나 적절한 한국어 표현에 실패하여 직역, 가독성 저하
추진하여 (果敢に 取り組み)	개발에 과감히 노력한다? 개발을, 을. 과감히 추진하고. (2단계) 과감히 추진하고, 오케이. 추진하고가 아니고 추진해서가 돼야 될 것 같은데. 오케이.	×	한국어 표현이 매끄럽지 못함
불미스런 (不祥事)	후쇼지(不祥事), 불상사, 어떤 불미스러운 사건. 불미스러운 사건, 사고 방지를 위해.	×	어휘 간섭
소자녀화 (少子化)	소자녀화	×	어휘 간섭
일단(一端)	사회적 책임, 에 일단으로서.	×	어휘 간섭
합의를 이끌어 냈다 (申し合わせを 行った)	모오시아와세(申し合わせ)는 합읜데. 합의. 합의를 오코낫타(行った), 합의를 이끌어 냈다?	×	어휘 간섭

지적 사항 (본문)	발화 내용	의식 여부	평가 및 문제점
직시하면서 (正面から向き合いながら)	세이지토쇼멘카라무키아이나가라(政治と正面から向き合いながら). 정치와 정면에서 맞서다? 맞서면서 너무 강한가? 무키아이나가라. 쇼멘카라 무키아이나가라. 맞서다는 뜻 아닌가? 무키아우. 마주보다. 마주보다? 정면에서 맞선다고 하면 너무 싸우는 거 같잖아. 정치와 정면에서 마주보면서도 이상하네. 어. 맞서면서 해도 되나? (2단계) 일본 경단련은 정치와 정면에서 맞서다는 이상하고. 정치와 정면으로 마주보면서. 정치를 직시하면서? 아. 정면에서 정치를. 정면에서 직시. 일본 경단련은 정치를 정면에서 직시하면서 그것도 괜찮겠다.	O	문맥상 적절한 한국어 표현에 실패하여 가독성 저하

텍스트 12 - 2

지적 사항 (본문)	발화 내용	의식 여부	평가 및 문제점
수요가 포화되지 않는 (重要が飽和しない)	수요가 포화하지 않는. 포화되지 않는. 어느 쪽? 수요가 포화하지 않는. 포화되지 않는. 포화되지 않는 거 같은데. 수요가 포화되지 않는.	x	문맥상 한국어 표현이 적절하지 않음
지탱하는 (支える)	시장을 사사에루(支える)니까 지탱하는? 시장을 지탱하는? 지탱? 좀 이상한데. 뒷받침하는. 시장을 뒷받침하는. 시장을 지지하는. 지탱하는 아. 좋은 표현이 있을 텐데. 넘어가고. (2단계) 수요가 포화되지 않는 시장을 지탱하는 특별한 날. 으흠. 수요가 포화되지 않는 시장을 뒷받침하는. 리드하는. 사사에루. 지탱하는 할까? 사사에루. 리드하는. 지지하는. 떠받치는? 도 아니고. 지탱하는 할까?	O	간섭의 의식은 있으나 적절한 표현에 실패하여 직역. 가독성 저하
상품만큼 힘이 있다 (商品ほど力が強い)	상품만큼 치카라가츠요이(力が強い). 이게 무슨 말이지? 상품만큼. 아…… 무슨 말이지? 상품만큼 힘이 있다고 할 수 있다. (2단계) 상품만큼 힘이 강하다는 것이다. 슷…… 구매자가 힘이 강하다는 게 무슨 말이지? 음…… 아. 머리 아파. 머리 아파. 음…… 반대로 말하면 바꿔 말하면 역으로 말하면. 구매자가 상품호도. 이렇게 쓰면은 카즈(数)라는 말이 들어갔을 것 같아. 구매자의 힘이 상품만큼 힘이 있다는 단순한 그런 말 같은데. 이유가 많기 때문에 구매력이 있다는 얘기. 파는 사람 입장에서는 구매자의 힘이 있다는 것을 인정해 준다는 얘긴가? 아이시 모르겠다. 그냥 똑같이 해야지. 일단 힘이 있다. 단순하게 생각하자.	O	원문 이해에 문제. 적절한 한국어 표현에 실패하여 가독성 저하

지적 사항 (본문)	발화 내용	의식 여부	평가 및 문제점
벌어진 (拡大している)	카쿠다이(拡大). 격차가 벌어졌다. 벌어졌다. 벌어진 것으로 나타났다가 한국말 같아. (2단계) 벌어진 것으로 나타났다. 격차가 난 거 같은데. 점차 벌어진 것으로. 점차 벌어진 것인가? 카쿠다이시테이루(拡大している). 그냥 단순히 벌어진 것이다. 벌어진 것으로 나타났다. 격차가 벌어진 것으로 나타났다. 이게 지금 벌어졌다는 거죠? 벌어지고 있다. 격차가 벌어지고 있는 것으로, 벌어지고 있다고 해야겠네.	○	의식은 있으나 한국어 표현이 어색하여 가독성 저하
확대(拡大)	소득격차 확대 조류노나카데(潮流のなかで). 이러한 소득격차 확대? 확대로 할까?	×	어휘 간섭
버블 경제시절 (バブル期)	매일이 특별한 날이었던 거품경제기라고 해야 되나? 경제기. 바브르키(バブル期). 버블기, 버블 경제, 거품경제 시기. 거품경제기. 넘어가고. (2단계) 찾아봐야지. (인터넷 검색) 버블 결제 시절! 으음…… 시절이 좋겠다. 거품 경제. 거품경제를 더 많이 쓰네. 거품 경제 시절…… 아……	×	어휘 간섭
디플레 불황기 (デフレ不況)	매일이 평범했던 디플레 불황. 말 되나? 침체 불황기 할까? 디플레 불황, 아, 말 안 되는데. 이상한데. 거품경제 버블 경제, 거품 경제 이상하다. 버블 경제. 버블 경제기도 이상하고 아, 모르겠네. 뭐라고 그러지. 매일 평범했던 디플레 불황, 아, 이상한데. 아 뭐라고 그러지. 일단 불황기. 디플레 불황기는 넘어가고. (2단계) 디플레이션, 디플레 불황이라는 말이 없네. 그냥 불황인데. 장기 불황. 디플레 불황이라는 말이 없네. 그냥 불황인데, 디플레 불황이란 말은 없는데. 장기 불황? 장기 불황이라고 할까? 경제침체기라고 할까? 장기 경제침체. 디플레 시장, 디플레 불황. 이런 말을 안 쓰는데. 장기 불황 할까? 일본은 장기 불황이라는 말 많이 쓰는데. 그래도. 버블 경제 시절. 매일이 특별한 날이었던 버블 경제 시절. 매일이 평범했던, 케노히닷타(ケの日だった). 디플레 불황기. 디플레 불황기. 디플레 불황 시절. 디플레 장기 불황. 마이니치가케노히토낫타(毎日がケの日となった). 완전히 과거는 아닌데. 케노히토낫타, 마이니치가 케노히토낫타 데후레후쿄(デフレ不況). 지금도 불황이잖아.	○	의식은 있으나 적절한 한국어 표현에 문제, 가독성 저하

텍스트 13-1

지적 사항 (본문)	발화 내용	의식 여부	평가 및 문제점
내수중심의 지속적으로 성장해 가지 않으면 (内需中心の持続的な成長を確実なものとして)	내수 중심의 성장을, 카쿠지츠나모노니시테(確実なものとして), 성장을, 성장을, 성장을 이끌어 나가지 않으면 안 된다.	×	일본어 어휘의 간섭으로 한국어 표현이 어색
나가리라 기대해마지 않는다 (強化していくことを強く期待する)	강화해 나가리라, ……나가리라, 기대해 마지않는다.	×	한국어 표현이 어색, 가독성 저하
않으면 안 된다 (果たしていくことを求めたい)	주체적으로 사회적인 채, 책임을 다해 나갈 것을, 나가, 나가야 한다. 나갈 것을, 다해야 할, 다해야 한다고 생각한다. 시테이쿠 고토오모토메타이(していくことを求めた い), 주체적으로 사회적 책임을 다하지 않으면 안 된다. 다하지 않으면 안 된다.	O	어휘 간섭의 영향으로 한국어 표현이 어색, 가독성 저하
제대로 이끌어 (存分に引き出す)	기업의 활력을 충분히 이끌어 내, 발휘하기 위해서는, 충분히, 기업의 활, 기업의 활력을 충분히, 기업을, 활력을, 히키다스(引き出す), 활력을 충분히(반복), 활력을 충분히 도출하기 위해서는, 활력을 충분히 이끌어 내기 위해서는.	×	어휘 간섭
소자화(少子化)	소자화	×	어휘 간섭
개혁은 불가피해졌다 (改革が不可欠である)	근본적인 개혁은, 불필요, 불가피(반복), 불가피하다. 개혁은(반복) 후카케츠다(不可欠だ). 개혁은(반복) 불가피해졌다(반복).	×	어휘 간섭
다이나미즘 (ダイナミズム)	다양성의 다이나미즈므(ダイナミズム), 다이나미즘과. (2단계) 다양성의 다이나미즘, 다이나미즘, 역동성, 다이나미즘.	×	어휘 간섭
만들자라고 공표 (めざしてを公表し)	일본을, 만들자라고 공표하고.	×	어휘 간섭
리더십 없이는 (リーダーシップなしには)	강력한 리더, 리더십 없이는	×	일본어 어형 직역

지적 사항 (본문)	발화 내용	의식 여부	평가 및 문제점
합의를 채택했다 (申し合わせを行った)	모오시아와세(申し合わせ), 기부에 관한, 모오시아와세, 오코낫타(行った), 협의, 모오시아와세, 협의를(반복), 모오시아와세, 제한, 제한인가? 모오시아와세루, 음…… 사전을 찾아서(사전 넘기는 중). 합의, 합의를, 합의를 하다, 합의를(반복3), 콘고, 합의를 채택하다, 합의를 채택하였다.	×	어휘 간섭
정치와 함께 (政治と正面から向き合いながら)	정치와, 쇼멘카라(正面から)(침묵) 쇼멘카라. 정치와 대면하면서, 정치와 함께, 정치, 정치를, 정치. 정치와, 정치와, 쇼멘카라무키아이나가라(正面から向き合いながら), 정치, 정치를 정면(침묵) 정치와 공생하면서, 정치, 쇼멘카라 무키아이나가라.	×	어휘 간섭으로 한국어 표현이 어색, 가독성 저하

텍스트 13-2

지적 사항 (본문)	발화 내용	의식 여부	평가 및 문제점
존재하게 하는 힘 (需要が飽和しない)	시장의 힘은, 시장의 힘이 무슨, 치카라(力), 아, 수요(반복2), 수, 수요는, 수요를, 존재하게 하는 힘은 강하다라고 할 수 있다.	×	어휘 간섭
것은 (市場というのは)	이러한 시장이라는 것은, 이러한 시장이라는, 각각이 독립해서 존재하는 것은 아니다.	×	일본어 어형의 간섭
구입하고 있는 것이다 (買っているのだ)		×	어형 간섭
확대(拡大)	소득격차가 확대되는 추세 속에서. (반복)	×	어휘 간섭
주류를 점하고 있다(主流を占めつつある)	주류를 이루고 있다.	×	어휘 간섭
버블기(バブル期)	버블기	×	어휘 간섭

텍스트 14-1

지적 사항 (본문)	발화 내용	의식 여부	평가 및 문제점
활성화시켜 (喚起し)	환기하여. (2단계) 주택투자를 환기하여. 활성화한. 수요를 환기하다라는 말도 쓰긴 하는데. 개인소비와 주택투자를 활성화하다. 이상하다. 주택투자를 살려. 활성화시켜. 개인소비와 주택투자를 활성화하다. 이상하다. 주택투자를 살려. 활성화시켜. 개인소비와 주택투자를 활성화시켜.	O	의식은 있으나 한국어 표현이 매끄럽지 못함
이루어 내지 않으면 안 된다 (確実なものとしていかなければならない)	특별히 발화 없음	×	어형 간섭, 직역으로 가독성 저하
질 높은 (質の高い)	질 높은 다양한 인재 육성.	×	어휘 간섭
비리(不祥事)	비리나.	×	어휘 간섭
민이 주도하는 (民主導)	특별히 발화 없음	×	어휘 간섭
신비전 (新ビジョン)	신비전.	×	어휘 간섭
입안으로부터 (立案から)	정책 입안에서.	×	어휘 간섭
전 과정에서 (すべての過程で)	전 과정에서	×	어휘 간섭
있어서의 협력이 요구되고 있다 (実現への協力が求められている)	정치를 실현하는 데 있어서 협력이 요구된다. 정치를 실현하기 위한? 정치를 실현하는 과정에 있어서의? 그래서 기업에는 사회적 책임의 일환으로서 정책 위주의 정치를 실현하는 데 있어서의. 정책 위주의 정치를. 음. 어렵네. 음. 실현에서의 협력이 요구된다. 정책 위주의 정치를 실현하는 데 있어서의 협력이 요구되고 있다.	×	일본어 문형 간섭, 직역으로 가독성 저하
경제 간의 (経済との間の)	정치와 경제 간의	×	の처리 미숙으로 가독성 저하

지적 사항 (본문)	발화 내용	의식 여부	평가 및 문제점
정면으로 마주하면서 (正面から向き合いながら)	일본 경단련은 정치와 정면으로 무키아이나가라(向き合いながら). 음. 정치와 정면으로, 음. 무키아우(向き合う)는 다른 데서는 대치하다. 정면으로 대처하다는 의미가 좀 이상한데. 맞서다? 무카이아우. 정치와 정면으로 맞서다는 대립한다는 의미니까. 어쨌든 정치와 정면으로…… (2단계) 정치와 정면으로 대응하면서. 무키아우. 마주보면서. 음. 정치와 마주보다, 맞서다. 음. (3단계) 일본 경단련은 정치와 정면으로, 음. 무키아이나가라. 어차피 일한사전을 봐도 도움이 될 만한 게 나와 있을 것 같지는 않은데. (사전 찾기) 무키아우, 무키아우, 마주보다. 마주보면서. 일본 경단련은 정치와 정면으로, 음. 정치와 공조하면서는 좀 다르지. 음. 정치와. 정면으로. 어차피 일본어로 찾아봤자. (인터넷 검색) 음. 무키아우를 일본 인터넷에서 찾아서 어떤 식으로 쓰이는지. (검색 내용 읽기) 정치와 함께 하면서. 정치. 음. 정치 분야와 함께. 정치와 정면으로 마주보면서, 역시. 어떻게 대처해 나갈 것인가, 어떻게 마주. 일본 경단련은 정치와 정면으로…… 정치와 정면으로. ……rㅐl	○	의식은 있으나 한국어 표현이 미숙하여 가독성 저하
확신하고 있다 (確信している)	확신하고 있다.	×	어형(진행형) 간섭

텍스트 14-2

지적 사항 (본문)	발화 내용	의식 여부	평가 및 문제점
되어 버린 것일까 (なってしまうのだろうか)	음, 극히 일부의 고소득층만이 구매하는 상품이 되어 버린 것일까.	×	어형 간섭
성장을 계속 (成長を続けていけるだろうか)	향후에도 성장을 계속해 나갈 수 있을 것인가.	×	어휘 간섭
현실적으로 (現実に)	현실적으로	×	어휘 간섭

텍스트 15－1

지적 사항 (본문)	발화 내용	의식 여부	평가 및 문제점
환기시키고 (喚起し)	주택투자를 환기시키고.	×	어휘 간섭
질 높고 (質の高い)	질 높은 (2단계) 질 높고 다양한 인재, 질 높고 다양한 인재. 다양한 질 높은 인재. 질 높은 다양한. 질 높은 다양한 인재. 질 높고 다양한 인재.	×	어휘 간섭
인재 육성을 실시하면서 (人材の育成を 行いながら)	인재육성을 실시하면서 (2단계) 인재를 육성하면서, 인재를 육성하면서, 아니다. 경영과 질 높은 인재 육성을 추진하면서, 추진 좋아. 추진하면서. 각 기업이 끊임없는 개혁, 끊임없는 경영 개혁과 질 높은 다양한, 아. 질 높은. 질 높은 다양한 인재육성을 뭐야, 양질의, 질 높은 다양한. 질 높고 다양한. 이따 보자.	×	어휘 간섭 직역으로 가독성 저하
것에 대한 기대가 크다 (ことを強く 期待する)	크게, 강하게 기대된다. 강하게 기대된다. 크게 기대된다. 츠요쿠키타이스루(強く期待する). 에 대해 나갈 것에 대해 강하게 기대. 기대가 크다. 크게 기대를 걸고 있다. 음. 츠요쿠키타이스루. 강화해 나갈 것에 대해 크게 기대를 걸고 있다. 기대가 모아지고 있다. 추진하고. 근본적인 기업전략을 강화해 나갈 것에 크게 기대를 걸고 있다. (2단계) 강화해 나갈 것이 강하게 기대된다. 기대된다를 찾아볼까? 강하게 기대된다. 강하게 기대된다. 음. 강하게 기대된다는 아무래도 이상하지. 음, 강하게. 크게 기대된다는, 되는 것 같기는 한데. 츠요쿠 키타이스루. 누가? 오쿠다(奥田)가? 기대가 크다. 그렇게 하면 되나. 것에 대한. 그래그래. 것에 대한 기대가 크다.	O	한국어 표현이 어색하여 가독성 저하
기업부정 (不祥事)	불상사는 아니고. 기업부정이라고 해야 되나?	×	어휘 간섭
총점검함과 (総点検を 行いながら)	총점검을 실시하면서, 실시함과 동시에, 실시하고, 실시하고, 실시함과 동시에. (3단계) 사내 체제의 총점검을 실시함과. 사내 체제를 총점검하고, 사내 체제를 총점검하고, 함과 동시에	×	한국어 표현 어색, 가독성 저하
기업시민 (企業市民)	좋은 기업으로서, 으로서. 주체적으로 기업시민의 일원으로서가 더 낫나?	×	어휘 간섭

지적 사항 (본문)	발화 내용	의식 여부	평가 및 문제점
다해 갈 것이 요구된다 (果たしていくことを求めたい)	주체적으로 사회적 책임을 다해 나갈 것이 기대된다. 크게 기대를 걸고 있다. 요구된다. 것이. 키타이사레루(期待される) 츠요쿠키타이스루(強く期待する). 이것이 요구된다는 객관적인 것 같고. 기대를 이것도 모아 주고 있다고 할까. 그냥. 기대가 모아지고. 큰 기대가. 큰 기대가. 아닌데, 여기서 츠요쿠 키타이스루가 보통 자기가 기대한다는 거고 이것도 요구한다는 것이니까. 아까. 다시 크게 기대를 걸고 있다. 구체적으로 사회적 책임을 다해 나가기를 바란다는 아니고. 아까. 요구한다. 기대한다를 쓰기는 그렇고, 기업시민으로서 주체적으로 사회적 책임을 다해. 다해 나갈 것을, 것이 요청된다. 에이 씨. 요청된다. 요구된다. 동시에 요청된다. (4단계) 사회적 책임을 다해. 이상하다. 책임을 다해 나갈 것이 요구된다.	○	의식은 있으나 한국어 표현이 매끄럽지 않아 가독성 저하
전 과정 (すべての過程で)	전 과정에서	×	어휘 간섭
기업에게는 (企業には)	기업에게는, 그리고 기업에게는.	×	어휘 간섭
다이나미즘 (ダイナミズム)	다양성의 다이나미즘	×	어휘 간섭
정면으로 맞서 (正面から向き合いながら)	일본 경단련은 정치와 정면으로 맞서면서, 맞서면서. 무키아이나가라(向き合いながら). 정면에서, 정면으로, 맞서. 기업. 정면에서 맞서다. 맞서다는 대립하는 거 같으니까. 정면으로 바라보면서. 정면으로 세이지토 쇼멘카라무키아우(政治と正面から向き合う). 에서 정치와 정면에 서서. 정면에 서서가 낫겠다. 정면에 서서. (3단계) 일본 경단련은 정치와 정면에 맞서선가. 서선가. 정면에 서서. 이것 봐라. 타가이니 무키아우. 현실과 맞서다. 겐지츠토무키아우(現実と向き合う). 정치와 정면에. 맞서면서. 정면에 서서는 아니지. 정면에 맞서. 일본 경단련은 정치와 정면에 맞서서. 정면으로 맞서서, 정면으로 맞서서. 대치하는 것 같잖아. 정면으로 맞서. 찾아보자. 정면으로 맞서. 정면으로 맞서 대결하다. 대결한다도 되나. 음. 정면으로 맞서 싸우다. 정면으로 맞서. 정면에 맞서. 정면에 맞서는 아니다. 정면으로 맞서.	○	의식은 있으나 한국어 표현에 문제, 가독성 저하

텍스트 15－2표 147

지적 사항 (본문)	발화 내용	의식 여부	평가 및 문제점
수요가 포화되지 않는 (需要が飽和しない)	수요가 포화되지 않는 시장을. (2단계) 수요가 포화되지 않는. 아, 진짜 이상하다. 수요가, 수요가 포화되지 않는. 수요가 포화되다. 포화상태가 되다는 자연스러운데. 포화되지 않는. 수요가 포화되지 않는, 포화를 이루지 않는, 수요가 차지 않는, 수요가 포화되는 일이 없는, 수요가 포화되지 않는, 수요가 포화되지 않는. 포화되지 않는 수요의 시장, 수요가 포화되지 않는 시장.	O	의식은 있으나 문맥상 한국어 표현이 적절하지 않아 가독성 저하
이들 시장들은 각각 (これらの市場というのは、それぞれが)	사실 이들 시장들은 각각 독립적으로. (2단계) 사실 이들 시장은 토이우노와(というのは). 이들 시장이라는 것은, 이상하고. 이들 시장들은 각각 독립적으로 존재하는 것이 아니다.	x	어휘 간섭
잘 팔린다 (力が強いと言える)	널리 분포하는 상품일수록 구매력이 강하다고 해야 하나. 아니면, 아니지. 그러면 입장이 다르지. 어, 힘이 강하다. 상품. 팔리는 게 잘 팔린다는 거니까. 구매력이 강하다는 소비자가 구매하는 힘이 있다는 건지. 구매자가 이 세 시장에 분포한 상품일수록 음. 강력한 상품. 구매자가 강한 상품. 구매력을 자극하는, 구매력 한번 찾아보자. 구매력. 음. 역시 구매력은 아니지. 일수록. 인기 있는 상품일수록. 아, 왜 치카라(力)가 이게 왜 안 되지. 쉬운데. 구매자가 이 세 개 시장에 널리 퍼져 있는 상품일수록 잘 팔린다. 일단 이렇게 해 보자.	O	의식이 있으나 문맥상 한국어 표현이 어색, 가독성 저하
이들 시장들의 공통적인 것은 (これらの市場に共通するのは)	단지. 이들 시장의 공통적인 것은 (2단계) 단지 이들 시장의 공통적인 것은, 이들 시장들. 복수로 써 주고. 공통적인 것은……	x	어휘(복수형) 간섭
늘어났다 (拡大している)	3.07배로 늘어났다. 늘어나고 있다. 예를 들면. 까지 늘어났다.	x	어휘 간섭
경우도 있는 것이다 (買っているのだ)	캇테이루노다(買っているのだ). 구입하는 경우도 있다. 서핑보드를 구입하는 경우도 있다. 조금 뭔가 강조해 주고 싶기도 한데. 서핑보드를 구입하는 경우도 있는 것이다라고 할까. 있는 것이다.	O	한국어 표현이 어색
거품경제기 (バブル期)	거품경기. 경제기.	x	어휘 간섭

텍스트 16－1

지적 사항 (본문)	발화 내용	의식 여부	평가 및 문제점
거품 붕괴 (バブル崩壊後)	거품 붕괴 이후(반복) (2단계) 거품 붕괴 이후(반복), 거품경제 이후, 거품경제 붕괴 이후, 거품 붕괴 이후.	×	어휘 간섭
기업부정 (不祥事)	후쇼지(不祥事)가 뭐지. 흐, 기업부정, 흐, 일단은 기업부정, 기업부정과 사고. (2단계) 기업부정, 후쇼지, 기업부정, 슷, 음. 기업부정, 일단 기업부정으로 해 놓고.	○	한국어 표현 어색
소자녀화 (少子化)	저출산율, 출산율 저하, 출산율 감소 (2단계) 소자녀화, 슷, 소자녀화(반복), 와 고령화, 소자녀화와 고령화.	○	어휘 간섭
다이나미즘 (ダイナミズム)	다양성의 다이나미즘, 다양성의, 다양성의 다이나미즘과.	×	어휘 간섭
이르기까지의 (至る)	정책의 입안에서 실행에 이르는, 실행에 이르기까지의 (2단계) 정책의 수립에서, 수립에서 실행에 이르기까지 모든 과정에서. 실행에 이르기까지의, 실행에 이르는, 슷, 정책의 수립에서 실행에 이르는 모든 과정에서, 이르기까지의 모든 과정에서.	×	어휘 간섭
수행해야만 할 것이다(果たしていかなければならない)	중심적인, 역할을 수행, 해야만 할 것이다.	×	어형 간섭
합의를 도출 (申し合わせを行った)	정치기부에 관한 모오시아와세(申し合わせ), 모오시아와세가 뭐지, 사전을 찾아보고. 모오시아와세. 모오시아와세, 합의. 합의서. 모오시아와세, 합의. 에 관한 합의. 합의를 우선 열 개 항목의 우선 정책사항을 공표하고 기업의 자발적인 정치기부에 관한 합의를, 오코낫타(行った). 합의를, 합의를 오코낫타. 공표함과 동시에, 공표하고, 음, 일단 실시했다, 실시했다. 좀 이상하지만, 일단 실시했다. (2단계) 정치기부에 관한 합의, 합의를 도출했다. 기업의, 자발적인 정치기부에 관한 합의, 슷, 어, 공표하고, 합의를 도출했다, 도출했다.	×	어휘 간섭
정치와 함께 발맞춰 나가면서 (政治と正面から向き合いながら)	정치와 쇼멘카라무키아이나가라(正面から向き合いながら)(반복), 음, 나중에 생각하고. (2단계) 정치와 쇼멘카라 무키아이나가라, 음. 일본 경단련은 정치와, 음, 정치와, 정치와, 쇼멘카라 무키아이나가라, 어, 정치와, 스, 쇼멘카라 무키아이나가라, 스, 뭐지. 무키아우(向き合う)를 찾아볼까. 마주 바라보다, 마주 대하다. 무키아우. 정치를 정면으로 바라보며, 정치, 음, 정치와, 음. 아, 이거 너무 어렵네. 일본 경단련은 정치와 쇼멘카라 무키아이나가라, 정치와 정면에서, 정치와 정면으로 바라보며, 정치를, 음, 정치를 음, 맞대응은 아니고. 아, 정치를 슷, 이거 좀 있다 생각, 그럼. 일본 경단련은 정치에 적극, 적극적으로 참여하며, 일본 경단련은 정치에 보다 적극적인 관심을 기울이며, 슷, 일본 경단련은 정치와 함께 발맞추어 가며.	○	한국어 표현이 적절하지 못함.

텍스트 16-2

지적 사항 (본문)	발화 내용	의식 여부	평가 및 문제점
연애시장이라는 말을 했다 (恋愛市場だということを述べてきた)	연애시장, 다토이우고토오노베테키타(だということを述べてきた), 라고 말해 왔다 (2단계) 연애시장, 다토이우고토오 노베테키타(반복)라고 말했다, 라는 말을 했다. 시장이라는 말을 했다.	x	일본어 어휘, 어형의 간섭, 직역으로 가독성 저하
늘어나는 (拡大している)	3.07배로 늘어났다.	x	어휘 간섭
항상 수요가 늘어나는 시장을 형성시켜 주는 (需要が飽和しないマーケットを支える)	(3단계) 인터넷 검색 수요가 포화상태로 되는 일이 없는 시장, 수요가 포화되지 않는 시장, 지금까지 수요가 포화상태, 지금까지 수요가 포화상태로 되지 않는 시장은, 이걸로 할까. 지금까지 수요가 포화상태로 되지 않는 시장은, 슷, 지금까지 항상 일정 수요를 유지, 아, 언제나 수요가 있는 시장, 슷, 언제나 수요가 있는 시장, 항상 수요가 늘어나는 시장, 슷, 항상 수요가 늘어나는 시장, 항상 수요가 늘어나다. 슷, 하, 쯧 항상 수요가 있는 시장, 수요가 있는 시장을, 시장을 만들어 주는, 만들어 주는. 아, 항상 수요가, 지금까지 수요가 포화상태로 되지 않는 시장은, 지금까지 수요가, 수요가 항상 부족하지. 항상, 언제나, 항상 수요가 존재하는. 수요가 존재하는 시장은, 항상 수요가 존재하는 시장, 지금까지 항상, 수요가 늘어난다고 해야 하나, 수요가. 슷, 음, 쯧, 항상 수요가 존재하는 시장, 항상 수요가 늘어나는 시장, 하, 포화는 늘어나지 않으니깐. 항상 수요가 늘어나는 시장은, 수요가 늘어나는 시장을, 뭐해 주는, 수요가 늘어나는 시장을 형성해 주는, 형성시켜 주는, 수요가 늘어나는 시장을 형성시켜 주는 (반복)	O	의식은 있으나 문맥상 적절한 한국어 표현에 실패, 가독성 저하
상품일수록 좋다고 할 수 있다 (商品ほど力が強いと言える)	상품일수록, 수록, 치카라가츠요이(力が強い), 세 시장, 시장의, 골고루, 세 시장에 퍼져 있는 상품일수록, 수록, 슷, 치카라가 츠요이, 상품일수록 슷, 음, 상품일수록, 음, 잘 팔린다, 리는 것이다. 슷, 수록 힘이 있다, 있을 것이다. (2단계) 모두 걸쳐 있는 상품일수록 힘이 있다는 곤란하지요. 상품일수록 잘 팔린다고 할 수 있다. 상품이 구매력이 있다는 거지, 구매력이 있다. 구매력이 있다는 말이다. 인터넷을 찾아보겠습니다. 구매력이 있다는 살 능력이 있다는 건가. 상품구매력을 가지고 있다. 암, 소비자들이 구매력이 있다는 거니까, 이건 그냥 하면 되지요. 구매자가 이 세 시장에 골고루 모두 걸쳐 있는 상품일수록, 치카라가 츠요이(반복), 좋다, 좋다고 할 수 있다, 있다고 할 수 있다.	O	의식 있으나 매끄러운 한국어 표현에 문제
'비싼' 시장 (「高い」のである)	한마디로 말해서, 말해서, 비싼 상품인 것이다. (반복) (2단계) 한마디로 말해서, 비싼, 음 비싼 시장, 상품이 아니고 비싼 시장, 비싼 시장인 것이다. 한마디로 말해서 비싼 것이다. 비싼 시장인 것이다.	O	한국어 표현이 적절하지 않음
구입하는 것이다 (買っているのだ)	구입하고 있는 것이다(반복) (2단계) 서핑보드를 구입하는 것이다.	x	어형(진행형) 간섭

텍스트 17－1

지적 사항 (본문)	발화 내용	의식 여부	평가 및 문제점
모색하자 (目指す)	발전의 시대를 꾀한다. (2단계) 새로운 발전의 시대를 메자스(目指す). 음…… 기업의 활력으로 새로운 발전의 시대를 꾀한다. 새로운 발전의 시대를 모색한다, 꾀한다, 모색. 제목에 모색이 있으면 좀 많이 딱딱한 거 같고. 꾀한다가 있는 게 좀 더 좋은 것 같다. (3단계) 신발전의 시대를 모색한다. 제목, 모색이 낫겠다. 기업의 활력으로 새로운 발전의 시대를 모색한다, 모색하다. 메자스. 모색하자? 모색하다. 모색하자. 에, 모색하다. 기업의 활력으로 새로운 발전의 시대를 모색하다, 하자, 하자.	O	한국어 표현이 어색
환기 (喚起し)	환기할, 환기시켜? 환기하여? 개인소비나 주택투자의 환기? 환기시키고. 올해의 과제는 개인소비나, 개인의 소비, 개인의 소비나 주택투자를 환기시키고.	×	어휘 간섭
열쇠를 쥐고 있는 것은 기업 (鍵を握るのは企業の活力である)	그 열쇠를 쥐고 있는 것은 기업의, 기업의 활력. (2단계) 열쇠를 쥐고 있는 것은 기업의 활력이다. 그 열쇠를 쥐고 있는 것은 기업이 얼만큼. 기업의 활력? 그 열쇠를 쥐고 있는 것은 기업이다.	×	어휘 간섭 직역으로 가독성 저하
단행하고 (果敢に取り組み)	과감히, 과감히 뛰어들어. (2단계) 경영개혁을 단행하고	×	한국어 표현이 어색
연결하는 (つながる)	창조니 츠나가루(につながる). 창조로 연결되는.	×	어휘 간섭
좋은 (良き企業市民)	좋은 기업시민으로서 (2단계) 좋은 기업시민으로서? (3단계) 좋은 기업시민으로서. 좋은 기업시민?	×	어휘 간섭
소자녀화 (少子化)	소자녀화	×	어휘 간섭
정보화라고 하는 (情報化といった)	정보화 토잇타(といった), 정보화라고 하는 (3단계) 정보화라고 하는. 정보화 토잇타, 라고 하는.	×	어형 간섭
다이나미즘 (ダイナミズム)	다양성의 다이나미즘과 (3단계) 다양성의 다이나미즈므(ダイナミズム). 다이나미즘이 뭐지. (인터넷 검색) 다양성의 다이나미즘. 유동적? 다이나미즘. 다양성. 유동적 다이나미즘이라고 할까. 유동적. 유동적? 다양한, 다양성, 다양한.	×	어휘 간섭

지적 사항 (본문)	발화 내용	의식 여부	평가 및 문제점
신비전 (新ビジョン)	신비전	x	어휘 간섭
경제사회의 확립의 필요성 (経済社会の確立の必要性)	경제사회 확립의 필요성	x	の의 간섭
방책 (処方箋)	처방책 (3단계) 구체적인 처방책? 구체적인 방책을 제시했다. 처 빼고 방책, 됐나?	x	한국어 표현이 어색
알림을 실시했다 (申し合わせを行った)	모오시아와세(申し合わせ)? 모오시아와세. 기업의 자발적인 정치기부에 관한 알림? 모오시아와세, 알림. 을 실시했다. (3단계) 모오시아와세? (사전 찾기)	x	어휘 간섭
에 의한 (による)	기업이나 단체에는	x	어휘 간섭
정치와 정면승부를 벌이면서 (政治と正面から向き合いながら)	쇼멘카라무키아이나가라(正面から向き合いながら), 정치와 정면에서 마주보면서. (2단계) 일본 경단련은 정치와 정면으로. 일본 경단련은 정치와 무키아우. 정치, 아. 정면에서? 마주보다. 일본 경단련은 정치와 직접적으로? 정면에서 마주보면서, 이상해. 잠깐만. 일본 경단련은…… 정면에서. 승부. 정면 승부? 정면 돌파. 정면 승부, 정면 돌파. 정치와, 일본 경단련은 정치와 정면 승부를 벌이면서. 일본 경단련은 정치와 정면으로, 정치와. 일본 경단련은 정치와 피하지 않고, 정면 승부를 거는 거보다는 정치와 피하지 않고. 뭘 피해? 승부를 피해? 일본 경단련은 정치와 정면 승부? 아, 이상해.	O	의식은 있으나 문맥상 한국어 표현이 적절하지 않음

텍스트 17－2

지적 사항 (본문)	발화 내용	의식 여부	평가 및 문제점
끊임없는 수요를 보이는 시장은 (需要の飽和しないマーケットは)	끊임없는 수요를 지금까지. 어. 끊임없는 수요를 보이는 시장은 일단. (2단계) 끊임없는 수요를 보이는 시장. 수요가 끝나지 않는, 끝이 없는 수요. 끊임없는 수요. 끊임없는 수요. 계속적인 수요를 보이는. 끝날 일이 없는 수요. 계속 지속되는, 앞으로도 계속될, 장기적인 수요. 으음…… 일단 넘어가야지.	O	어휘 간섭에 대한 의식은 있으나 문맥상 적절한 한국어 표현에 문제, 가독성 저하
상품으로서의 가치가 높다 (力が強いと言える)	포함된 상품일수록 어, 상품으로서의 가치가 높다는 말, 높다고 할 수 있다. (2단계) 경우에 다 포함되는 상품일수록, 상품으로서의 가치가 높다고 말할 수 있는 것이다. 즉, 어떤 상품을 사고자 하는 구매층이 위의 세 가지 경우에 포함되는 상품일수록 상품으로서의 가치가 높다고 말할 수 있다. 하? 치카라가츠요이(力が強い). 괜찮겠지.	×	원문 이해에 문제, 적절한 한국어 표현에 실패
일부의 고액 (数少ない高額)	카즈스쿠나이(数少ない). 매우 적은 고액소득자들만이 (2단계) 매우 적은 숫자의 고액소득자. 극히 일부인? 극히 일부의, 어. 극히 일부의 고액소득자, 고액소득, 고액소득층, 고액소득층만이 구매하는 상품이 되어 버리는 것일까?	×	어휘 간섭
되어 버리는 것일까 (なってしまうのだろうか)	낫테시마우노다로카(なってしまうのだろうか). 상품이 되어 버리는 것일까. (2단계) 전유물이 되어 버린 것일까? 어, 되어 버리는 것일까? 되어 버리는 것일까?	×	어형 간섭
현실은 (現実に)	현실은 (2단계) 음, 실제로, 현실은 빼고 실제로, 어.	×	어휘 간섭
주류를 차지하고 있다 (主流を占めつつある)	주류를 차지하고 있다. 시메츠츠아루(占めつつある), 차지하고, 차지해 가고 있다. (2단계) 라이프스타일이 주류를 차지하고 있다.	×	어휘 및 어형(진행형) 간섭
거품경제 시기 (バブル期)	버블시대, 버블기. (2단계) 하루하루가 특별한 날이었던 버블기. 하루하루가 특별한 날이었던 버블기. 하루하루가 특별한 날이었던 어. 버블 경제 시기. 그렇지 버블 경제 시기. 하루하루가 특별한 날이었던 거품 경제 시기.	×	어휘 간섭
거품 붕괴 후의 (デフレ不況)	하루하루가 평범한 날이었던 버블 경제 붕괴 후의, 버블 붕괴, 침체기, 버블기, 버블 후, 하루하루가 평범한 날이었던 버블 후의 침체기. 디플레, 데후레후쿄(デフレ不況). 디플레이션 불황기. 불황, 불황기? 하루하루가 평범한 날이었던 거품 붕괴 후의 디플레이션 불황이지. 불황 시기. 불황. 하루하루가 평범한 날이었던 거품 붕괴 후의 불황.	O	어휘 간섭

텍스트 18－1

지적 사항 (본문)	발화 내용	의식 여부	평가 및 문제점
꿈꾸며 (目指す)	발전을 꿈꾸며.		한국어 표현 어색
힘을 써 성장을 지속시키는 데 (持続的な成長を確実なものとして)	(2단계) 성장을 지속할 수 있도록 힘써야 한다. 성장을 지속시키는 데 힘써야 한다.	x	어휘 간섭으로 한국어 표현 어색
기업비리 (不祥事)		x	어휘 간섭
통합점검 (総点検)	사내, 회사 내에, 회사, 사내 시스템을 총점검하고. (2단계) 사내 시스템 총점검. 통합업체. 통합. 사내시스템을 통합점검하고.	x	어휘 간섭
좋은 기업 (良き企業市民)	좋은 기업. 기업인으로서	x	어휘 간섭
소자녀화 (少子化)	소자녀화	x	어휘 간섭
다이나미즘 (ダイナミズム)	다양성의 다이나미즘과 (2단계) 작년에 일본은 다양성의 다이나미즘. 찾아보자. 다이나미즘. 미즘. 없네. 다양성의 다이나미즘, 다양성의 다이나미즘과.	O	어휘 간섭 해결 전략에 문제
신비전 (新ビジョン)	신비전, 새로운 비전인 (2단계) 새 비전인지 신비전인지 찾아보자. 신 비전 쓰고. 새 비전. 두 개 다 쓰네. 신비전에. 전자가. 전을 제시하고……	O	어휘 간섭 해결 전략에 문제
어필함 (訴える)	확립할 필요성을 어필하. 함과 동시에	x	어휘 간섭
동반하지 않으면 (リーダーシップなしには)	(2단계) 정치적 리더십이. 리더십을 동반하지 않으면 실현할 수 없다.	x	한국어 표현 어색
문서를 내놓았다 (申し合わせを行った)	정치기부에 관한 제안을…… 내놓았다. (2단계) 정치기부에 관한 제안을…… 제안문서를 내놓았다.	x	어휘 간섭
정치를 직시하면서 (政治と正面から向き合いながら)	일본 경단련은 정치. 와. 정치. 에 직시하면서. (2단계) 게이단렌은 정치를 직시하면서.	x	어휘 간섭
순탄치 않겠지만 (険しいが)	앞으로의 길은 순탄치만은 않겠지만 (2단계) 에 놓인 길은 순탄치 않다. 앞길을 순탄치 않다로 갈까? 앞길은 순탄치 않다? 앞길은 순탄치 않다. 앞길은 결코 순탄치 않다. 앞길을 순탄치. 앞길은 결코 순탄치 않겠지만.	O	어휘 간섭

텍스트 18－2

지적 사항 (본문)	발화 내용	의식 여부	평가 및 문제점
수요확대가 멈추지 않는 (需要が 飽和しない)	지금까지는 수요. 의 포화가 없는 시장. (2단계) 수요가 포화하지 않는. 포화하다. 이상하니까 찾아봐야지…… 수요가 포화하다. 비타협적이다. (인터넷 검색) 수요확대가 멈추지 않는 시장을 지탱하는 특별한 마트. 이라고 하지.	O	문맥상 한국어 표현이 적절하지 않음
수요의 포화가 없는(需要の飽和しない)	수요. 의 포화가 없는 시장.	×	어휘 간섭, 직역으로 가독성 저하
경쟁력이 있다 (力が強い)	상품일수록 경쟁이 있다고 할 수 있다	×	원문 이해에 문제, 한국어 표현 어색
배로 벌어졌다 (拡大している)	3.07배에. 으로 벌어졌다.	×	어휘 간섭
일상생활 (普段の)	일상생활에. 지출을 줄이고 일상생활 속의 지출을.	×	어휘 간섭
최근 보여지는 (最近の)	최근 소비가 양극화된. 상황은 (3단계) 최근 보여지는 소비의 양극화는	×	の처리에 문제
정상적인 소비 (おかしい)	어느 쪽도 정상적이라 할 수 없다. (2단계) 어느 쪽도 정상적이라 할 수 없다. (3단계) 어느 쪽도 정상적이라 할 수 없다. 어느 쪽도 정상적인 소비라 할 수 없다.	×	어휘 간섭

텍스트 19-1

지적 사항 (본문)	발화 내용	의식 여부	평가 및 문제점
버블 (バブル)	버블 경제가 붕괴된 후. 버블 경제가 붕괴된 이후. 버블. 경제 안 넣어도 되나? 경제. 경제 너무 겹치네. 버블. 버블이 붕괴된 후. 너무 이상한데.	x	어휘 간섭
다시 활성화될 (喚起し)	주택투자를 칸키(喚起). 칸키. 더 부추기다? 부추기다라는 표현은 너무 그런가? 한국말로. 환기시키고 이상하다. 여기서는 기업을 환기시키다. 촉진으로 하자. 촉진. 그러면은. 투자를 촉진시키고. 아니면 장려하고 일단 괄호하고 장려하고. 촉진을 시키고.	O	어휘 간섭을 의식하였으나 적절한 한국어 표현에는 실패
질 높은 (質の高い)	질 높은 다양한.	x	어휘 간섭
적극적인 기업전략 강화 (攻めの企業戦略を強化)	세메노키교센랴쿠(攻めの企業戦略). 공격적인? 안 되는데. 일단은 공격적인. 공격적인 기업 전략. 너무 소극적으로 하지 말라는 소린데. 적극적인 기업. 일단은 공격적인 괄호 적극적인. 적극적인보다 조금 더 센 말 뭐 없나? 세메노 키교. 쿄카시테이쿠(強化していく). 강화니까. 원래 세메노센랴쿠가 있었다는 얘기네. 그걸 더 강화해야 한다는 얘기지? 완전히 없다고 하기는 그러네. 보다 강화해 갈 것을 기대한다. (2단계) 세메노! 어디 보자. 국어사전. 세메루(攻める)라고 하면. 세메루지. (사전 찾기) 공격적인 기업전략? 경영전략? 별로 좋은. 적극적인 보다 적극성을 띤 기업전략? 오케이. (인터넷 검색) 아. 공격하다. 그럼 그렇지. 공격적인 기업전략을. 공격적인 기업전략. 이상해. 음. 적극성을 띤 기업전략을 보다 강화하고. 강화하고. 또한 적극성을…… 적극적인 기업전략 강화와. 그럼 세메가 없어지는데 뜻이. 세메노 키교센랴쿠오. 세메가 키포인트인데. 공격성을 띤. 공격적인 기업전략 강화? (4단계) 세메노 키교센랴쿠. 보다 공격적인 기업전략 강화와. 공격적. 공격적 기업전략을 강화. 공격적 보다 적극적. 보다 적극적인 기업전략 강화와.	O	간섭을 의식하였으나 한국어 표현이 어색하여 가독성 저하
사회적 책임을 주체적으로(어순) (主体的に社会的責任を)	주체적으로. 슈타이테키니(主体的に). 주체적으로. 사회적 책임을 다할 것을 모토메타이(求めたい). (2단계) 기업인으로서 주체적인 사회적 책임을 다할 것을. 주체적인 사회적 책임. 음…… 이런 표현 안 쓰는데. (3단계) 주체적인. 주체적으로 사회적 책임을 다할 것을 촉구한다. 주체적인 사회적 책임. 통합검색으로 들어가자. 주체적으로. (인터넷 검색) 주체적으로 쓰나? 책임 있는 기업인으로서 사회적 책임을. 책임. 책임 겹치네. 책임 있는 요키키교시민(良き企業市民). 기업시민. 기업인으로서 주어진 사회적 책임을…… 기업인에게. 기업인으로서 주어진 사회적 책임을 주체적으로 다할 것을 촉구한다. 하. 왠지 그저 그래.	O	어순의 간섭을 받아 한국어 표현이 어색. 가독성 저하

지적 사항 (본문)	발화 내용	의식 여부	평가 및 문제점
총점검 (総点検)	사내 체제의 총점검, 사내 체제보다 기업 내, 기업 내부의 체제의 총점검을 실시하고.	×	어휘 간섭
소자화 (少子化)	소자화	×	어휘 간섭
불가결하다 (不可欠である)	경제사회의 근본적인 개혁이 불가결하다, 개혁이 필수적인, 불가결하다. 불가결하다.	×	어휘 간섭
다이나미즘 (ダイナミズム)	작년에 우리는 다양성의 다이나미즘. 이 말은 잘 안 쓸 텐데. 다양성의 다이나미즈므(ダイナミズム). 다이나믹하게 우리나라에선 다이나믹하게. 자꾸 외래어 쓰면 안 된다고 했는데. 작년에 우리나라는…… 찾아봐야겠네, 일단은 남겨 놓고. (2단계) 다이나미즘. 이 다이나미즘으로 다른 일본어 표현으로 해서 다시 한국어로 생각해 보면 되겠지. 일본어로는 활력, 치카라즈요사(力強さ). 음. 여기 타요세이노카츠료쿠(多様性の活力)? 타요세이노하쿠료쿠(多様性の迫力)? 타요세이노치카라즈요사(多様性の力強さ). 그러면 차라리 네이버 사전을 들어가서 영어에서 말하는 다이나미즘을 한국어로는 뭐라고 표기하는지 그거를 들어가 봅시다. (인터넷 검색) 좀 다른 것 같은데. 잠깐만. 다양성하고 어떻게 연결이 되는 거지? 다양성이란 게 키포인트야. 보다 다양해져야 된다는 소리지? 보다 다양성이 보장되고 활성화돼야 된다는 소린데. 활성화? 활력? 다양성의 활력? 아, 웃긴다. 음…… 활성화라는 말이 참 그럴싸하긴 한데. 그러면, 다양성의 활성화. 활력 패기 활력 패기. 에서 활성화. 아주 연결이 안 되는 것도 아니네. 오케이. 공감과 신뢰. 보다 다양성을 만들자 이거니까. (4단계) 다이나미즘이라는 것도 꽤 쓸 것 같은데. 다이나미즘. (인터넷 검색) 백과사전. 다양성의 다이나미즘, 그냥 그대로 써야겠다.	○	어휘 간섭을 의식하였으나 적절한 한국어 표현에 실패, 가독성 저하. 해결 전략에 문제
비전 실현을 위해 (新ビジョンの実現に引き続き)	새로운 비전, 새로운 비전 실현을, 니히키츠즈키젠료쿠데토리쿠무(に引き続き全力で取り組む). 새로운 비전 실현, 마주보면서 계속하여, 계속해서 새로운 비전 실현을 위해 노력할 것이다.	×	어휘 간섭

지적 사항 (본문)	발화 내용	의식 여부	평가 및 문제점
규약을 만들었다 (申し合わせを行った)	에 관한 모오시아와세(申し合わせ). 모오시아와세. 음…… 약속, 그래 약속. 기업의 자발적 정치기부에 관한 약속…… 약속을…… 약속을 만들었다. (3단계) 약속을 만들었다. 약속을 만들었다, 웃기네. 약속, 요강, 대강. 모오시아와세오 오코낫타(申し合わせを行った). 모오시아와세를 사전에서 찾아보자. (인터넷 검색) 음. 약정하다? 약정이란 뭐지? 명사형을 들어 본 거 같은데. 약정하다를 한번 넣어 보자. (인터넷 검색) 역시 약속이네. 약속, 약정 어느 게 좋은가. 국어사전. 약속하고 약정하고 어떻게 틀린지 알아봅시다. 약정, 약속하여 정함. 흐흠. 약속. 모오시아와세 뜻 읽기. 여기서는 상담, 하나시아우(話し合う)인데. 뭐지? 논의? 약속? 어느 거지? 기업의 자발적인 정치기부에 관한 약속. 약속까지 하나? (중략) 정치기부에 관한 약속, 약속이라고 하자. 약속을 만들다? 약속을 정했다. 발표함과 동시에…… 약속을 정했다. 음. 이거 물어봐야겠다. (전화 통화) 규약, 규약. 모오시아와세. 소단오시테 토리키메루 고토다요네(相談をして取り決めることだよね). 규약을 만들었다. 모오시아와세오 오코낫타.	O	간섭에 대한 의식은 있으나 문맥상 적절한 한국어 표현에 실패하여 가독성 저하
만들기를 발표 (めざしてを公表し)	일본을 추구하자? 아니야. 만들자. 만들자를, 비전이라는 말이 앞에 나왔으니까. 발표하고. (2단계) 일본을 만들자 하는 새로운. 기본이념으로 하는 새로운 비전, 활력과 매력이 넘치는 일본을 만들자를 발표하고. (3단계) 일본. 일본 만들기. 일본을 만들자보다는. 한국어로는. (인터넷 검색) 활력과 매력이 넘치는 일본 만들기. 비전이 만들기, 만들기라는 비전. 활력과 매력이 넘치는 일본 만들기를 발표하고.	X	한국어 표현 어색
정치와 정면으로 마주보면서 (政治と正面から向き合いながら)	일본 경단련은 정치와, 세이지토쇼멘카라 무키아이나가라(政治と正面から向き合いながら). 정치와 정면으로 마주보면서. (3단계) 마주보다. 비유적인 표현으로 쓰나? 우리나라에서. 세이지토 쇼멘카라 무키아이나가라, 음…… 정면으로 마주보면서. 쇼멘카라 무키아우. 음……	X	어휘 간섭
극복함으로써 (乗り越えることで)	그것을 극복하고, 아니야. 노리코에루고토데(乗り越えることで)이니까, 극복함으로써. (3단계) 이를 극복함으로써, 이를 극복하여. 극복하여 새로운 발전의 시대를 구축할 것이다. 노리코에루 고토데, 극복하여, 이를 극복하여 하면은 이것도 미래형이네. 언젠가는 극복할 날이 오겠지. 언젠가는 극복할 날이 와서 또 새로운 발전의 시대를 구축할 날이 올 것이라는 얘기가 되지. 눈앞에 펼쳐진 길이. 이를 극복함으로써, 극복함으로써가 이게 낫다.	X	어휘 간섭

텍스트 19－2

지적 사항 (본문)	발화 내용	의식 여부	평가 및 문제점
끊임없는 수요를 창출하는 (需要が飽和しない)	수요가 호와시나이(飽和しない). 포화하다, 이렇게는 안 쓸 거 같은데. 수요가 포화상태. 포화상태에 이르지 않는 (3단계) 끊임없는 수요를 창출하는 시장을	O	간섭을 의식하였으나 문맥상 한국어 표현이 어색, 가독성 저하
끊기지 않는 (飽和しない)	지금까지 쥬요노호와시나이마켓토와(需要の飽和しないマーケットは). 수요가 포화상태에 이르지 않는 시장은. (2단계) (인터넷 검색) 아, 포화상태. 포화. 포화하다. 다른 표현을 써도 괜찮을 것 같기도 한데. 수요가 끊이지 않는 시장이란. 포화나 끊이지 않는 거나. 수요가 포화하지 않는, 수요가 끊이지 않는, 수요가 끊이지 않는, 그렇게 합시다. 수요가 끊이지 않는.	O	의식은 있으나 한국어 표현에 문제, 가독성 저하
경쟁력이 강하다 (力が強い)	치카라가츠요이토이에루(力が強いと言える). 상품일수록, 음. 거꾸로 말하면 구매자가 이 세 가지 시장에 골고루 분포하는 상품일수록 힘이 강하다고 할 수 있다. (2단계) 상품가치가 높다고 할 수 있다? 상품경쟁력, 힘이 강하다는 좀 이상하다. 상품일수록 경쟁력이, 그냥 상품일수록 경쟁력이 강하다고 할 수 있다.	O	문맥상 한국어 표현이 적절하지 않음
늘어났다 (拡大している)	3.07배로 격차가, 격차가 커지다, 커졌다. (2단계) 커졌다. 커졌다, 격차가 늘어나다. 늘어났다.	×	어휘 간섭
확대의 조류 속에서 (拡大の潮流のなかで)	이러한 소득 격차 확대의 조류 속에서. (2단계) 이러한 소득격차 확대의 조류 속에서. 소득격차 확대의 조류 속에서, 고부가가치 상품은, 잠깐만. 소득격차 확대, 소득격차가 확대되는 조류 속에서.	×	어휘 간섭
되어 버렸을까 (なってしまうのだろうか)	구매하는 상품이 되어 버렸을까.	×	어형 간섭
버블 경제기 (バブル期)	매일이 하레(ハレ)의 날이었던 버블 경제기.	×	어휘 간섭
최근의 소비의 (最近の消費の)	최근의 소비의 양극화, 양분화, 양극화는 (3단계) 최근의 소비의 양극화 현상은, 양극화는, 그러므로 최근의 소비의 양극화는. 소비 양극화…… 소비의 양극화 현상. 소비의 양극화 현상.	×	の처리 미숙

텍스트 20-1

지적 사항 (본문)	발화 내용	의식 여부	평가 및 문제점
호조 (明るさ)	밝은 빛이 보이기 시작했다. (2단계) 회복에, 회복, 호조 조짐이 보인다. 호조의 조짐. 회복에 힘입어 회복의 조짐을 보이고 있다. (3단계) 호조될 조짐을 보이고 있다. 호조될 조짐, 호조되고 있다. 활기를 되찾고 있다. 경제가 호조되다, 경제가 호조되다. 이렇게는 안 쓰나? 호조세를 보이다. 맞나? 경기지표 호조세. 자, 사전을 찾자. 경제회복…… 일본경제가 수출환경 개선과 설비투자 회복에 힘입어 회복? 회복의 조짐을…… 원문이 투자 회복인데 괜찮나? 호조, 호조라고 해도 되겠다.	O	어휘 간섭을 의식, 한국어 표현은 매끄럽지 못함
활성화 (喚起し)	끌어올려, 활성화시켜…… (2단계) 수요를 창출하여 환기시켜, 환기, 환기하여. 수요를 활성화시키다, 수요를 활성화시키다. 주택투자에 대한, 주택투자를 활성화시키다.	O	어휘 간섭 의식
기업비리 스캔들 (不祥事や事故)	기업비리 스캔들, 스캔들과 사고의.	O	스캔들은 부적절
소자녀 (少子化)	소자녀화, 소자녀화 다음 소자녀.	x	어휘 간섭
대응할 수 없어진 (対応できなくなっている)	대응을 하지, 대응하기 어렵게 만드는. 대응을 어렵게 만드는, 대응에 대한 대처. 국내외 급격한 환경변화에 대처를 어렵게 만드는. 대처하기, 대처, 대처를 곤란하게 하는, 에 대한 대처를 곤란하게 하는. (2단계) 급격한 환경변화에 대한 대처를, 대처를, 대처에 발전을. 에 대한 대처. 대응, 대응, 대응에 있어서. 대응에 있어서. 급격한 아~, 급격한 환경변화에 대응하지 못하는, 이렇게 하면 되겠다. ~에 대응하지 못하는 대응, 대응. 대응하지 못하는. 급격한 환경변화에 대응하지 못하는, 대응하지 못하는. 환경변하에 대한 대응이 불가능해진.	x	어형 간섭, 직역으로 가독성 저하
다이나미즘 (ダイナミズム)	다양성의 힘, 파워? 다양성의 파워? 자 그럼 다시 한번 한국어에서 찾아봐야지. 다양성의 다이나미즘. 다이나미즘, 다이나미즘. 일단 사전에는 뭐가 나와 있는지 찾아볼까. 역동성, 활력, 패기, 박력. 자 그럼 다양성의 힘…… 다양성의 힘…… 다양성의 힘? 다양성의 다이나미즘. 그냥 써야겠다. 다이내미즘이라고 써야겠다. 다이나미즘. 다이나미즘. 어떤게 나을지 보고. 둘 다 써도 상관없겠다. 다이너, 다이너, 다이너미즘. 다이나미즘과 공감과 신뢰.	O	해결 전략에 문제

지적 사항 (본문)	발화 내용	의식 여부	평가 및 문제점
..란 신비전 (新ビジョン)	신비전을.	x	어휘 간섭
정책의 초안 작성 (政策の立案から)	정책의. 찾아보고. 초안 작성이란 말과 두 번째 정책 입안. 입안이라고 쓰나? 국어사전에서는…… 정책의 초안 작성, 입안.	O	한국어 표현이 적절하지 않음
본위(本位)	정책 본위의 정치. 정책 본위의 정책 실현?	x	어휘 간섭
공표하는 동시에 (公表するとともに)	우선 정책 사항을 공표하고, 공표하고. 공표함과 동시에.	x	어휘 간섭
합의사항을 발표했다 (申し合わせを行った)	합의겠지? 합의사항, 합의를 기업의 자발적 정치기부에 관한 합의를 실시하다. 합의를. 했다. 합의를 했다.	x	어휘 간섭
단체에 의한 정치자금 기부 시 참고삼을 (団体による自主的な政治寄付の参考に供する)	기업 단체에 의한 자주적인 정치 자금 기부에 참고삼을 예정이다. 참고삼을 예정이다.	x	어휘 간섭
정치와 상호 협력하면서 (政治と正面から向き合いながら)	정치와 무키아이나가라(向き合いながら). 정치와. 무키아우. 협력하는, 상호 협력하는. 어차피 협력하는. 리더십이 없으면 못하는 거니까.	x	문맥상 한국어 표현이 어색

텍스트 20-2

지적 사항 (본문)	발화 내용	의식 여부	평가 및 문제점
위축되지 않는 (飽和しない)	수요가 포화, 포화되지 않는, 포화상태가 되지 않는. (2단계) 지금까지 수요가 포화상태에 이르지 않는 시장은. (3단계) 수요가 포화상태가 되지 않는, 어 되게 어렵네. 이것도. 수요가 포화상태가 되지 않는 시장을 지탱하는 경사스러운 날. 음, 포화상태가 되지 않는다. 수요를 적당히 유지한다는 뜻인가? 적절히 유지하고 있는 시장에, 시장의 에, 버팀목. (4단계) 많이 이해되지 않는 부분이 많아서 인터넷에 들어가서 모리나가 씨의 글을 1회부터 몇 개씩 읽어봤습니다. 그리고 자, 수요가 포화상태에 이르지 않는 시장을 지탱하는 경사스러운 날이라고 했는데, 제목이 왜 이렇게 긴지. 조금은 줄여야 되는지 고민이 되는데. 포화상태에 이르지 않는다는 말이 이 아저씨의 글에서는 수요가 정말 포화상태에 이르러서 더 이상 팔리지 않는다거나 재고를 투매를 한다거나 그런 게 아니라 뭐라고 그러지? 수요가 위축되지 않는 분야가 따로 있다. 그 분야가 컬렉션 시장, 예술문화시장, 연애시장이라는 얘긴데. 근데 여기다가 제목에다가 수요가 위축되지 않는 시장을 지탱하는 이렇게 해도 되는 건가? 포화상태에 이르지 않는 시장, 이렇게 하면 약간 뭔가 뉘앙스가, 의미가 와 닿지 않는 것 같은 느낌이 들어요. 수요가 위축되지 않는 시장을 지탱하는 경사스러운 날. 그런데 지금까지 말했던 원문에서는 포화라는 말을 계속 썼기 때문에, 이거를 갑자기 위축이라는 말로 내가 바꿔도 될 것인가. 그거에 대한 고민은 있습니다. 수요가 위축되지 않는 시장을 지탱하는 경사스러운 날. 한번 바꿔보겠습니다. 수요가 위축되지 않는 시장을 지탱하는 경사스러운 날. 어, 왠지 깔끔한 느낌이 드는데. 혼자만의 생각일지도 모릅니다. 수요가 위축되다를 찾아봐서. 인터넷 검색 중. 내용 읽는 중. 수요가 계속 있는 시장이라는 의미겠죠. 포화상태가 되지도 않고, 그렇다고 해서 뭐라고 그러지. 수요가, 수요가 꾸준한 시장. 지금까지 수요가 포화상태에 이르지 않는 시장은. 위축이라고 바꾸기로 하겠습니다.	O	의식은 있으나 한국어 표현에 문제, 가독성 저하
이라고 말해 왔다 (ということを述べてきた)	이라고 말해 왔다. 이 사람이 이렇게 말했다고? (2단계) 말해 왔다.	x	어형 간섭, 직역으로 가독성 저하

지적 사항 (본문)	발화 내용	의식 여부	평가 및 문제점
잠재적 구매자를 많이 확보하고 있는 (購買者がこの3市場に広がっている)	구매자가 이 세 가지 시장에 확산, 확대? 확산되어 있는 상품일수록. (4단계) 이 앞의 상품을 구매하고 있다는 소린데. 그러니까 구입하는 사람들이 각각 같은 상품을 구입하고 있는 것이다. 가방을 예로 들면, 수집을 목적으로 구입하는 사람, 디자인이……. 모두가, 모두가 각각 같은 상품을 구입하고 있는 것이다. 모두가 각각 같은 상품의 구매자로 존재하는 것이다. 애인에게…… 모두가 각각 같은 상품의 구매자인 것이다. 같은 상품의 구매자로 존재하는 것이다. 같은 상품을 구매하는 것이다. 슷. 구매자로 존재하는 것이다. 루이비통…… 각각 같은 상품의 구매자로 존재하는 것이다. 음. 루이비통……. 각각 같은 상품을 구입하고 있는 것이다. 구매자로 존재한다. 그냥 각각 같은 상품을 구매하고 있는 것이다. (5단계) 구매자가 이 세 시장에. 이 사람을 무슨 뜻으로 얘기한 걸까? 구매자가 이 세 가지 시장에…… 스, 아! 시장에. 시장에. 구매자를 잠재적 아닌가? 구매자를 많이 확보하고 있는 상품일수록. 어, 바꿔 말하면 이 세 가지 시장에 잠재적 구매자를 많이 확보하고 있는. 확보하고 있는. 바꿔 말하면 이 세 가지 시장에. 이 세 가지 시장, 세 가지 시장. 유치하지 않은가? 이 세. 세 가지. 이, 앞서 말한. 세 분야의 시장의 잠재적 구매자를 많이 확보하고 있는 상품일수록……	O	어휘 간섭 의식하여 직역을 피했으나 문맥상 적절한 한국어 표현에는 실패
경쟁력이 강하다 (力が強い)	음. 경쟁력? 상품성? 경쟁력. 경쟁력이. 경쟁력. 경쟁력이 강하다고 할 수 있다. 그렇군요.	×	한국어 표현 어색
확대(拡大)	이러한 소득격차 확대.	×	어휘 간섭
서핑가 (サーファー)	어, 서퍼. 서퍼? 서퍼라는 직업이 있나? 서퍼. 서퍼. 아, 어디서 퍼 오나요? 흣. 서퍼. 파도 타는 서퍼. 서퍼. 자 그러면 사전. 영어사전. 서핑. 슷, 음…… 이거는 한국말론 뭐라고 그러는지 모르겠네. (2단계) 서퍼? 서퍼는 한국말로 해도 알았으니까. 서핑. 서핑을 좋아하는 사람. 서핑하는 사람. 서핑. 서핑가? 서핑가를 찾아볼까? 서핑가, 어! 나왔다. 어~ 서핑가라고 하면 되겠구나.	×	어휘 간섭

텍스트 21-1

지적 사항 (본문)	발화 내용	의식 여부	평가 및 문제점
재인식 (喚起し)	개인소비나 주택투자를…… 개인, 개인소비나 주택투자를 환기하고? 개인투자나 주택. 개인소비나 주택투자를. 쩝…… 개인소비나 주택투자를…… 쩝…… 재검토하고…… 쓰읍. 재검토? (2단계) 개인소비와 주택투자를 재인식하고? 재인식하여.	O	한국어 표현 어색
적극적인 기업전략을 (攻めの企業戦略)	세메노키교센랴쿠오(攻めの企業戦略を), 적극적인 기업. 전략을 강화해. 적극적인 기업 전략을 강화하는 것을	x	어휘 간섭
크게 기대한다 (強く期待する)	크게 기대한다. 적극적인 기업 전략의 강화를 크게 기대한다.	x	한국어 표현 어색
총점검함과 동시에 (総点検を行うとともに)	사내체제. 사내체제를 총점검함과 동시에.	X	어휘, 어형 간섭
소자녀화 (少子化)	소자녀화	x	어휘 간섭
목표로를 공표하고 (めざしてを公表し)	일본을 목표로……를…… 공표하고.	x	어휘 간섭
에 대한 협력이 요구된다 (への協力が求められている)	의 정치 실현에 대한 협력이 요구된다.	x	어형(수동형) 간섭
공표함과 동시에 (公表するとともに)	정책사항을 공표함과 동시에.	x	어휘 간섭
강령을 발표 (申し合わせを行った)	모오시아와세(申し合わせ)? 슬로건? 아…… 약속을 발표했다. 모오시아와에. 발표했다. 모오시아와세. 쯔읍…… 하나시앗테 키메루고토(話し合って決めること). 에 대한. 뭐라고 해야 되나? 기업의 자발적인 정치 기부에 관한. 음. 강령. 쩝. 다음의 십 항목, 우선 정책 사항을 공표함과 동시에, 기업의. 자발적 정치 기부에 관한 강령을 발표했다.	x	어휘 간섭

지적 사항 (본문)	발화 내용	의식 여부	평가 및 문제점
기업・단체에 의한 자주적인 (企業・団体による自主的)	기업. 단체. 의 아. 기업. 기업 단체에 의한. 자주적인 정치 기부. 기업이나 기업 단체에 의한 자주적인 정치 기부	×	어휘 간섭
정치와 정면 대응하면서 (政治と正面から向き合いながら)	정치와. 정면에서. 세이지토 쇼멘카라 무키아이나가라(政治と正面から向き合いながら). 정치와. 정면 대결? 일본 경제인 연합은 정치와. 정면에서 마주보면서. 마주보면서. (2단계) 정치와 정면에서. 정면. 대응하면서. 정면에서 마주보면서. 정면 대응. 정치와 정면 대응하면서.	×	어휘 간섭
전력을 다해 임한다 (全力で取り組む)	전력을 다해? 젠료쿠데(全力で). 해서 전력을 다해 토리쿠무(取り組む). 임한다. 토리쿠무. 나선다. 수행하다. 전력을 다해 수행한다. 비전을 실현하기 위해 계속해서 전력을 다해.	×	한국어 표현 어색
극복함으로써	이를 극복함으로써.	×	어휘 간섭

텍스트 21－2

지적 사항 (본문)	발화 내용	의식 여부	평가 및 문제점
포화상태에 이르지 않은 (飽和しない)	지금까지 수요가 포화되지 않은 시장? 지금까지 수요가 포화상태에 이르지 않는 시장은.	×	어휘 간섭
확대(拡大)	확대되었다.	×	어휘 간섭
디플레이션 불황 (デフレ不況)	데후레후쿄(デフレ不況). 디플레이션 불황. 디플레이션 불황? (반복)	×	어휘 간섭
최근의(最近の)	사이킨노(最近の). 최근의.	×	어휘 간섭

텍스트 22－1

지적 사항 (본문)	발화 내용	의식 여부	평가 및 문제점
을 배경으로 (背景に)	설비투자 회복을 배경으로.	×	어휘 간섭
경기회복이 되기 시작했다 (明るさが見え始めてきた)	경기회복이 음. 이제 경기회복이. 음. 되기 시작.	×	한국어 표현이 어색
불러일으켜 (喚起し)	주택투자를 칸키시(喚起し), 주택투자를 음. 주택투자를 칸키시, 주택투자를 불러일으켜.	×	어휘 간섭
창조와 연결되는 (創造につながる)	새로운 수요의 창조와 연결되는 신제품	×	어휘 간섭
불상사(不祥事)	불상. 불상사나 사고방지	×	어휘 간섭
에 있어서의 총점검을 하는 것과 함께(社内体制の総点検を行うとともに)	사내. 점검을, 점검을 함과, 총점검을 함과, 총점검을 행한 것과 함께, 총점검을. 하는 것.	×	어휘 간섭
대응이 불가능해진 (対応できなくなっている)	타이오데키나쿠낫테이루(対応できなくなっている), 대응이 불가능해진.	×	어휘 간섭
필수불가결하다 (不可欠である)	개혁이 불가피.	×	어휘 간섭
다양성 있는 다이너미즘 (多様性のダイナミズム)	다양성 있는 다이너미즘, 다양성 있는 다이너미즘.	×	어휘 간섭
신비전 (新ビジョン)	신비전의 실현에	×	어휘 간섭
민주도 (民主導)	민주도 이게 뭐지. 민. 주도. 민주도. 음, 민주도, 민주도.	×	어휘 간섭
공표함과 함께 (公表するとともに)	공표함. 에. (2단계) 정책사항을 공표함과 함께	×	어휘 간섭
합의를 정했다 (申し合わせを行った)	에 관한 합의사항. 을	×	어휘 간섭

지적 사항 (본문)	발화 내용	의식 여부	평가 및 문제점
기업단체에 의한 (企業・団体による)	기업단체에 의한	x	어휘 간섭
자주적인 정치기부에 있어서 (自主的な政治寄付の)	(2단계) 기업 단체에 의한 자주적인 정치기부에 있어서	x	어휘 간섭
정치와 정면으로 승부하면서 (政治と正面から向き合いながら)	일본 경단련은 무키아이나가라(向き合いながら). (2단계) 정치와 정면으로 승부하면서	x	어휘 간섭
전력으로 노력 (全力で取り組む)	(2단계) 계속 전력으로 노력할 것이다	x	어휘 간섭
새로운 발전 시대를 쌓을 수 있다고(新たな発展の時代を築くことができると)	(2단계) 새로운 발전의 시대를 쌓을 수 있다고 확신하다	x	한국어 표현 어색

텍스트 22-2

지적 사항 (본문)	발화 내용	의식 여부	평가 및 문제점
포화되지 않는 (飽和しない)	수요가 포화되지 않는 시장을. (2단계) 수요의 포화가 없는. 포화가 되지 않는.	×	어휘 간섭
공통되는 것은 (共通するのは)	이러한 시장에 공통되는 것은	×	어휘 간섭
휩싸이는 것 없이 (巻き込まれることがなく)	이게 뭐지? 가격경쟁에 음. 휩싸이는 것 없이?	×	어휘 간섭
확대되고 있다 (拡大している)	3.07배로 커지고 있다? 확대되고 있다. 음. 격차는 주로. 확대되고 있다.	×	어휘 간섭
사용해 버린다는 (使うという)	사용해 버리는 (2단계) 과감하게 사용해 버린다는 라이프스타일	×	어형 간섭
거품경제 (バブル期)	거품경제를. 거품경제.	×	어휘 간섭
이상하다 (おかしい)	그 어느 쪽도 이상하다. (3단계) 그 어느 쪽도. 이상하다. 하. 이상하다는 정말 이상하네. 어느 쪽도. 음. 이상하다.	O	어휘 간섭

텍스트 23－1

지적 사항 (본문)	발화 내용	의식 여부	평가 및 문제점
장기불황을 계속해 온 (長期の低迷を続けてきた)	장기의 불황을, 장기불황을 계속해 온	×	어휘 간섭
확실한 것으로 못 박아야 한다 (確実なものとしていかなければならない)	확실한 것으로, 음, 어, 확실한 것으로 못 박아야 한다.	×	어휘 간섭
육성에 힘써 가면서 (育成を行いながら)	다양한 인재의 육성을, 어, 육성에 힘써 가면서, 힘써 가면서.	×	어휘 간섭
강화해 가는 것을 (強化していくことを)	기업전략을 강화하는 것, 강화해 가는 것을	×	어휘 간섭
불상사나 사고방지를 위한 (不祥事や事故の防止に向け)	불상사나 사고방지를 위한	×	어휘 간섭
사내체제의 총점검을 실시함과 (社内体制の総点検を行うとともに)	사내체제, 사내체제의 총점검을, 총점검을, 흠, 실시함과 동시에.	×	어휘 간섭
소자녀화(少子化)	소자녀화	×	어휘 간섭
작년 우리들은 (昨年、われわれは)	여기에서 작년 우리들은	×	어휘 간섭
다양성 있는 다이너미즘 (多様性のダイナミズム)	다양성, 다이나미즘, 흠, 다양성 있는 다이나미즘과.	×	어휘 간섭
신비전 (新ビジョン)	신비전	×	어휘 간섭

지적 사항 (본문)	발화 내용	의식 여부	평가 및 문제점
만들자를 공표하고 (めざしてを公表し)	일본을 만들자를 공표하고	×	어휘 간섭
민주도(民主導)	민주도	×	어휘 간섭
부류 (一端として)	책임이 있는 한 부류로서	×	어휘 간섭
본위(本位)	정책 본위	×	어휘 간섭
경제의 사이에서 (経済との間の)	정치와 경제의 사이에서	×	の처리 미숙
공표함과 동시에 (公表するとともに)	공표함과 동시에	×	어휘 간섭
기업 단체에 의한 (企業・団体による)	기업 단체에 의한	×	어휘 간섭
정치와 정면으로 맞서면서 (政治と正面から向き合いながら)	정치와 정면으로 맞서면서	×	어휘 간섭
전력을 다해 노력해 갈 것이다 (全力で取り組む)	전력을 다해 노력해서 갈 것이다.	×	어휘 간섭

텍스트 23－2

지적 사항 (본문)	발화 내용	의식 여부	평가 및 문제점
수요가 포화상태가 되지 않는 (需要の飽和しない)	수요가, 포화상태가, 되지 않는 시장. (2단계) 수요가 포화상태가 되지 않는	○	어휘 간섭
각각이 (それぞれが)	서로가 독립되어 존재하는 것이 아니다. (3단계) 각각이 독립해서 존, 사실, 사실 이 시장들은 각각이 독립해서 존재하는 것이 아니다.	×	어휘 간섭
사고 있는 (買っている)	단순히 수집하기 위해 구매, 사고 있는 사람	×	어형 간섭
사람들이 (それぞれが)	이 사람들이 (3단계) 사람들이 모두		문맥상 한국어 표현 어색
그 파워는 크다고도 말할 수 (力が強いと言える)	그 파워는 크다고, 크다고 할 수 있다	×	한국어 표현 어색
소비를 행한다 (消費をする)	소비를, 소비했다. 소비를 했다. 쇼핑을, 소비했다 이상해, 음. (2단계) 소비했다. (3단계) 소비를 행한다.	×	어휘 간섭

텍스트 24－1

지적 사항 (본문)	발화 내용	의식 여부	평가 및 문제점
경제호황 붕괴 이후 (バブル崩壊後)	바부르(バブル)는 경제호황. 경제호황 붕괴 후. 로부터 아, 이거는 붕괴 후로부터는 너무 일본 말 같고. 붕괴 이후 장기간의. 오랫동안, 오랫동안이 한국말이 더 낫겠다.	×	어휘 간섭
내수중심의 지속적인 성장을 확실한 것으로 만들어 가지 (内需中心の持続的な成長を確実なものとしていかなければならない)	내수 중심의 지속적 성장을, 인, 지속적인 성장을 확실한 것으로 만들어가지 않으면. 안 된다.	×	어휘 간섭

지적 사항 (본문)	발화 내용	의식 여부	평가 및 문제점
열쇠를 쥐고 있는 것은 기업의 (鍵を握るのは企業の)	그 열쇠를 쥐고 있는 것은, 니기루노와(握るのは), 기업의 활력이다.	×	어휘 간섭
사고의 미연 방지를 (事故の未然防止に向け)	불상사나 사고의, 미젠보오시(未然防止). 미연 방지. 를 위해. 위해.	×	어휘 간섭
소자녀화 (少子化)	소자화, 소자화가 한국말로 다른 거였나? 소자녀화지. 소자녀화.	×	
관청주도 (官主導)	관주도, 관주도는 정부 주돈가? 세이후슈도(政府主導), 칸슈도, 관주도, 민관. 관청 주도. 관청 주도.	×	어휘 간섭
모든 과정에 있어서 (すべての過程で)	모든 과정에 있어서	×	어휘 간섭
기업에게는 (企業には)	기업, 니와(には)는 뭘까? 일단 놔두고. 사회적 책임의, 에게는 기업에게는.	×	어휘 간섭
실현을 위한 협력이 요구된다 (実現への協力が求められている)	정치 실현에 에노쿄료쿠(への協力), 을 위한 협력. 이 요구된다.	×	어휘 간섭
정면을 마주보고 (正面から向き合いながら)	정치와 쇼멘카라무키아우(正面から向き合う), 정면으로 맞서? 정면 승부는 아니고. 정면으로 마주보고. 정면을 마주보고. 보며. 정면 대결인가? 협력하는 것 같은데. 정치와 정면으로 마주보고. (2단계) 정치와 정면으로 마주보고. 정면으로 마주보고, 쇼멘카라 무키아우. 쇼멘카라무키아이나가라(正面から向き合いながら). 음, 토리쿠미(取り組み). 정치와 손잡고? 정치와 같은 곳을 바라보는 것은 아니고. 정면을 마주보고? 음……	×	어휘 간섭
실현에 계속적으로 (実現に引き続き)	새로운 전망. 의 실현에 히키츠즈키 젠료쿠데토리쿠무(引き続き全力で取り組む). 전망의 실현에 어. 계속적으로 전력투구. 헌신? 전력투구할 것이다.	×	어휘 간섭
이것을 극복함으로써 (これを乗り越えることで)	이것을 극복함으로써	×	어휘 간섭

텍스트 24 - 2

지적 사항 (본문)	발화 내용	의식 여부	평가 및 문제점
수요가 포화에 이르지 않는 (需要が飽和しない)	수요가 포화에 이르지 않는	×	어휘 간섭
포화상태에 이르지 않는 (飽和しない)	이제까지 수요가 포화상태에 이르지 않는 시장이라는 것은.	×	어휘 간섭
시장이라고 하는 것은 (市場というのは)	이러한 시장이라고 하는 것은.	×	어휘 간섭
분산되어 있는 (広がっている)	세 가지 시장에 히로갓테이루(広がっている). 분산되어 있는 상품일수록.	×	한국어 표현 어색
상품들이 앞으로도 계속 성장해 갈 수 있을 것인가 (商品が、今後も成長を続けていけるだろうか)	고가상품들이 앞으로도 성장을 계속해, 계속 성장해 갈 수 있을 것인가.	×	어휘 간섭
자기가 가장 비중을 두고 있는 부분 (自分がこだわる部分には)	자기가. 코다와루(こだわる). 코다와리, 코다와루. 신경 쓰는? 집착하는? 소중하게 생각하는, 구애하는. 자기가 우선순위를 삼는 부분에는. 양보할 수 없는. 자기가. 가장 비중을 두고 있는 부분에는 이라고 해야겠다.	×	한국어 표현 어색
경쟁력이 강하다 (力が強い)	치카라가츠요이(力が強い)는 경쟁력. 이 강하다고 말할 수 있다.	×	문맥상 한국어 표현 어색
최근의 소비의 (最近の消費の)	사이킨노쇼히노(最近の消費の), 최근의 소비의 양극화는.	×	の처리 미숙

텍스트 25 - 1표 175

지적 사항 (본문)	발화 내용	의식 여부	평가 및 문제점
붕괴 후 (崩壊後)	거품 경제 붕괴 후. (2단계) 바브루호카이고(バブル崩壊後), 거품경제 파괴 후	×	어휘 간섭
창조에 이어지는 (創造につながる)	수요의 창조에 이어지는	X	어휘 간섭
강화해 나가는 것을 강하게 기대한다 (強化していくことを強く期待する)	강화해 나가는, 강화해 나가는 것은. 강하게 기대? 강하게 기대한다? 나갈 것을. 강하게. 츠요쿠키타이스루(強く期待する), 강하게 기대한다. 강하게 기대한다.	×	어휘 간섭
회사 내 체제의 총점검을 행하는 것과 동시에 (社内体制の総点検を行うとともに)	사내체제의 총점검을 함과 동시에. (2단계) 음. 사내? 회사 내? 샤나이 타이세이노소텐켄오오코나우토토모니(社内体制の総点検を行うとともに). 음. 이상해. 총점검을? 총점검을 하는 것과 동시에.	×	어휘 간섭
책임을 다해 나가는 것을(責任を果たしていくことを)	사회적 책임을 다해 나가는 것을, 사회적 책임을 다해 나가는 것을 요구한다.	×	어휘 간섭
소자녀화 (少子化)	소자녀화	×	어휘 간섭
대응할 수 없게 된 (対応できなくなっている)	대응할 수 없게 된.		어휘 간섭
신비전 (新ビジョン)	신비전	×	어휘 간섭
경제사회의 확립 필요성을 호소함과 동시에 (経済社会の確立の必要性を訴えるとともに)	경제사회의 확립 및 필요성을 호소함과 동시에 (2단계) 경제사회의 확립 필요성을 호소함과 동시에	×	어휘 간섭 직역으로 가독성 저하

지적 사항 (본문)	발화 내용	의식 여부	평가 및 문제점
기업에서는 (企業には)	기업에게는, 응? 기업에서는. (2단계) 그리고 기업에는.	×	어휘 간섭
정치의 실현에 대한 노력이 요구되어지고 있다 (政治の実現への協力が求められている)	정책 본위의 정치의 실현에 대한 노력이 요구되어지고 있다.	×	어휘 간섭 어형(수동형) 간섭
이러한 사항들에서 (こうしたことから)	이러한, 고오시타고토카라(こうしたことから). 이러한 일. 고오시타 고토카라. (2단계) 이러한 사항들에서	×	어휘 간섭
경제와의 사이의 (経済との間の)	정치와 경제와의 (2단계) 정치와 경제 사이의		の 어휘 간섭
기업단체에 의한 (企業・団体による)	기업 단체에 의한		어휘 간섭
정치기부의 참고가 (政治寄付の参考に)	자주적인 정치 기부의 참고에, 참고에? (2단계) 정치기부의 참고가 되게, 참고가 되게 할? 자주적인 정치기부에 참고가 되게 할 예정이다.		어휘 간섭

텍스트 25－2

지적 사항 (본문)	발화 내용	의식 여부	평가 및 문제점
수요가 포화하지 않는 시장은 (需要の飽和しないマーケットは)	수요가 포화하지 않는 시장은	×	어휘 간섭
구입자의 입장으로 (購買者として)	상품의 구입자로서. 구입자로서 존재하는 것이다. (2단계) 각각 같은 상품의 구입자가 구입자의 입장에서, 입장으로 존재하는 것이다.	×	어휘 간섭

지적 사항 (본문)	발화 내용	의식 여부	평가 및 문제점
반대로 말하면 (逆に言えば)	갸쿠니이에바(逆に言えば). 갸쿠니. 반대로 말하면.	x	어휘 간섭
구입자가 이 세 시장에 펼쳐져 있는 상품만큼 (購買者がこの3市場に広がっている商品ほど)	구입자가. 고노산시죠니히로갓테이루 쇼힌호도(この3市場に広がっている商品ほど). 이 세 시장에서. 슷. 히로갓테이루 쇼힌호도. 히로갓테이루? 펼쳐져 있는? 전개되어 있는? (사전 찾기) 히로가루(広がる). 히로가루? 히로갓테이루? 히로갓테이루?음. 퍼져 있는? 퍼져 있는? 음. 퍼져 있는? 아하. 퍼져 있는? 펼쳐져 있는 상품만큼	x	어휘 간섭
힘이 강하다고 할 수 있다 (力が強いと言える)	힘이 강하다고 할 수 있다.	x	어휘 간섭
이 시장에 공통되는 것은 (これらの市場に共通するのは)	이 시장에 공통되는 것은.	x	어휘 간섭
되어 버린 것일까 (なってしまうのだろうか)	상품이 되어 버린 것일까.	x	어형 간섭
이극분화 (二極分化)	이극. 분화됨과 동시에. 스, 이극분화? 스, 이극분화? 분화? 이극분화? 이극분화? 분화? 이극분화?	x	어휘 간섭
현실에서 (現実に)	현실에는, 현실에는. 현실. 스. 겐지츠니(現実に). 현실, 현실에. (2단계) 현실에, 현실에서, 현실에서.	x	어휘 간섭 오역
거품경제 시기 (バブル期)	버블? 거품 경제기. (2단계) 거품경제 시기.	x	어휘 간섭
이상하다 (おかしい)	이상하다.	x	어휘 간섭

텍스트 26-1

지적 사항 (본문)	발화 내용	의식 여부	평가 및 문제점
회복을 배경으로 (回復を背景に)	회복을 배경으로	×	어휘 간섭
빛이 보이기 시작했다 (明るさが見え始めてきた)	드디어 빛이, 아카루사가(明るさが), 빛이 보이기 시작해 왔다.	×	어휘 간섭
환기시켜 (喚起し)	주택투자를 환기해서, 환기시켜서.	×	어휘 간섭
질 높은 (質の高い)	질 높은 (2단계) 시츠노타카이(質の高い). 질 높은, 고질? 고질이라고는 안 하지. 질 높은 다양한.	×	어휘 간섭
강화해 나갈 것을 크게 기대한다 (強化していくことを強く期待する)	공격적인 기업전략을 강화해 나가는 것을. 츠요쿠키타이스루(強く期待する). 강하게 기대하다? 기대를 많이 하다. 크게 기대하다. 크게! 응. 크게 기대하다.	×	어휘 간섭
불상사 (不祥事)	동시에 불상사나	×	어휘 간섭
총점검함과 동시에 (総点検を行うとともに)	행함과 동시에란 말은 잘 안 쓰는데. 그냥 총점검을 하면서. 하는 것과 동시에.	×	어휘 간섭
소자녀화 (少子化)	소자녀화	×	어휘 간섭
대응하지 못하게 되는 (対応できなくなっている)	환경변화에 대응할 수 없게 되는. 타이오데키나쿠낫테이루(対応できなくなっている). 대응할 수 없게 되는? 데키나쿠나루(できなくなる). 타이오데키나쿠나루. 대응할 수. 대응 못 하게 되다. 대응할 수 없게 된다. 낫테이루(なっている). 대응할 수 없게 되는. 되고 있는. (2단계) 대응할 수 없게 되는	×	어형 간섭
거기에서 (そこで)	거기에서.	×	어휘 간섭
다이너미즘 (ダイナミズム)	다이너미즘	×	어휘 간섭
신비전 (新ビジョン)	신비전	×	어휘 간섭

지적 사항 (본문)	발화 내용	의식 여부	평가 및 문제점
호소함과 동시에 (訴えるとともに)	웃타에루(訴える) 무슨 뜻이지. 아~ 웃타에루. 웃타에루. 논하다? 아닌데. 뭐라고 그러지? 호소하다! 음. 필요성을 호소함과 동시에.	×	어휘 간섭
정책이 입안되면서부터 (政策の立案から)	정책의 입안, 정책의 입안에서부터	×	어휘 간섭
책임의 일단으로서 (責任の一端として)	사회적 책임의 일단으로서	×	어휘 간섭
본위(本位)	정책 본위의, 정책 본위인.	×	어휘 간섭
공표함과 함께 (公表するとともに)	공표함과 동시에.	×	어휘 간섭
기업단체에 의한 (企業・団体による)	기업 단체에 의한	×	어휘 간섭
이것을 뛰어넘는 것으로 (これを乗り越えることで)	이것을 초월하는 것으로, 이것을 노리코에루(乗り越える). 초월? 이걸 뛰어넘는 것으로. (2단계) 이것을 뛰어넘는 것으로	×	어휘 간섭

텍스트 26 – 2

지적 사항 (본문)	발화 내용	의식 여부	평가 및 문제점
포화되지 않는 (飽和しない)	수요가 포화하지 않는 마켓은	×	어휘 간섭
힘이 세다 (力が強い)	힘이 강하다고 할 수 있다.	×	어휘 간섭
확대(拡大)	확대의 조류 속에서	×	어휘 간섭
양분화 (二極分化)	이극분화, 이극분화? 이극분화라고도 하나? 두 가지로 분화. 극적으로 분화, 나누어진다는 뜻인데. 아무튼 소득이 두 가지 양상으로. 아, 이극분화한다고. 이극분화하는, 함과 동시에 개인의 소비도 이극분화, 아, 이극분화 아무래도 이상해. 이극분화 뭐라고 그러지? 사전에 있을까? 이극분화. (사전 찾기) 아, 양극분화라는 말 하나? 양극으로 나뉜다? 응, 양분, 아 양극분화라는 말은 안 하고 양분화! 맞다 양분화란 말은 썼다.	O	의식 있으나 한국어 표현 어색
거품경제 시기 (バブル期)	버블, 바브루케이자이키(バブル経済期). 버블경제, 버블기? 버블시기. 아닌데. 버블…… 거품경제. 매일 매일이 맑은 날이었던 거품경제의 시기. 음. 거품경제의 시기와.	×	어휘 간섭
디플레 불경기 (デフレ不況)	디플레 불황 (2단계) 디플레 불황기 때.	×	어휘 간섭

조상은

약력

한국외국어대학교 일본어과 졸업
한국외국어대학교 통역번역대학원 한일과 졸업
한국외국어대학교 통역번역대학원 통역번역학 박사
한국외국어대학교 통역번역대학원 한일과 강사(2003 – 현재)
서울여자대학교 일어일문학과 전임강사(2006 – 현재)

주요 논문 및 저서

「일한 번역 과정 연구의 번역 교육 적용」
「Correlation between translation unit and readability as identified in the process of Japanese – Korean translation」
「Translator's creativity found in the process of Japanese – Korean translation」
「번역 능력 향상에 따른 번역행위에 대한 고찰」 외 다수

사고발화법(TAP:Think – Aloud protocol)을 통해 나타난 일 – 한 번역과정 연구

초판인쇄 | 2009년 1월 10일
초판발행 | 2009년 1월 10일

지은이 | 조상은
펴낸이 | 채종준
펴낸곳 | 한국학술정보(주)
주 소 | 경기도 파주시 교하읍 문발리 513 – 5 파주출판문화정보산업단지
전 화 | 031) 908 – 3181(대표)
팩 스 | 031) 908 – 3189
홈페이지 | http://www.kstudy.com
E – mail | 출판사업부 publish@kstudy.com

등 록 | [illegible])
가 격 31,000원

ISBN 978-89-534-0835-7 93730(Paper Book)
978-89-534-0840-1 98730(e – Book)

내일을여는지식 은 시대와 시대의 지식을 이어 갑니다.